Reichsland

Deutschland, deine Aluhüte

von

Marcus Wächtler

2

Dieses Werk ist urheberrechtlich geschützt. Jede Verwertung, die über die Grenzen des Urheberrechtsgesetzes hinausgeht, ist unzulässig und strafbar.

1. Auflage 2020

ISBN: 9783966987394

© 2020 Verlag Edition Elbflorenz, Rothenburger Str. 30, 01099 Dresden

Distribution Service: NovaMD GmbH, Raiffeisenstr. 4, 83377 Vachendorf

Korrektorat: Katja Völkel, Dresden: www.lekto-rat.de

Titelgestaltung: Julia Leibold, Dresden

Titelbild: Julia Leibold, Dresden

Satz: Verlag Edition Elbflorenz

Druck, Verarbeitung: PRINT GROUP Sp. z o.o., Szczecin (Polen)

www.editionelbflorenz.com

Für alle – mit und ohne Aluhut

5

Vorwort

Dies ist ein Roman mit einer komplett fiktionalen Geschichte. Einige Menschen halten die hier aufgeführten Verschwörungstheorien jedoch für real. Ein Großteil dieser Theorien habe ich im Laufe meiner Recherche von verschiedenen Personen zu hören bekommen oder im Internet gefunden. Auf meine schriftstellerische Kreativität musste ich demnach kaum zurückgreifen. Manchmal schreibt die Realität – sei es auch nur die von einigen eingebildete – die faszinierendsten Storys.

Verwirrend wird es jedoch erst, wenn Fiktion und Realität aufeinandertreffen. Deshalb sollte sich jeder ein eigenes Bild darüber machen, ob, wie und wann das Dritte Reich untergegangen ist.

>>*Alles, was wir hören, ist eine Meinung, keine Tatsache. Alles, was wir sehen, ist eine Perspektive, nicht die Wahrheit.*<<

Marcus Aurelius

Dienstag

Ungläubig blickte er auf den mehrfach gefalteten Zettel in seinen Händen. Je öfter er das Stück Papier ausbreitete, umso weniger begriff er. Wieder und wieder las er die darauf gedruckten Buchstaben und Zahlen. Es war ihm vollkommen unverständlich, wohin die verzeichnete Adresse und die Wegbeschreibung verweisen sollten. So eine seltsame Hausnummer hatte er in seinem ganzen bisherigen Leben noch nie zu Gesicht bekommen.

›Kanzleramt: Abteilung 8
Schloßplatz 1.1 in 10178 Berlin-Mitte
Nutzen Sie bitte den Nebeneingang.‹

Ratlos stand Eric Tschirnhaus vor dem großen Portal des imposanten Gebäudes auf dem Schloßplatz mitten in der Hauptstadt. Von einer Außenstelle des Kanzleramts war für ihn weit und breit nichts auszumachen. So genau er sich auch umblickte: An dem ehemaligen sozialistischen Prachtbau fand sich kein Hinweis, dass es sich dabei um eine Neben- oder Zweigstelle der Bundesregierung handelte.

Eric wusste, dass das Bauwerk vor ewigen Zeiten einmal als Staatsratsgebäude der DDR genutzt worden war. Irgendwann weit vor seiner Zeit befand sich hier einst eine der Machtzentren der Deutschen Demokratischen Republik. Später hatte sich dann sein neuer Arbeitgeber – das Kanzleramt – kurzzeitig in dem Gebäude niedergelassen. Allerdings nur für ein paar Jahre, bis der derzeitige Komplex in der Nähe des Reichstagsgebäudes fertiggestellt worden war. Im Anschluss stand der in die Jahre gekommene Prachtbau lange Zeit leer.

Nun war offenbar eine Wirtschaftsschule hinter den geschichtsträchtigen Mauern untergebracht, so stand es zumindest auf einer großen glänzenden Tafel aus poliertem Messing neben dem Haupteingang. Dies zeigte für ihn einmal mehr die Idiotie der Berliner Immobilienvergabe. Natürlich gab es jede Menge historisch wertvollere Gebäude in der Stadt – sogar wesentlich mehr als eigentlich benötigt wurden. Diese jedoch an jede beliebige Firma, Institution oder Gesellschaft zu verramschen, hielt er für außerordentlich fragwürdig. Er hatte von etlichen kleineren Museen gehört, die unter Platzproblemen litten. Solche kulturellen Einrichtungen wären in Berlin-Mitte wahrscheinlich weitaus besser untergebracht gewesen als irgendwo in der Peripherie.

Trotzdem änderten die Gedankenspiele und Überlegungen nichts an seiner derzeitigen misslichen Situation. Er wusste nicht, an welchem Ort seine neue Arbeitsstelle genau liegen sollte. Nirgends war auch nur der Hauch eines Hinweises versteckt. Diese Orientierungslosigkeit passte perfekt zu seinem momentanen Befinden. Dabei hatte der gestrige Tag als der beste seines bisherigen Lebens begonnen. Als er allerdings mitten in der Nacht ins Bett gefallen war, hatte er sich als der schlimmste Tag seit Menschengedenken entpuppt.

Eigentlich hegte Eric deswegen die Hoffnung, dass es nach dem gestrigen Desaster nicht noch übler werden konnte. Dies hatte sich jedoch als ein außerordentlicher Trugschluss herausgestellt. Das Kanzleramt im Regierungsviertel, als sein theoretischer Arbeitsplatz, hatte ihm heute in der Früh den Zugang zum Haupthaus verweigert. Stattdessen hatte man ihm diese Adresse hier für eine sofortige Versetzung durch den Pförtner zukommen lassen. Ihm war es noch nicht einmal vergönnt gewesen, seinen Schreibtisch auszuräumen, den er erst vor vierundzwanzig Stunden bezogen hatte. Weder hatte ihn die Gebäudesicherheit ins Haus gelassen, noch war einer der anderen Beamten gewillt gewesen, mit ihm ein Wort zu wechseln. Wie es schien, hatte man ihn innerhalb von weniger als einem halben Tag zur Persona non grata erklärt. Allein wegen der verhängnisvollen Ereignisse des Vortages behandelte ihn nun ein jeder wie einen Aussätzigen.

Jetzt stand er verloren da, den schon leicht zerknitterten Zettel mit der ominösen Adresse in der Hand. Dabei verstand er noch nicht einmal im Ansatz, welche Behörde in diesem Gebäude residieren sollte. Eigentlich war Eric stets der Meinung gewesen, jede Institution in Berlin wenigstens dem Namen nach zu kennen. Nicht umsonst war er aus seinen Jahrgängen immer als Klassenbester abgegangen. In all den Jahren der Praktika und Volontariate hatte er stets darauf geachtet, sich ein ordentliches Netzwerk im politischen Berlin aufzubauen. Wie zum Hohn stand er nun in völliger Unkenntnis vor diesem alten DDR-Bau.

All die Überlegungen brachten ihn in dem Moment nicht weiter, weswegen er sich innerlichen einen Ruck gab und die Tür zum Foyer der Business-School öffnete. Eine gewisse gediegene Erhabenheit wirkte zugleich auf ihn ein. Er wusste, dass die Schule einen ausgesprochen guten Ruf genoss. Hätte er sich nicht für eine Karriere als Ministerialbeamter im höheren Dienst entschieden, wäre er wohl einem Abschluss in diesen Mauern nachgekommen. Nach den Ereignissen von gestern wäre das sogar die bessere Alternative gewesen, ging es ihm durch den Kopf. In der Wirtschaft würde man eventuell solch einen Fehler, wie er ihn begangen hatte, wesentlich leichter verzeihen. In der Politik war man offenbar direkt geliefert.

»Kann ich etwas für Sie tun?«, vernahm Eric unvermittelt eine angenehm weibliche Stimme von rechts.

Irritiert wendete er sich um. Den versteckt gelegenen Empfangsschalter hatte er zuvor gar nicht wahrgenommen. Umso erfreuter war er, als er eine hübsche und ansprechende Blondine hinter dem Tresen erkannte. Vom Alter her konnte sie ungefähr seinen eigenen sechsundzwanzig Jahren entsprechen. Da er nicht fest vergeben war, zeigte er sich einem spontanen Flirt gegenüber immer aufgeschlossen. Gerade so etwas war dazu geeignet, ihm an einem derart grässlichen Tag die Laune ein wenig anzuheben.

»Haaallöchen!«, schmetterte er ihr deswegen energiegeladen und selbstsicher entgegen.

Er wusste, dass sich Frauen stets von seiner offensiven Art beeindrucken ließen. Nebst seiner bisherigen Karriere, dem Studium und den Abschlüssen hatte ihm das geholfen, Frauen bis dato im Sturm zu erobern. Selten kam es vor, dass die selbstbewusste Masche nicht funktionierte.

»Ich soll hier heute meine neue Stelle antreten. Allerdings bin ich mir noch recht unsicher, wo ich genau hin darf. Vielleicht können Sie mir da helfen?«

»Oh, Sie werden schon dringend erwartet«, bestätigte ihm die Empfangsdame, dass er hier richtig war. »Wir dachten jedoch, Ihr Flug hätte sich um eine Stunde verspätet. Wie dem auch sei: Meine letzte Information ist, dass Sie sofort ins Büro der Präsidentin kommen sollen. Oberste Etage, dann rechts halten.«

Mit einer eleganten Handbewegung und einem freundlichen Lächeln verwies die Frau in Richtung der Fahrstühle. Zugleich stellte sich bei ihm eine gewisse Befriedigung ein. Vielleicht würde der Tag doch nicht so schlimm werden wie der gestrige, ging es Eric durch den Kopf. Dies entsprach schon viel eher seiner Vorstellung eines ersten Arbeitstages, verglichen mit dem Chaos vom Vortag. Die Bemerkung über eine Verspätung des Fluges ignorierte er indes erst einmal. Er ging davon aus, dass es sich hierbei nur um einen Kommunikationsfehler handeln würde. Letztlich hatten sie ihn bereits erwartet. Alles andere könnte er auch immer noch später klären.

Mit einem Kopfnicken und gewinnenden Lächeln dankte er der Frau hinter dem Tresen. Die Vorstellung, sie ab heute jeden Tag zu Gesicht zu bekommen, stimmte ihn fröhlich. Umso mehr sollte er sich mit ihr gut stellen.

Besonders die Damen am Empfang verfügten mitunter über einen gehörigen Einfluss innerhalb einer Institution.

Im Fahrstuhl angekommen, traf sein Blick ihn selbst. Der absolut fleckenfreie Spiegel warf sein eigenes Antlitz ohne Verzerrung zurück. Eric ordnete auf die Schnelle sein braunes, volles Haar und checkte seine halbwegs sportliche Erscheinung sowie den Sitz seines teuren Anzuges. Sein schlankes selbstbewusstes Spiegelbild bewies ihm, dass er an diesem Ort genau richtig war. Er wusste zwar noch nicht, was sein neuer Job beinhaltete, doch hatte ihn die Begrüßung äußerst positiv gestimmt. Letztlich war er mit den schlimmsten Vorahnungen zu dieser Adresse gefahren.

Mit einem ›Bing‹ öffnete sich die Fahrstuhltür im obersten Stockwerk. Beschwingt verließ er die kleine Kabine in Richtung eines großen und lichtdurchfluteten Atriums. Ihm ging ein anerkennender Pfiff über die Lippen. Hier könnte er sich durchaus ein angenehmes und schönes Arbeiten vorstellen. Vielleicht war die Versetzung in diese Abteilung doch nicht so übel, wie er es sich zuvor ausgemalt hatte. Allerdings wusste er noch immer nicht, was das hier für eine Behörde darstellte. Als Wirtschaftsschule konnte das Unternehmen kaum zu den Bundesministerien gehören, durchzog es seine Überlegungen. Als Lehrenden würden sie ihn bestimmt nicht einsetzen.

Mit weiten Schritten steuerte er auf eine Tür zu, neben der in großen Lettern ›Präsidentin‹ zu lesen stand. Den einmal entfachten Elan wollte er für einen ordentlichen Antritt ausnutzen. Wer auch immer ihn hinter dieser Tür begrüßen würde: Eric hatte sich vorgenommen, diesmal wesentlich mehr Eindruck zu hinterlassen als am vorherigen Tag. So eine Schlappe wie gestern konnte er sich kaum noch einmal erlauben, wollte er weiterhin an einer Karriere in den Ministerien Berlins festhalten. Schwungvoll stieß er die Tür auf.

»Einen wunderschönen guten Morgen«, schmetterte er mit voller Stimme in den Raum hinein, der sich vor ihm auftat.

Ein junger Mann, der offensichtlich das Vorzimmer der Präsidentin leitete, erhob sich, um ihn zu begrüßen. Sehr zu seiner Verblüffung gefror das Lächeln des Sekretärs in der Sekunde, als er ihn zu sehen bekam. Es war, als hätte sein Gegenüber eine vollkommen andere Person erwartet. Stirnrunzelnd verfolgte der Sekretär Erics Eintreten. Trotz der deswegen sich bei ihm ebenso einstellenden Verwirrung versuchte Eric, sich nichts anmerken zu lassen. Er wusste, dass der erste Eindruck immer am wichtigsten war. Besonders beim Assistenten der Chefin galt es, dies zu beachten. Schließlich waren es am Ende immer die Mitarbeiter der Chefetage, die so einen Laden am Laufen hielten.

»Hallo, mein Name ist Eric Tschirnhaus. Das ist heute mein erster Tag und ich glaube, ich sollte mich bei der geehrten Frau Präsidentin vorstellen«, blieb er seiner Rolle treu.

Obwohl der Sekretär Erics Hand ergriff und leicht schüttelte, änderte sich nichts an seinem konsternierten Gesichtsausdruck.

»Sind Sie sich sicher?«, fragte er zaghaft.

»Ich denke schon«, erwiderte Eric aus dem vollen Brustton der Überzeugung. »Zumindest hat mich die Dame vom Empfang nach hier oben verwiesen. Sollte es sich dabei um ein Versehen handeln, so bitte ich das zu entschuldigen. Ich war mir nicht gänzlich sicher, ob mich gleich die Präsidentin begrüßen würde. Vielleicht können Sie mir stattdessen weiterhelfen.«

Eric wusste, dass es immer besser war, dem Gesprächspartner Einfluss, Macht und Gewicht zu unterstellen. Die wenigsten akzeptierten, wenn man sie auf genau die Position beschränkte, die sie tatsächlich bekleideten.

»Wir erwarten zwar schon jede Minute eine neue Mitarbeiterin«, führte der Assistent der Hochschulleitung aus, »allerdings stellt sich meines Wissens heute eine Anne Abby Wall von der Harvard Business School vor. Ich glaube, da liegt ein großes Missverständnis vor. Wir haben sonst niemanden eingestellt. Zumindest wüsste ich nichts davon.«

»Haben Sie nicht?«, übertrug sich nun auch die Verwirrung auf Eric.

»Nein! Das sagte ich doch bereits«, schlich sich ein überheblicher Unterton in die Stimme des Sekretärs. »Wohin wollen Sie denn nun genau?«

»Ich soll mich bei der Adresse Schloßplatz 1.1 melden«, kam es Eric etwas kleinlaut über die Lippen.

»Sehen Sie, und schon haben wir das Problem eingekreist. Dies hier ist die Internationale Wirtschaftshochschule am Schloßplatz 1. Ohne einen Punkt, eine Zahl oder ein Komma. Einfach nur Schloßplatz Nummer 1.«

Mehr und mehr mutierte der Typ zu einem überheblichen Fatzke. Allein deswegen begann bei Eric der Kamm zu schwellen. Bereits am Vortag hatte er jede Menge Erniedrigungen, Häme und Schmähungen über sich ergehen lassen müssen. Dass sich das nun an diesem Tag weiter fortführte, reichte ihm, die Frustration von gestern wieder aufleben zu lassen.

»Und wo finde ich dann das Gebäude mit der Adresse Schloßplatz 1.1?«, presste er, sich nur schwerlich beherrschend, zwischen den Zähnen hervor.

»Wir befinden uns hier schon in der Nummer 1 auf dem Schloßplatz. Allerdings wüsste ich nicht, dass es eine 1.1 geben sollte. Vielleicht schauen Sie ja mal draußen auf dem Platz nach. Der touristische Infostand hat, glaube ich, die Adresse 1a. Eventuell hat man Ihnen auch nur etwas Falsches aufgeschrieben.«

Hörte Eric da etwa ätzenden Spott in der Stimme des Sekretärs? Wenig von der herablassenden Art begeistert, biss Eric die Zähne zusammen und rang sich eine Entschuldigung ab. Während er kurz darauf mit dem Fahrstuhl wieder in das Erdgeschoss fuhr, versuchte er abermals, die Situation zu begreifen. Vielleicht war das alles nur ein übler Scherz der neuen Kollegen, stellte er eine weitere Mutmaßung an. Steckte am Ende sogar der Chef des Bundeskanzleramts dahinter? Vieles war für ihn vorstellbar. Vor allem nach den katastrophalen Geschehnissen von gestern wäre so eine Bestrafung nur allzu erklärlich für ihn gewesen.

Eigentlich hatte er sich die Zukunft so einfach und schön vorgestellt. Im Gegensatz zu seinen Kommilitonen an der juristischen Fakultät und dann während des Wirtschaftsaufbaustudiums hatte er immer gewusst, welchen Weg er einschlagen wollte. Seit der Jugend hatte er auf einen Job als Ministerialbeamter hingearbeitet. Sein Onkel hatte ihn vor vielen Jahren die Augen bezüglich der tatsächlichen Struktur in Deutschland geöffnet.

Viele dachten, dass die Politiker dieser Welt die eigentliche Macht innerhalb der Länder innehaben würden. Bei seinem ersten richtigen Praktikum in Erfurt war ihm jedoch klar geworden, dass hohe Beamte die wahren Lenker der Macht waren. Volksvertreter kamen und gingen, je nachdem, wie die nächste Wahl ablief. Oftmals waren sie an Koalitionsverträge und Wählerstimmen gebunden.

Einen Beamten interessierte so etwas in keiner Weise. Viel eher erledigten diese im Hintergrund wirkenden Männer über Jahre und Jahrzehnte hinweg die eigentliche Arbeit – das Land zu regieren. Vor allem in den Bundesministerien gab es für gewöhnlich nur eine Handvoll gewählter Vertreter. Viele von ihnen verbrachten den Großteil ihrer Zeit im Bundestag oder auf Wahlkampftour. Die wirkliche Arbeit erledigten die vielen tausend kleinen Beamten. Besonders im höheren Dienst in der Bundesverwaltung hatte man ab der Stufe eines Regierungsrats so viel mehr Macht, Einfluss und Gewicht als die meisten Berufspolitiker in ihrem ganzen Leben nicht.

Entsprechend hatte Eric von Anfang an darauf hingearbeitet, in solch eine Position aufzusteigen. In erster Linie hatten ihm die beiden ausgezeichneten Studienabschlüsse die entscheidenden Türen geöffnet. Natürlich hatte er eingangs einfachste Aufgaben und Arbeiten erledigt. Angefangen auf der Landesebene hatte Eric sich aber schon nach nur zwei Jahren im Büro des Ministerpräsidenten von Thüringen wiedergefunden. Hier hatte er jede Menge Erfahrung in der täglichen Politikarbeit gesammelt. Mit dem Wechsel zum Aufbaustudium in Volkswirtschaftslehre hatte er schließlich seinen Wohnsitz und Studienplatz nach Berlin verlegt.

In der Bundeshauptstadt war es um einiges schwieriger gewesen, in die richtigen Positionen zu gelangen. Zudem gab es im politischen Berlin auch wesentlich mehr Konkurrenten um die begehrten Plätze. Allerdings hatte sich für ihn dabei neuerlich seine Hartnäckigkeit ausgezahlt. Zudem legte er Unmengen Praktika, Volontariate und Freiwilligendienste ab. Im Bundesministerium für Arbeit und Soziales hatte er die gesamte Studienzeit über erstklassige Leistungen gezeigt. Dies brachte ihm letztlich die alles entscheidende Empfehlung ein.

Nach erfolgreichem Abschluss hatte Eric nur noch zwei Monate warten müssen, bis eine Planstelle im Bundeskanzleramt frei geworden war. Obwohl er gerade einmal sechsundzwanzig Jahre alt war, ergatterte er einen Platz, von dem andere meist nur träumen konnten. Die Verbeamtung als Regierungsrat direkt im Bundeskanzleramt hatte ihn in kürzester Zeit ins Zentrum der Macht gebracht. Im Grunde war es eine Bilderbuchkarriere gewesen.

Vor seinem geistigen Auge hatte er schon seinen weiteren Aufstieg gesehen. Er war sich sicher, bereits mit dreißig einen der begehrten Posten als Regierungsdirektor ergattern zu können. Als Leiter einer eigenen Abteilung in der Schalt- und Machtzentrale der Bundesrepublik wäre er dann endlich da angelangt, wo er eigentlich hinwollte. So banal das auf Außenstehende auch wirken musste: Er hatte sich ein Ziel gesetzt und dieses zum Greifen nahe vor sich gewusst. Alles war perfekt gelaufen bis …

›Bing‹, öffnete sich neuerlich die Fahrstuhltür mit lautem Geräusch.

»Haben wir uns etwa doch im Haus geirrt?«, fragte die hübsche Blonde in einem aufgesetzt freundlichen Tonfall.

»Ähm, irgendwie schon.«

»Wo müssen wir denn genau hin?«, hakte sie sarkastisch nach.

Eric erkannte hinter der gespielten Nettigkeit eine unverhohlene Arroganz. Nach allem, was in letzter Zeit geschehen war, musste er sich schließlich auch noch von einer profanen Empfangsdame aufziehen lassen. Zähneknirschend entschied er sich dafür, die Frau trotzdem nach dem Weg zu fragen. Letztlich irrte er bereits seit einer geraumen Weile auf dem Schloßplatz herum, dabei hätte er sich schon vor zwei Stunden bei der neuen Arbeitsstelle melden sollen.

Eine Weile lang blickte sie ihn an, nachdem er sich nach der Adresse erkundigt hatte. Offenbar versuchte sie tatsächlich, ihm helfen zu wollen.

»Ich bin mir nicht sicher ...«, hielt sich die Blonde etwas vage. »Allerdings habe ich schon einmal davon gehört. Vor ein paar Wochen war ein Paketbote hier, der auch diese besagte Hausnummer 1.1 gesucht hat. Damals habe ich es für einen dummen Scherz gehalten. Gleichwohl habe ich den Paketzusteller bereits kurze Zeit später ohne die Sendung wiedergesehen.«

»Was hat das mit meinem Problem zu tun?«, fuhr Eric leicht gereizt auf.

»Immer mit der Ruhe hier! Ich versuche, Ihnen zu helfen«, giftete die Empfangsdame gleichfalls aufgebracht zurück. Nichtsdestotrotz ließ sie sich nicht von Eric beirren und setzte an ihrer Erklärung an. »Ich habe den Postboten danach abgefangen und gefragt, wie er die Adresse gefunden hätte, weil mich das doch neugierig gemacht hatte. Er meinte damals, dass er an einem der Rückeingänge geklingelt hätte«, sprudelte es aus ihr heraus. »Obwohl er erst nicht daran geglaubt hatte, meldete sich eine Stimme in einer versteckten Gegensprechanlage. Man trug ihm demnach auf, kurz zu warten. Allerdings musste der Mann von dem Paketdienst geschlagene fünf Minuten ausharren. Als er bereits so weit war, die Lieferung als unzustellbar zu verbuchen, tauchte doch noch eine Person auf.«

»Und dann?«, fragte Eric interessiert nach.

»Wie, und dann?«

»Na, was ist danach geschehen?«

»Nichts! Was soll schon passiert sein. Der Liefertyp hat seine Tour fortgesetzt. Letztlich musste er wohl noch ein paar Dutzend Zustellungen ausfahren. Das ist so üblich in der Branche.«

Verwirrt blickte Eric die Frau vom Empfangstresen einen Moment lang an. Er war sich nicht sicher, ob sie ihn auf den Arm nahm. Allerdings konnte er nicht das geringste Anzeichen eines Lächelns in ihrem Gesicht erkennen.

»Also gibt es auf der Rückseite eine Tür mit der Ziffer 1.1?«, fasste er trocken zusammen, um sich dies bestätigen zu lassen.

Konsterniert richtete sich die Frau daraufhin hinter ihrem Tresen auf. »Ja, aber … es gibt keinen Schloßplatz 1.1. Das hier ist die Nummer 1. Mehr existiert nicht. Ich war schon ein paar Mal auf der Rückseite. Natürlich gibt es dort verschiedene Türen, allerdings sind das nur Notausgänge. Für mich ist es jedenfalls vollkommen unbegreiflich, was es mit der Hausnummer 1.1 auf sich haben könnte.«

Neuerlich legte die Frau einen verschwörerischen Tonfall in ihre Stimme, als vermutete sie, dass da irgendetwas Besonderes im näheren Umkreis versteckt sei. Wenn man den lieben langen Tag allein in diesem Eingangsbereich herumsaß, kam man womöglich auf die abenteuerlichsten Ideen, mutmaßte Eric im Stillen.

»Ahhh, ja. Alles klar … ich muss dann mal wieder«, beendete er die Situation abrupt und verließ die Empfangshalle deprimiert.

Vor der Tür des Gebäudes angekommen, sog er laut vernehmbar die Luft ein, um seine Gedanken zu ordnen. Das übliche Berliner Chaos um ihn herum ignorierte er in dem Augenblick geflissentlich. Wenn es so weiterging, würde das die schlimmste Woche aller Zeiten werden. Eric begriff nicht, wie ein Mensch nur so viel Pech auf einmal haben konnte.

Sehnsüchtig blickte er nach links. Kaum zweihundert Meter entfernt wusste er den großen Gebäudekomplex vom Auswärtigen Amt. Wiederum fragte er sich selbst, warum es für ihn unbedingt das Kanzleramt sein musste. Im Auswärtigen Amt hätte er genauso gut eine vernünftige Karriere hinlegen können. Möglicherweise wäre es ihm sogar vergönnt gewesen, auf einer schicken Südseeinsel als Attaché ein Unterkommen zu finden. Stattdessen hatte er sich für die Spitze entscheiden müssen. Nie gab er sich mit dem zweiten Platz zufrieden. Immer musste es das Beste sein. Wo hatte diese Einstellung ihn aber letztlich hingeführt?

Eric stand an einem stickigen Dienstagvormittag mitten in Berlin herum. Nach wie vor wusste er weder, wo die neue Dienststelle lag, noch hatte er eine Ahnung, ob sich nicht alles nur als ein riesiger Scherz herausstellen würde. Bevor er jedoch die Flinte einfach ins Korn warf, wollte er dem Tipp der Empfangsdame nachgehen. Entsprechend versuchte er, das Gebäude zu umrunden. Seltsamerweise gestaltete sich das ein wenig komplizierter als zuvor gedacht.

Auf der linken Seite befand sich zwar ein Durchgang zwischen den Häusern, allerdings war dieser durch einen Bauzaun versperrt. Verwirrt lief Eric deswegen die Straße noch ein kleines Stück weiter, ohne jedoch eine Hausnummer 1.1 zu finden. Überhaupt entdeckte er keinerlei andere Eingänge oder Hausnummern. Es wirkte auf ihn so, als gäbe es einzig die Nummer 1.

So hatte er keine andere Wahl, als den Gebäudekomplex in die entgegengesetzte Richtung zu erkunden, wobei sein Frust immer mehr anstieg. Während er das langgezogene Gebäude des ehemaligen sozialistischen Staatsrats der DDR umrundete, kam ihm der Lärm und Dreck Berlins zunehmend zu Bewusstsein. Besonders hier auf der Museumsinsel wurde an allen Ecken und Enden gebaut. Überall trieb man tiefe Löcher und Gruben in den Untergrund der Bundeshauptstadt, um himmelhohe Bauwerke zu errichten. Während am neuen Humboldt Forum gebaut wurde, verbesserte man gleichzeitig die allgemeine Infrastruktur großflächig. Fast jede Straße, jeder Fußweg und jegliche Plätze waren aufgerissen, um etwas Neues entstehen zu lassen.

Ohrenbetäubend kam der Lärm daher. Manchmal fragte Eric sich, wie das die Menschen hier nur aushielten. Berlin war mit Abstand die lauteste Stadt, die er kannte. Hätte er nicht die Wohnung in ruhiger Hinterhauslage, würde er sich wahrscheinlich etwas außerhalb der City suchen. Besonders der von den Baumaschinen aufgewirbelte Staub machte die bedrückende Situation in Mitte für ihn überaus deutlich. Die Hauptstadt war einfach nur dreckig, dröhnend und stickig.

Natürlich war die Metropole an der Spree kein Vergleich zu seiner Geburtsstadt Jena. Obgleich er in Thüringen in einem eher ruhigen und gutsituierten Vorort aufgewachsen war, hatte er schon frühzeitig Kontakt nach Erfurt gesucht. Aber selbst die Landeshauptstadt war im direkten Vergleich zu Berlin eher als ein verschlafenes Kaff zu bezeichnen.

Mit einer Hand schirmte er seine Augen vor dem grellen Licht ab. Zugleich brannte die Sonne umso intensiver auf seinem Rücken. Nirgendwo war auch nur der Hauch eines Schattens auszumachen. Kein einziger Baum befand sich weit und breit. Nach wie vor zeigte sich die Museumsinsel als eine große heiße Herdplatte. Weshalb die Menschen bei diesen Temperaturen und dem Krach auf den weiter entfernten Wiesen herumlagen, verstand er in keiner Weise. Hätte Eric eine Wahl gehabt, würde er schon längst in einem schattigen Biergarten oder Café sitzen, um sich vom Hauptstadtstress zu erholen.

Endlich, nach einer gefühlten Ewigkeit, hatte er es geschafft, die Rückseite des Hauses zu erreichen. Aber auch hier wurde es nicht besser. Von überall her drangen Hupgeräusche, Motorenaufheulen und das Geschrei von Leuten auf ihn ein. Gerade seine miese Stimmung schien all das noch um einiges zu verstärken. Kein Mensch war indes auf dem begrünten Innenhof auszumachen. Viele der Fenster in den hohen Fassaden standen zwar sperrangelweit offen, allerdings war nirgends auch nur die kleinste Bewegung zu entdecken. Hätte Eric nicht das lautstarke Crescendo im Ohr, wäre es an ihm anzunehmen, vollkommen allein zu sein. Stattdessen wusste er, dass er nur einer von knapp 3,8 Millionen war.

Als er ratlos weitergehen wollte, fiel sein Blick auf eine unscheinbare Tür, die wie ein Notausgang wirkte. Etwas versetzt und einen halben Meter unter dem eigentlichen Bodenniveau schien sich dahinter ein Kellerzugang zu verbergen. Sofort hatte er die Worte der Empfangsfrau im Ohr über die Schilderung des Paketboten. Neugierig bewegte sich Eric darauf zu.

In dem Moment ging die besagte Tür auf und ein Mann verließ den unscheinbaren Ausgang. Zu seinem Leidwesen strebte die Person in eine andere Richtung fort. Da Eric noch zu weit entfernt war, hatte er leider keine Chance, dem Mann eine Frage zu stellen. Trotzdem war Eric sich sicher, etwas entdeckt zu haben, und lief strammen Schrittes auf den Eingang zu. Entgegen seinen Erwartungen entpuppte sich das Tor als fest verschlossen. Seine Augen suchten die Fassade nach Hinweisen ab.

Fast verborgen und unscheinbar versteckt, bemerkte er ein kleines angeschlagenes Messingschild neben dem Türrahmen. Zu seiner grenzenlosen Verwunderung entzifferte er darauf die nur schwer lesbare Inschrift: ›Abt. 8 am Schloßplatz 1.1‹. Ohne nachzudenken, betätigte er die Klingel darunter. Schon nach wenigen Sekunden meldete sich eine angenehme weibliche Stimme.

»Ja bitte?«

»Hallo? Mein Name ist Eric Tschirnhaus. Ich soll hier heute vorstellig werden.«

Statt einer Antwort schlug ihm erdrückende Stille entgegen. Kurz war er der Meinung, dass sich niemand mehr auf der anderen Seite des Sprechgeräts befand. Ein Rascheln und Knistern überzeugte ihn jedoch vom Gegenteil.

»Ministerialrat Wolthers hat mich zu Ihnen geschickt«, fügte Eric noch schnell an.

»Okay. Ich schicke jemand zu Ihnen rauf, der Sie abholt.«

Ohne darauf antworten zu können, erklang ein Knacken in der Gegensprechanlage, was bedeutete, dass die weibliche Person das Gespräch beendet hatte. Zugleich vernahm Eric ein leises Summen. Verwirrt blickte er sich um, weil er den Ursprung des Geräuschs nicht lokalisieren konnte. Als er seine Augen zusammenkniff, um die Quelle auszumachen, entdeckte Eric in einiger Höhe an der Fassade angebracht eine winzige Kamera, deren Objektiv sich just in diesem Moment auf ihn ausrichtete. Eric fühlte sich unbehaglich und beobachtet.

Noch immer wartete er in brütender Hitze darauf, dass sich eine Person blicken ließ oder der Türöffner betätigt wurde. Wie schon zuvor kam er sich ausgesprochen verarscht vor. Nach einer halben Ewigkeit ging die Tür endlich auf. Da er zuvor in die Sonne geblickt hatte, benötigten seine Augen eine Weile, um die Person zu erkennen, die ihn abholte. Im ersten Moment nahm er nur eine eher jungenhafte Silhouette wahr. Entgegen seinen Erwartungen blickte er nach ein paar Sekunden in ein ausgesprochen hübsches weibliches Gesicht, das von hellbraunen, relativ kurz geschnittenen Haaren umrahmt war. Sofort fielen ihm die markanten, leicht schräg stehenden Augen auf.

»Eric Tschirnhaus«, sagte er und streckte der jungen Frau die Hand entgegen.

In einer flüchtigen Bewegung erwiderte sie die Begrüßung.

»Alles klar, mein Name ist Marleen Beich. Darf ich bitten?«

Um ihm den Weg freizumachen, trat sie einen Schritt zur Seite. Dies nahm er bereitwillig an, um rasch der Hitze, dem Staub und Lärm der Großstadt zu entfliehen. Augenblicklich schloss sich die Tür mit einem satten Klicken in seinem Rücken.

Nach und nach gewöhnten sich Erics Augen an das dunkle Licht in dem Gang. So fiel es ihm auf, dass die Tür wesentlich schwerer, stabiler und wuchtiger gebaut war, als sie von außen den Anschein erweckt hatte.

»Alles okay mit Ihnen?«, fragte Marleen nach.

»Ja. Wieso fragen Sie?«, wollte er im Gegenzug von ihr erfahren.

»Weil Sie nichts sagen.«

»Was wollen Sie denn wissen?«, hakte er nach.

»Eigentlich zuerst einmal, was wir für Sie genau tun können.«

Irritiert blickte er die Frau einen Moment lang an. Es war schwer für ihn, ihr Alter zu schätzen. Sie hätte durchaus erst Mitte zwanzig, aber auch schon über dreißig sein können. Wer war diese Frau? Nur eine einfache Sekretärin oder aber sogar eine Regierungsdirektorin? Er machte sich selbst klar, dass es ratsam wäre, ausgesprochen nett und zuvorkommend zu reagieren. Trotz der Frustration, der schlechten Laune und seines generellen Gesamtzustandes würde er sich erst einmal zusammenreißen.

»Ich wurde vom Amt zu Ihnen geschickt. Ich soll hier heute meine neue Stelle antreten«, erklärte Eric ihr, nachdem er tief Luft geholt hatte.

Amt war hierbei der Begriff, der hinter den Kulissen für das Bundeskanzleramt benutzt wurde. Seit der Einweihung 2001 war das Amt mehr und mehr in den Mittelpunkt des politischen Geschehens Berlins gerückt. Gerade deswegen war es stets sein Wunsch gewesen, im Zentrum der Macht arbeiten zu dürfen. Wie er dann aber in diesem Hintereingang auf einem Innenhof einer Wirtschaftsschule landen konnte, war eine ganz andere Geschichte.

»Uns wurde zwar angekündigt, dass wir einen neuen Sachbearbeiter bekommen, allerdings haben wir mit Ihnen erst nächste Woche gerechnet. Sind Sie sicher, dass Sie bereits heute anfangen sollen?«

»Ich glaube schon«, gab er sich verunsichert. »Laut meinem Status bin ich seit gestern Morgen als Regierungsrat im Amt beschäftigt.«

»Tatsächlich?«, fragte sie eine Spur kälter nach.

»Ja natürlich«, bekräftigte Eric daraufhin. »Bin ich hier nun bei der Abteilung 8 richtig oder nicht?«

»Ja«, presste Marleen zwischen ihren Lippen hervor. »Das sind Sie durchaus.«

Eric hatte den Eindruck, dass sie sich nur wenig darüber freute, ihn hier begrüßen zu dürfen. Generell wirkte sie mittlerweile recht unwillig angesichts der Tatsache, dass er überhaupt vor der Tür stand. Erneut fühlte Eric sich fehl am Platz und nicht willkommen.

»Dann ist ja alles klar. Ihre Adresse ist schwer zu finden. Wissen Sie das eigentlich?«, versuchte er es hierauf mit einer eher zwanglosen Konversation.

»Das bekommen wir jeden Tag zu hören«, hielt sich Marleen wortkarg.

Eric verstand: Offensichtlich beabsichtigte die Frau nicht, mit ihm ein weitergehendes Gespräch führen zu wollen. Daraufhin hielt er nun lieber den Mund, als die Diskussion doch noch irgendwie ausarten zu lassen. Mit einem unverbindlichen Lächeln forderte er sie auf, mit dem Thema fortzufahren, denn seine Neugier war geweckt. Von welcher Abteilung sprach diese Frau überhaupt? Zuvor hatte er noch nie etwas von der Abteilung 8 gehört. Selbst auf der offiziellen Seite des Amts, bei Wikipedia oder im Lexikon stand, dass es nur sieben Ressorts im Kanzleramt geben würde.

An der ganzen Sache schien etwas mehr dran zu sein, als auf den ersten Blick zu vermuten war. Eric begriff nur noch nicht, worauf das alles hinauslaufen sollte und versuchte, Dinge von vorherein auszuschließen. Mit Geheimdiensten konnte es auf gar keinen Fall zu tun haben. Dafür war allein die Abteilung 7 zuständig. Sicherheitsfragen kamen auch nicht infrage, denn die wurden von Abteilung 2 bearbeitet. Eine andere Erklärung für das mysteriöse Gebaren und die versteckte Lage des Gebäudes fiel ihm allerdings nicht ein.

Bevor er sich mit der Frage an Marleen als zu unwissend zeigen würde, wartete er lieber die weitere Entwicklung ab. Er hoffte darauf, dass sich ihm die Situation von allein erschloss. Dass es sich wegen des kapitalen Bocks, den er sich am gestrigen Tag geleistet hatte, wohl um eine Strafversetzung handelte, stand für ihn fest. Nicht umsonst war ihm der Zutritt zur eigentlichen Machtzentrale verwehrt worden. Stattdessen befand er sich hier in diesem langen und dunklen Gang auf dem gefühlten Abstellgleis.

Überhaupt bekam er erst in der Sekunde mit, dass es beständig leicht abwärts ging. Der Gang war eher spärlich beleuchtet und abschüssig. Mintgrüne schmucklose Wände erinnerten vielmehr an ein Krankenhaus denn an ein Verwaltungsgebäude. Zudem spürte er eine leichte Gänsehaut auf den Oberarmen. Nach der unsäglichen Hitze von Berlins Straßen fühlte es sich zuerst angenehm an, so eine Frische zu spüren. Mittlerweile fröstelte es ihn aber ein wenig.

»Wir gehen doch nicht etwa in den Keller?«, witzelte er, um seine aufkommende Befremdung zu überspielen.

Statt eine Antwort zu geben, warf ihm seine Begleiterin nur einen undeutbaren Blick zu. Der Gang endete schließlich vor einer verspiegelten Glastür. Über ein kleines Bedienfeld tippte Marleen rasant einen Zahlencode ein, um den Öffnungsmechanismus in Gang zu setzen. Erics Hoffnung, endlich bei dieser ominösen Abteilung 8 angekommen zu sein, zerschlug sich jedoch augenblicklich, als er stattdessen nur in einen Treppenschacht hinabsah.

Das zuvor verspürte Frösteln steigerte sich zu einem eiskalten Hauch, der ihm von dem absteigend verlaufenden Schacht entgegenströmte. Es fühlte sich an, als würde er vor dem Zugang zur sprichwörtlichen Unterwelt stehen. Tief hinab würde es für ihn gehen – und damit meinte er nicht nur das dunkle Loch, in das die vor ihm liegenden Treppenstufen führten.

»Müssen wir tatsächlich da runter?«, wollte Eric von Marleen erfahren.

»Natürlich, wohin denn sonst?«, geizte sie weiterhin mit Erklärungen.

Ohne auf Eric zu warten, begann sie energisch mit dem Abstieg. Verlegen blieb er auf der ersten Stufe stehen. Was hier geschah, war ihm überhaupt nicht geheuer. Zu sehr drängten sich in dem Moment Bilder aus Horrorfilmen in den Vordergrund seiner Gedanken. Viel eher hätte das Ambiente in einen üblen Hollywoodfilm gepasst als in eine Behörde der Bundeshauptstadt.

Nachdem Marleen hinter dem nächsten Treppenabsatz verschwunden war, grübelte Eric, was er nun unternehmen sollte. Obwohl er kein geborener Berliner war, wusste er von der wechselvollen Vergangenheit der Hauptstadt. Vor allem die weitläufige Unterbauung der Innenstadt war ihm bekannt. Zweimal schon hatte er Ausflüge in den Untergrund Berlins unternommen. Stets hatten ihn dabei die weiträumigen Bunkeranlagen fasziniert, die es zu inspizieren gab. Man bekam dabei den Eindruck, dass fast der gesamte Stadtkern unterhöhlt zu sein schien.

Weltkriegsbunker gingen in U-Bahn-Schächte und Kalter-Krieg-Anlagen über. Hin und wieder wurde die bereits erstellte unterirdische Infrastruktur weiterverwendet. Manchmal war es sogar möglich, etliche Kilometer am Stück zu überwinden, ohne auch nur einmal an die Oberfläche zu finden. In kleinen und abgelegenen Ecken von Bahnhöfen der Untergrundbahn befanden sich versteckte Türen, die in weitläufige Luftschutzbunkeranlagen führten. Eric hatte davon gelesen, dass der Untergrund Berlins großflächiger ausgebaut wäre als die berühmten ausgedehnten Katakomben von Paris.

Er gab sich innerlich einen Ruck. Vom Zaudern würde seine Karriere nicht vorankommen. Vielleicht war dies auch ein gutes Zeichen, machte er sich selbst Mut. Letzlich war so ein verborgener Ort etwas Besonderes und Außergewöhnliches und bot eventuell eine neue Chance.

Obwohl Eric Marleen mit weiten Schritten hinterherstürmte, war es ihm nicht möglich, sie einzuholen. Er fand es seltsam, dass sie über solch einen Vorsprung verfügte. Fast kam Panik in ihm auf, weil er befürchtete, zu lange gezögert zu haben. Noch wusste er nicht, wohin die Reise ging. Sollte es tatsächlich in das labyrinthartige unterirdische Berlin gehen, könnte er sich schneller verlaufen, als ihm lieb war.

Gefühlt bewegte er sich bereits Dutzende Meter nach unten. Er meinte, mindestens fünf Absätze passiert zu haben. Allerdings wirkten die farblosen Wände und grauen Stufen stets gleich auf ihn. Es gab nicht einen Hinweis auf ein Stockwerk oder einen Zugang. Von draußen wirkte das Gebäude unauffällig und man ahnte nicht, solche Geheimgänge in ihm zu finden. Schon außer Atem legte er eine weitere 180-Grad-Wende ein. Abrupt stoppte Eric in der Bewegung, weil er es endlich geschafft hatte, Marleen einzuholen.

Die junge Frau stand vor einer schweren Stahltür und sah ihn erwartungsvoll an, ganz als würde sie irgendeine besondere Reaktion erwarten. Stirnrunzelnd blickte er abwechselnd von der Tür zu ihr und wieder zurück. Nach und nach wurde ihm klar: Offensichtlich befand er sich vor einem alten Bunker. Da er etliche Stockwerke in die Tiefe geeilt war, schien sich die Anlage bis weit in den Untergrund der Bundeshauptstadt hinab zu erstrecken. Zugleich kam ihm die ehemalige Funktion des Gebäudes über ihm in den Sinn. Als Staatsratsgebäude verfügte der DDR-Bau mit Sicherheit über entsprechende Bunkeranlagen für Führungskräfte. Seines Wissens waren die einstigen sozialistischen Regierungen sehr emsig im Bau von unterirdischen Schutzanlagen gewesen.

»Ernsthaft? Hier unten befindet sich die Abteilung 8?«, fragte er mit einem leicht sarkastischen Unterton nach, um seine eigene Unsicherheit zu überspielen.

»Das macht sie«, bestätigte ihm seine Begleiterin.

Eric wollte das kaum glauben. »Seit wann?«

»Wir sind schon 1997 hierher gezogen. Wir waren damals eine der ersten Abteilungen, die aus Bonn nach Berlin übergesiedelt sind.«

»Und es gab damals kein neues Gebäude oder wenigstens einen Flügel in einem der anderen Neubauten, wo man hätte unterkommen können?«, zeigte er sich ungläubig.

»Ich glaube, das war am Anfang mal geplant gewesen. Der Alte hat sich jedoch dagegen entschieden. Seiner Meinung nach wäre dieser geschichtsträchtige Bunker viel eher dazu geeignet, die Abteilung 8 zu repräsentieren. Ich glaube auch, dass sich unsere Mitarbeiter in einem lichtdurchfluteten Bürogebäude kaum wohlfühlen würden.«

Marleen konnte ja direkt gesprächig sein, dachte Eric bei sich. Offensichtlich schien sie sich mit ihrer Arbeitsstelle zu identifizieren. Zumindest machte ihm dies ein wenig Hoffnung. Mitarbeiter, die so vehement ihre Abteilung verteidigten, konnten eigentlich gar nicht so übel sein. Wen hatte sie aber mit »der Alte« gemeint?

Mit einer flinken Bewegung tippte Marleen einen achtstelligen Zahlencode in das Tastenfeld ein. Mit einem leisen Klicken schwang der Stahlkoloss ein kleines Stück weit auf. Allerdings war die Tür nicht mit einem automatischen Mechanismus versehen. Vielmehr war man gezwungen, den großen Flügel per Hand aufgleiten zu lassen.

Als Gentleman wollte Eric zugleich zufassen, jedoch hielt ihn Marleen mit einem eindeutigen bösen Blick davon ab. Stattdessen benutzte sie im Gegenzug nur zwei Finger, um die offensichtlich sehr gut gelagerte Tür zu öffnen. Einmal mehr hatte Eric sich wegen seiner vorschnellen Art blamiert. Viel zu oft versuchte er bei fremden Frauen, ihnen hilfreich zur Seite zu stehen, während es die Weiblichkeit selten bis nie benötigte. Es existierten mehr als genug Dinge, die Frauen besser erledigten als Männer, war er sich wohl bewusst. Trotzdem bildeten sich die Machos – und dazu zählte er sich zum Teil auch – beständig ein, dass die Welt ohne sie auseinanderfallen würde.

Wie zum Hohn blieb Marleen nun mit einer Hand an der Stahltür gelehnt stehen und verwies mit der anderen in den dahinter befindlichen Gang. Es war praktisch die Verkehrung eines Bücklings, den sonst ein Mann bei einer Dame anwendete. Eric verstand durchaus den Sarkasmus hinter dieser Geste.

Allerdings war er an einem Tag wie diesem kaum in der Laune für so eine Art der Kritik. Am liebsten hätte er dieser Marleen gehörig die Meinung gegeigt.

Stattdessen fiel sein Blick auf etwas, womit er ganz und gar nicht gerechnet hatte – weder in einem Ministerium der Bundesrepublik noch überhaupt in dieser Zeit. Eigentlich hatte er etwas Derartiges für vollkommen unmöglich gehalten. Was sprach er aber von Unmöglichkeit: Der Anblick war solchermaßen weltfremd, verstörend und unrealistisch, dass er gezwungen war, sich mehrfach die Augen zu reiben. Zu sehr wirkte die Szenerie wie ein Trugbild aus einem Albtraum.

Mit kurzen Schritten tippelte er in den Raum hinein, der hinter der Stahltür lag. Es machte auf ihn nicht den Eindruck, dass er durch eine meterdicke Stahlbetonwand trat, die tatsächlich mindestens eine Tonne wiegen müsste. Die Anlage war auf jeden Fall etliche Jahre alt und praktisch bombensicher. Heutzutage wurde gar nicht mehr so massiv und unzerstörbar gebaut.

Eric wusste kaum, wo er zuerst hinsehen sollte, bis sein Blick auf der gigantischen Fahne in den Signalfarben Schwarz, Weiß und Rot hängenblieb. Auf breiter Front war sie an der Wand befestigt, auf die er zulief. Zuletzt hatte er etwas in der Art gesehen, als irgendein Hollywoodstudio einen Blockbuster in Berlin gedreht hatte. Damals waren verschiedenste historische Gebäude mit solchen Fahnen beflaggt gewesen. Er glaubte allerdings nicht, dass dies hier ein Filmset war. Gerade deswegen kam es ihm so unbegreiflich vor, ein sicherlich sechs Meter breites und drei Meter hohes Hakenkreuzbanner mitten in der Bundeshauptstadt vorzufinden.

Erst mit einiger Verzögerung fiel sein Blick auf einen Mann, der sich hinter einem schweren Holzschreibtisch befand. Sowohl der Beamte als auch der Schreibtisch wirkten, als wären sie einer anderen Zeit entsprungen. Eric bezweifelte, dass solch ein Holzmonstrum heute überhaupt noch produziert wurde.

Der Mann mit grau meliertem Haar saß kerzengerade und in einer akkuraten SA-Uniform hinter dem überdimensionierten Büromöbel.

»Guten Morgen!«, schoss Eric eine zackige Begrüßung entgegen.

»Ja, Ihnen auch«, verließ es eher zögerlich und leise Erics Mund.

»Nennen Sie das eine Meldung, junger Mann?«, schlug es ihm schnittig um die Ohren.

»Öhm, ja … nein. Ich meine, guten Tag!«, erhob nun auch er seine Stimme, um dem Uniformieren etwas entgegenzusetzen. »Mein Name ist Eric Tschirnhaus und ich soll heute meine neue Stelle antreten. Ich bin mir nur nicht so sicher, ob ich hier überhaupt richtig bin.« Zum Ende wurde sein Tonfall dann doch wieder leise, verhalten und zweifelnd.

»Na, wenn selbst Sie das nicht wissen, kann ich Ihnen wahrscheinlich auch nicht helfen«, zeigte sich sein Gesprächspartner kaum entgegenkommend.

Verzweifelt blickte Eric sich nach Marleen um in der Hoffnung, in dieser Situation Hilfe von der Frau zu bekommen, die ihn hierunter begleitet hatte. Umso erstaunter war er, als er sie nicht mehr ausmachen konnte. Offenbar befand er sich gänzlich allein in dem großen Empfangszimmer mit dem Mann hinter dem Schreibtisch. Die Situation kam ihm immer unwirklicher und skurriler vor, wobei das schon eine faustdicke Untertreibung war. Letztlich stand er vor einer gigantischen Hakenkreuzfahne und verantwortete sich vor einem Typen in brauner SA-Uniform. Mit Lederkoppel, Armbinde und dunkelbraunem Binder sah er genauso aus, wie man derartige Menschen aus Filmen, Dokumentationen und von Fotos her kannte.

Eric bemerkte, dass das alles zu viel für ihn war und ihm wurde kurz schwindelig. Er musste sich zusammenreißen, um nicht die Fassung zu verlieren.

»Wie dem auch sei«, begann er neuerlich ein Gespräch mit dem SA-Mann. »Ich habe keine Ahnung, was die Verkleidung hier eigentlich soll.

Davon wurde mir nichts mitgeteilt. Hätte ich gewusst, dass das eine Kostüm-party ist, hätte ich mir etwas Entsprechendes angezogen – vielleicht ein Feu-erwehrmann-Dress.« Kurz pausierte Eric, um den Witz wirken zu lassen.

Der Mann vor ihm ließ jedoch keine Reaktion erkennen.

»Wie schon einmal gesagt, mein Name ist Eric Tschirnhaus. Wenn das hier die Abteilung 8 des Bundeskanzleramts ist, dann dürfte ich richtig sein. Sollte es sich bei diesem Verein hier nicht um die Adresse Schloßplatz 1.1 handeln, dann bitte ich Sie, mein Hiersein zu entschuldigen.«

Nachfolgend trat eine beängstigende Stille ein. Kein einziger Ton war innerhalb der meterdicken Mauern zu vernehmen. Der ältere Herr mit den grau melierten Haaren fokussierte Eric hinter seiner Nickelbrille mit einem stechenden Blick. Für einen Moment überlegte Eric, ob er nicht zu weit ge-gangen war und er seine Entgegnung weniger beißend hätte formulieren sol-len. Trotzdem: Angriff war die beste Verteidigung.

»Herr Hauptsturmführer«, erklang in dem Augenblick eine weibliche Stimme zu seiner Rechten. »Ich bringe den bestellten Kaffee.«

Die ältere Frau, die den Vorraum betrat, kam in ihrer schnittigen Fern-melder-Uniform aus den Vierzigerjahren wie eine Statistin aus einem histori-schen Film daher. Offensichtlich trug in diesem Bunker hier jeder eine Ver-kleidung aus längst vergangenen Tagen, dachte Eric bei sich. Warum das so war, konnte er noch nicht einmal im Ansatz erschließen oder verstehen. Al-lerdings legte sich nach und nach seine geistige Verwirrung und sein analyti-scher Verstand kehrte zurück.

»Es ist in Ordnung, Frau Sacher. Ich glaube, unser junger Freund hier hat die Maskerade durchschaut.«

»Oh, das ist aber schade«, entgegnete die Frau zu Erics Verblüffung. »Die anderen haben sich gerade eben erst umgezogen, Herr Meischberger. Sollen sie wirklich nicht erst noch hereinkommen?«

»Maskerade?«, entfuhr es Eric daraufhin gepresst. »Was soll das ganze Theater?«

»Es ist schon okay. Die Leute sollen wieder ihren normalen Tätigkeiten nachgehen. Ich werde dann später noch einmal schnell herumkommen.«

Nach einer kurzen Pause wendete sich der Mann in der SA-Uniform ihm zu.

»Nun, Herr Tschirnhaus, was machen wir jetzt mit Ihnen?«

»Ich würde zuerst ganz gern erfahren, wo ich hier eigentlich bin. Und ersparen Sie mir irgendwelche Ausreden. Das hier kann man wohl kaum als eine gewöhnliche Behörde oder offizielle Abteilung des Kanzleramtes bezeichnen.«

»Da haben Sie vollkommen recht, normal sind wir auf keinen Fall«, entgegnete ihm der Mann. »Ich würde vorschlagen, Sie wenden sich zuerst wieder an Frau Beich. Sie wird Ihnen ein paar Dinge erklären. Im Anschluss kommen Sie bitte in mein Büro. Ich glaube, wir haben so einiges miteinander zu besprechen.«

Bevor der seltsame Typ in seiner Nazi-Uniform verschwinden konnte, bekam Eric noch einen Kaffee von ihm überreicht. Zugleich nahm der Mann sich selbst eine zweite Tasse, um damit in Richtung einer Tür zur linken Seite zu entschwinden. Schon Sekunden später war der Spuk beendet. Einzig die riesige Hakenkreuzflagge zeugte noch von der obskuren Begebenheit. Umso beklemmender empfand Eric es, vor so einem Relikt der düsteren deutschen Geschichte stehen zu müssen.

Gedankenverloren setzte er die Tasse an, um überhaupt irgendetwas zu tun. Selbstverständlich war das Getränk noch brühend heiß und er verbrannte sich sogleich die Zunge und Oberlippe. Laut fluchend stellte Eric den Kaffee ab, wobei ihm die heiße Flüssigkeit noch über die Finger schwappte. Sofort kam ihm Murphys Gesetz in den Sinn: ›Alles, was schiefgehen kann, wird auch schiefgehen.‹

Vom ewigen Herumstehen würde sich die Situation allerdings auch nicht verbessern, führte Eric sich vor Augen. Entsprechend wandte er sich nach rechts, um den Begrüßungsraum zu verlassen, denn Marleen Beich konnte hinter seinem Rücken nur in diese Richtung verschwunden sein. Solange er nicht wusste, was hier gespielt wurde, beschloss er erst einmal, den Worten des seltsamen Kauzes nachzukommen.

Nachdem er die Sicherheitstür passiert hatte, erwartete ihn eine vollkommen andere Atmosphäre. Staunend trat Eric in eine große Halle ein. Obwohl er sich sicher war, sich ein paar Meter unter der Oberfläche aufzuhalten, wirkte der Ort erfrischend hell, nett und angenehm. Viele Glasflächen, Grünpflanzen und Ziergegenstände unterteilten etliche kleine Räume auf der weiten Fläche. Ohne ein erkennbares Muster hatte man einige Büros mittig abgetrennt. Eric kannte so einige Behörden und Ministerien, in denen die Mitarbeiter über wesentlich weniger Platz verfügten als hier.

In den meisten der absolvierten Praktika hatte Eric seine Zeit in Großraumbüros oder winzigen Nischen verbringen müssen. Selten hatte man in Berlin das Glück, dass man in einem großen Büro arbeiten konnte. Selbst Beamte in leitenden Positionen verfügten nur über die Standardgröße. In dem sich ihm nun präsentierenden Saal hätte man locker fünfzig oder sechzig Arbeitsplätze unterbringen können, und es wäre danach noch immer jede Menge Platz übrig geblieben. Eric überflog und zählte kaum mehr als zehn abgetrennte Büroplätze.

Beim Weiterlaufen blickte er in einige davon hinein. Dabei sah er zumeist Männer in einem fortgeschrittenen Alter, die sich aus historischen Uniformen herausschälten. Offenkundig hatte ein jeder von ihnen bis vor Kurzem eine Nazi-Uniform getragen. Er begriff nicht, in was für ein Irrenhaus er hier geraten war. Niemand mit auch nur ein bisschen Verstand würde doch freiwillig so einem Irrsinn beiwohnen. Es war für ihn ein fast surrealer Zustand.

Ähnlich einem Monty-Python-Film entbehrte die Situation jeglicher logischen Erklärung.

Vielleicht war dies hier aber auch so eine Art Anstalt für geistig zerrüttete Beamte, mutmaßte Eric. Leider hatte er Marleen, die einzige normale Person, der er im Berliner Untergrund bisher begegnet war, immer noch nicht wiederentdeckt. Er hoffte darauf, dass sie ihm wenigstens sagen konnte, warum sich hier alle so seltsam benahmen. Ein Fünkchen Logik würde ihm eventuell helfen, diesen Tag zu überstehen.

Sein Gesicht hellte sich auf, als er sie etwas abseits in einer geräumigen Küche erblickte. Mit der mittlerweile abgekühlten Kaffeetasse in seinen Händen schlurfte er zu ihr hinüber. Auch sie war gerade damit beschäftigt, sich ein Heißgetränk einzugießen.

»Hallo, Frau Beich – oder darf ich weiterhin bei Marleen bleiben?«, fragte er zaghaft nach. Er wusste noch nicht, ob ihre Begrüßung vielleicht ebenso zu dem seltsamen Geschehen gehörte.

»Normalerweise bestehe ich auf Frau Beich. Da wir jedoch aller Voraussicht nach miteinander zusammenarbeiten werden, dürfen Sie mich ruhig Marleen nennen. Das macht die Arbeit vielleicht leichter.«

»Okay, dann sag doch bitte Eric zu mir«, schlug er ihr nachfolgend vor.

»Ich bin mir nicht sicher, ob das wirklich richtig ist. Letztlich sind Sie wahrscheinlich mein neuer Vorgesetzter. Ich würde deswegen sehr gern bei Herr Tschirnhaus bleiben, wenn Ihnen das recht ist.«

»Hm, ähm … ja klar, warum nicht. Und ich soll Sie im Gegenzug Marleen nennen?«, fragte er unsicher nach.

»Ja, ich denke, das ist soweit richtig. Sie sollten aber endlich Ihren Kaffee trinken. Sonst wird der noch ganz kalt«, machte Marleen ihn auf die Tasse in seinen Händen aufmerksam.

Gleichzeitig nahmen sie beide einen großen Schluck. Offensichtlich schien Marleen das dampfende Heißgetränk zu genießen. Für Sekunden hielt

33

sie die Augen geschlossen, um sich auf das Aroma zu konzentrieren. Eric hingegen verspürte auf seiner Zunge nur den lauwarmen und bitteren Geschmack von langsam erkaltetem Kaffee. Nach einer gefühlten Ewigkeit richtete er erneut das Wort an sie.

»Dieser Herr Meischberger meinte, ich sollte mich mit meinen Fragen an Sie wenden. Und glauben Sie mir, ich habe jede Menge davon.«

»Okay, was kann ich Ihnen erklären?«

»Was sollte die ganze Nazi-Scheiße? Ich meine, das ist doch nicht normal. Wieso laufen alle in so altem NS-Zeugs herum? Warum hängt im Eingang eine Hakenkreuzfahne? Wo halten wir uns hier überhaupt gerade auf?«

»Oha!«, prustete es aus seiner Gesprächspartnerin heraus. »Das sind wirklich eine Menge Fragen. Etliche davon wird Ihnen mit Sicherheit Herr Meischberger selbst beantworten wollen. Dies will ich ihm nicht vorwegnehmen. Da ist er sehr eigen, müssen Sie wissen. Den Rest kann ich Ihnen aber bestimmt erklären.«

»Wer ist dieser Herr Meischberger eigentlich?«, wollte Eric zuerst erfahren.

»Er ist der Chef dieser Abteilung«, erwiderte Marleen überrascht. »Ich hätte gedacht, dass Ihnen das mittlerweile klar sein sollte. Als Ministerialrat hat er hier die höchste Besoldungsstufe inne. Früher war er einmal sogar Ministerialdirigent gewesen. Allerdings war das vor seiner Zurückstufung. Wie dem auch sei: Herr Meischberger ist ein ausgezeichneter, loyaler und vorbildlicher Vorgesetzter, um das hier direkt gleich am Anfang klarzustellen.«

»Der nur ab und zu in einer SA-Uniform durch seine Abteilung läuft«, platzte es aus Eric heraus.

»Warum auch nicht? Wir dürfen das schließlich auch. Oder stört Sie nur der allgemeine Umstand? Wollen Sie vielleicht selbst auch mal so etwas anziehen?«

Selbstverständlich lag ihm bereits eine Entgegnung auf die spitz gestellte Frage auf der Zunge. Allerdings war er clever genug, diese für einen Moment zurückzuhalten.

»Na gut, dann frage ich zuerst etwas Einfaches: Wo befinden wir uns überhaupt?«

»Ist das nicht offensichtlich?«, entgegnete Marleen erstaunt.

Konsterniert blickte Eric sie daraufhin eine Weile lang an. »Na, ich weiß ja nicht«, suchte er nach den richtigen Worten. »Natürlich ist mir mittlerweile klar, dass wir uns in einem Bunker tief unter der Erde aufhalten. Ich habe aber keine Ahnung, wo wir konkret sind.«

Kurz fixierte Marleen ihn mit ihren Augen. »Okay, dann will ich es Ihnen erklären: Diese Anlage stammt aus den frühen Vierzigerjahren. Zumindest der eigentliche Rohbau wurde in jener Zeit errichtet. Meines Wissens ist seinerzeit beschlossen worden, die Hauptverwaltung für das neu zu gründende Germania in das bis dato ungenutzte Stadtschloss zu installieren. Ihnen ist doch bestimmt bekannt, dass damals eine neue Hauptstadt geplant worden war?« Marleen blickte Eric kurz an, wartete aber gar nicht erst seine Antwort ab. »Neben alter und neuer Reichskanzlei galt es, das Stadtschloss als dritte zentrale Säule der NS-Herrschaft auszubauen. Entsprechend wurde auch ein weitläufiger Bunker konzipiert, der die Anlage gewissermaßen unterhöhlen sollte.«

»Also befinden wir uns unter dem heutigen Humboldt Forum?«, fiel Eric ihr daraufhin ins Wort.

Mit einem kurzen und bösen Blick strafte Marleen ihn für diese Unterbrechung ab. Eric beschloss, zukünftig lieber den Mund zu halten, bis sie ausgeredet hatte. Letztlich war er ja an ihren Informationen interessiert und nicht umgekehrt.

»Eigentlich befindet sich die Anlage mehr unter dem Neuen Marstall und dem ehemaligen Staatsratsgebäude. Es war anscheinend zu jener Zeit nicht so einfach möglich gewesen, die alten Mauern des großen Stadtschlosses zu unterhöhlen. Entsprechend wurde damals der Entschluss gefasst, den Bunker ein wenig versetzt daneben zu errichten.«

Nun wartete er ein paar Sekunden ab, ob weitere Informationen folgen würden. Ihm stand ganz und gar nicht der Sinn, neuerlich so einen Blick von ihr zu riskieren.

»Wie kommt es aber, dass ich noch nie davon gehört habe, dass dieser Bau existiert?«

»Während der Kriegsjahre ist viel geschehen, an das sich die Leute hinterher nicht mehr erinnern konnten und wollten«, gab sie nickend ihre Zustimmung. »Und nach der Niederlage hat sich schlichtweg niemand mehr dafür interessiert. Das Schloss war praktisch zerstört und bis auf wenige Flügel unbenutzbar. Die sowjetischen Besatzer zeigten keinerlei Interesse daran, das Stadtschloss wieder aufbauen zu wollen. Letztlich wurden sogar Streifen eingesetzt, allzu neugierige Besucher davon abzuhalten, hier herumzuschnüffeln. Keine fünf Jahre nach dem Bau der Bunkeranlage wusste kaum noch jemand von diesem Objekt.«

»Ich muss gestehen, dass die Story recht interessant ist, dennoch erklärt sie nicht eine einzige meiner Fragen. Wo befinde ich mich hier?«

»Das versuche ich Ihnen doch die ganze Zeit über mitzuteilen«, entgegnete Marleen ungeduldig. »Dies hier ist der einzige echte Tiefbunker, der noch von der Bundesregierung in Berlin betrieben wird. Abgesehen davon gibt es weitere Anlagen bei Bonn und Stollen in der Eifel als auch im Westerwald. Nur eben in Berlin sind wir sozusagen einzigartig.«

»Wie kommt die Bundesregierung beziehungsweise das Amt auf so eine aberwitzige Idee, hier seinen Sitz zu haben?«

»Auch das ist leicht zu erklären«, verfiel Marleen in einen gleichmütigen Singsang. Offensichtlich nervte es sie langsam, ihm jede Einzelheit darlegen zu müssen. »Die damals noch junge Regierung der DDR hatte den unfertigen Bunker beim Errichten des Staatsratsgebäudes zufällig entdeckt. Entsprechend wurde auf Sonderanweisung des Zentralkomitees der SED beschlossen, diesen gleich mit in den Neubau zu integrieren. Wegen des sich bereits abzeichnenden Ost-West-Konflikts war die Anlage für Walter Ulbricht und später Erich Honecker der ideale Ort. Als dann in den Neunzigerjahren der Umzug der Administration von Bonn nach Berlin anstand, befand sich der Tiefbunker in einem ausgezeichneten Zustand.«

Kurz nippte Marleen an ihrer Tasse, um den offensichtlich trocken gewordenen Hals zu befeuchten. Eric hütete sich indes davor, den mittlerweile vollkommen erkalteten Kaffee zu Ende zu trinken und stellte das Getränk beiseite.

»Wie Sie vielleicht wissen, zog damals das Kanzleramt in das Gebäude über uns, zumindest bis das heutige Amt im Jahre 2001 fertiggestellt worden war. Aus Platzmangel wurde die Abteilung 8 in jenen Tagen in den Bunker verlegt. Im Vorfeld sind verschiedenste Modernisierungsmaßnahmen durchgeführt worden, so dass es hier unten nicht allzu keller- beziehungsweise bunkerartig wirkt.«

»Und wieso ist die Abteilung nicht mit den sieben anderen 2001 umgezogen?«

»Das kann Ihnen Herr Meischberger besser erklären als ich. Ich gehe davon aus, dass es etwas mit unserem besonderen Status zu tun hat. Mir ist klar, dass Ihnen noch wesentlich mehr unverständlich erscheint. Zuerst möchte ich Sie jedoch etwas fragen.«

»Nur zu.«

»War es wirklich so schlimm, was Sie gestern gemacht haben? Ich meine, so oft kommt es nicht vor, dass jemand unverzüglich in unsere Abteilung strafversetzt wird. Wir bekommen hier selten neues Personal zu Gesicht. Sie müssen deswegen den Auftritt am Anfang entschuldigen. Das ist so ein Spaß, den sich der Chef mit jedem Frischling erlaubt.«

Fragend verweilten seine Augen auf Marleen. Ihre Erläuterungen warfen mehr Rätsel auf, als dass sie enthüllten.

»Schlimm war es in dem Sinne nicht«, versuchte Eric, seinen Fauxpas vom Vortag kleinzureden. »Allerdings haben das die restlichen Kollegen im Amt etwas anders gesehen. Es war fast so, als hätten sie einen Schuldigen gesucht, auf den sie alles schieben konnten. Ich glaube, irgendwer hat mich als Sündenbock benutzt.«

»Also haben Sie das etwa nicht gemacht?«, fragte Marleen ungläubig nach.

»Doch, das habe ich schon, wenn Sie damit auf die aktuellen Zeitungsartikel anspielen. So etwas kann doch jedem mal passieren. Ich meine, es war mein erster Arbeitstag. Wie hätte ich wissen sollen, dass mein Handeln solche Auswirkungen haben könnte?«

»War Ihnen denn nicht von Anfang an schon bewusst, worauf das alles letztlich hinauslaufen würde? Ich meine, gehört zu haben, dass mehrere Botschafter deswegen bei der Kanzlerin vorstellig wurden und es noch werden. Dort muss heute die Hölle los sein. Und nach allem, was mir zugetragen wurde, sind Sie allein dafür verantwortlich.«

»Müssen wir das Thema jetzt so ausführlich erörtern?«, brauste Eric daraufhin auf. »Wenn das hier so eine Art Strafabteilung ist, müssen Sie ja ebenso irgendetwas Übles ausgefressen haben. Ich will nur sichergehen, dass ich weiß, worauf ich mich einlasse.«

Seine ins Blaue geschossene Vermutung hatte gesessen. Verlegen wendete sich Marleen von ihm ab. Augenblicklich ärgerte er sich jedoch über seinen Ausbruch. Es brachte ihm herzlich wenig ein, die neue Kollegin derart vor den Kopf zu stoßen. Sie konnte letztlich überhaupt nichts dafür, dass er gestern die Kanzlerin so bloßgestellt hatte. Diesen kapitalen Bock hatte er ganz allein geschossen.

»Es tut mir leid«, lenkte er daraufhin mit einer versöhnlicheren Stimme ein. »Ich hätte das nicht sagen sollen. Bitte verzeihen Sie mir. Es liegt nur an diesem Tag und dieser Woche. Wenn Sie wissen, was mir gestern passiert ist, können Sie bestimmt nachvollziehen, wie es mir im Augenblick geht.«

Zögerlich schenkte ihm Marleen ein Lächeln. Er hoffte, dass damit dieses unsägliche Thema beendet sei. Viel lieber wollte er zu den Fragen übergehen, die ihn ungemein interessierten.

»Sie sagten, in dieser Abteilung wäre es erlaubt, alte Nazi-Uniformen zu tragen. Verzeihen Sie mir bitte, aber das verstehe ich nicht. Warum sollte das in Deutschland legal sein? Vor allem: Wer sollte das überhaupt freiwillig wollen? Ich meine, nach all den Ereignissen der Geschichte sollte doch jeder heilfroh sein, dass die ganze Sache seit achtzig Jahren vorbei ist.«

Marleens reagierte mit einem lausbübischen Schmunzeln, was die Frau noch sympathischer aussehen ließ als ohnehin. Wie es schien, wusste sie viel mehr, als sie ihm bisher erzählt hatte.

»Wer sagt denn, dass es vorbei ist?«, fragte sie mit provokativem Unterton nach.

»Wie? Dass was vorbei ist?«

»Na, Sie haben doch eben gerade postuliert, dass das Dritte Reich untergegangen sei«, erinnerte Marleen ihn an seine eigenen Worte.

»Genau, das habe ich. Ist es das etwa nicht?« In seinen Ohren klang diese Frage absolut widersinnig.

»Natürlich nicht!«, rief sie ihm im Brustton der Überzeugung entgegen.

Nun begriff Eric, dass er tatsächlich bei vollkommen Verrückten gelandet war. Eigentlich hätte ihm das beim Anblick des SA-Manns schon längst klar sein sollen. Niemand, der noch halbwegs richtig im Kopf war, lief freiwillig in so einer Kluft herum. Dazu kam noch die Information, dass sich hier unten nur Strafversetzte und in Ungnade ›Gefallene‹ befanden.

In solch einer Irrenanstalt hätte Eric jedoch nie eine junge Frau wie Marleen vermutet. Wie passte sie überhaupt zu diesen geistig zerrütteten Haufen von Beamten und weshalb steckte man diese Menschen in einen Tiefbunker, fragte er sich. Viel sinnvoller wäre es gewesen, die Menschen in eine Heilanstalt einzuweisen, um ihnen die nötige Hilfe zukommen zu lassen.

»Alles klar«, schoss es sarkastisch aus ihm heraus. »Nazi-Deutschland ist nicht untergegangen. Bestimmt warten wir in diesem Bunker auf den nächsten Angriff der Briten oder Amerikaner.« Kurz lachte Eric selbst über seinen eigenen schlechten Scherz, bevor er fortfuhr. »Vielleicht verstecken wir uns aber auch vor einer Attacke von kleinen grünen Männchen. Oder liegt es daran, dass damals einige Nazis mit Raumschiffen zum Mond geflogen sind? Ist das hier so eine Art Operationszentrale für die Mondbesiedelung?«

Es fielen ihm etliche weitere Sprüche und Geschichten ein, mit denen er weiterhin sein Unverständnis zum Ausdruck hätte bringen können. Allerdings war Eric auch klar, dass Marleen aller Voraussicht nach einfach nur krank war. Seinen Unmut an ihr auszulassen, war demnach alles andere als gerecht.

»Lassen Sie nur alles heraus«, antwortete sie erstaunlich gelassen. »Das ist vollkommen in Ordnung. Jeder reagiert am Anfang so auf die Behauptung, dass das Dritte nicht so tot ist, wie von den meisten angenommen. Ich selbst konnte es sogar ein paar Tage lang nicht fassen. Zu weit hergeholt klangen auch die Erklärungen dafür.« Marleen schaute ihn durchdringend an. Eric war verwirrt, denn sie wirkte in dem Moment trotz allem recht vernünftig. »Hören Sie sich auf jeden Fall etwas über die Geschichte der Abteilung von Herrn

Meischberger an. Wenn Sie erst einmal alle Fakten kennen, wird es Ihnen nicht mehr ganz so wirr und unglaublich vorkommen. Glauben Sie mir.«

Mit diesen Worten ließ sie Eric unvermittelt stehen. Ohne sich noch einmal umzudrehen, verschwand sie in Richtung einer der Büroabteile, und so befand er sich allein in der kleinen Pausennische. Er vernahm zwar das Klappern von Tastaturen und das Klingeln von Telefonen, allerdings war nirgendwo jemand zu sehen. Offensichtlich gingen hier etliche Mitarbeiter ihren normalen Tätigkeiten nach – welche das auch immer sein sollten.

Eric benötigte einige Momente, um sich aus der seltsamen Stimmung zu befreien. Von allein würde sich das alles nicht aufklären, dessen war er sich sicher. Ihm wurde bewusst, dass es wohl das Beste wäre, schleunigst aus dieser Irrenanstalt zu verschwinden. Lieber würde er versuchen, sich noch einmal mit den Menschen im Kanzleramt auseinanderzusetzen, die ihn wie einen Aussätzigen behandelt hatten, als noch länger an diesem Fleck bleiben zu müssen.

Mit festem Schritt stürmte er deswegen in den Raum, durch den er den Bunker zum ersten Mal betreten hatte. Eric wusste zwar, dass der Aufstieg über etliche Etagen erfolgen würde, allerdings war ihm das in dem Augenblick nur recht. Vielleicht würde die Anstrengung endlich seinen Geist klären. Im Moment fühlte es sich an, als würde dieser in einem zähen Honig schwimmen. Nichts ergab auch nur den Hauch eines Sinns.

Sehr zu seinem Erstaunen und auch zu seinem Ärger präsentierte sich die schwere Stahltür als fest verschlossen. Fieberhaft suchte Eric nach einer Klinke, einem Mechanismus oder einem Eingabefeld, um dem Bunker zu entkommen. Doch ohne Erfolg: Es wirkte beinahe so, als könnte man die Tür gar nicht von innen öffnen. Als er sich umdrehte und den Raum genauer inspizierte, bemerkte er, dass die Hakenkreuzflagge verschwunden war. Offensichtlich hatte man die Fahne nur wegen seines Erscheinens angebracht.

Dies bewies ihm einmal mehr, dass sich hier unten nur Wahnsinnige befanden. Kein normaler Mensch würde auf die Idee kommen, dieses Symbol für millionenfachen Tod mir nichts, dir nichts an die Wand zu hängen. Dies bekräftigte nur umso mehr seinen Entschluss, so schnell wie irgend möglich diesem Ort zu entkommen.

Daran scheiterte Eric jedoch im Moment noch. Kurz stieg Panik in ihm auf. Was, wenn er hier drin mit all den Verrückten eingeschlossen wäre, schoss es ihm durch den Kopf. Vor allem wenn er sich vergegenwärtigte, wie viele Tonnen Erde, Stahl und Beton sich über seinem Kopf befanden, schwante ihm Übles.

Eric versuchte, die innere Ruhe wiederzufinden und atmete tief durch. Nüchtern betrachtet war ihm klar, dass dies eine offizielle Abteilung des Bundeskanzleramts war. Es wäre abwegig zu denken, an diesem Ort Mörder, Killer oder Psychopathen anzutreffen. Ihm wurde bewusst, dass er keine andere Wahl hatte, als das Büro dieses Herrn Meischberger aufzusuchen. Gesagt, getan.

Auf der gegenüberliegenden Seite der großen Halle mit den Büros führte eine Stahltür in einen weiteren Bereich des Bunkers. Ein breiter langer Gang tat sich vor Eric auf. Auf den ersten zwanzig Metern war dieser beleuchtet, dahinter verlor sich der Flur in der Dunkelheit. Rechtsseitig konnte Eric Türen erkennen, an der linken Wand hatte man in Abständen Porträts sämtlicher Bundespräsidenten angebracht. Eric schritt den Flur auf der Suche nach Meischbergers Büro ab.

Keine halbe Minute später befand er sich vor dem Amtszimmer des hiesigen Abteilungsleiters. Egal, was zuvor geschehen war: Eric machte sich bewusst, dass der Beamte auf der anderen Seite der Tür ein sehr mächtiger Mann war. Im Kanzleramt existierten genau sieben Abteilungen. Eine jede Führungsperson war dem Kanzleramtsminister direkt und der Kanzlerin indirekt unterstellt. In vielen Bereichen der Sicherheits- und Außenpolitik hatte das

Wort eines solchen Abteilungsleiters ein sehr hohes Gewicht. Die meisten Entscheidungen der Kanzlerin beruhten auf den Einschätzungen der jeweiligen Ressortchefs.

Zaghaft klopfte Eric an. Ihm war durchaus bewusst, dass er die Situation mit Fingerspitzengefühl angehen musste. Im besten Fall würde der Herr Ministerialrat von sich aus vorschlagen, ihn in eine andere Dienststelle zu versetzen. Eric war zwar klar, dass das womöglich das Ende seiner Karriere bedeuten konnte, er sah für sich in diesem Bunker allerdings auch keine allzu rosige Zukunft. Lieber würde er das Glück an einem besseren Platz suchen.

»Herein!«, erklang eine weibliche Stimme.

Dieser Aufforderung folgte Eric zugleich. Im Vorzimmer des hohen Beamten saß eine Frau, die ihm vage bekannt vorkam. Eine ganze Zeit lang musste er überlegen, doch nach einigem Grübeln erkannte er in ihr die verkleidete Fernmelderin in der alten Weltkriegsuniform, die zuvor dem Abteilungsleiter in seiner schrägen Aufmachung den Kaffee serviert hatte, und erinnerte sich sogar an ihren Namen.

»Hat es Ihnen die Sprache verschlagen?«, wurde er von Frau Sacher aus seinen Gedanken gerissen.

»Was? Nein, tut mir leid. Mir ist nur gerade etwas durch den Kopf gegangen. Mein Name ist Eric Tschirnhaus. Ich glaube, Herr Meischberger erwartet mich bereits.«

»Tut er das?«, fragte die Sekretärin nach.

Irritiert blickte Eric sie eine Weile lang an, ohne zu begreifen, worauf sie hinauswollte. Bevor er allerdings die Chance erhielt, eine weitere Entgegnung zu entrichten, verwies die Frau mit einer Hand auf eine breite und große Holztür.

»Treten Sie nur durch.«

43

Ohne weiter auf sie zu reagieren, tat Eric, wie geheißen. Nach dem Anklopfen wartete er jedoch nicht auf eine abermalige Aufforderung. Er trat stattdessen direkt in das Büro ein.

Hinter einem großen Glasschreibtisch saß Herr Meischberger, ein Beamter in den besten Jahren. In seinem außergewöhnlich gut sitzenden Dreiteiler wirkte er eher wie der Leiter eines multinationalen Konzerns. Vor allem aber erschien das Büro, als befände es sich irgendwo in den luftigen Höhen eines Wolkenkratzers und nicht in den Tiefen des Untergrunds von Berlin. Sogar einige Fenster waren an den Wänden links und rechts auszumachen. Erst auf den zweiten Blick erkannte Eric, dass es sich dabei um Illusionen handelte.

»Täuschend echt, nicht wahr?«, sagte Herr Meischberger mit einem Lächeln im Gesicht, als er von seinem Platz aufstand. Dabei strich er sich durch sein grau meliertes Haar.

Mit ausgestreckter Hand kam er auf ihn zu und stellte sich vor. Ein fester Händedruck sprach von einem resoluten und selbstbewussten Mann. Eric hatte nach der ganzen Scharade etwas vollkommen anderes erwartet. Mit einer Geste verwies der Abteilungsleiter in Richtung eines der Fenster und begleitete Eric die drei Meter bis dahin.

»Gelegentlich muss ich mich selbst davon überzeugen, dass es nur Bildschirme sind. Vor allem nach einer langen Nacht wird einem ein atemberaubender Sonnenaufgang eingespielt. Es ist manchmal so, als würden die Farben wesentlich intensiver strahlen, als sie das in der Wirklichkeit tun. Das liegt aber nicht nur an den Displays. Überall in dem Gebäude sind Tageslichtlampen und verschiedenste Lichtemitter installiert. Sie müssen wissen, das menschliche Auge nimmt mehr wahr als die normalen Wellenlängen. Damit sich ein Mensch wohlfühlt, benötigt man zum Beispiel auch Licht im ultravioletten Bereich.«

Irritiert blickte Eric Herrn Meischberger an. Auf der einen Seite waren diese Informationen durchaus interessant. Auf der anderen Seite waren seine Gedanken in dem Moment auf vollkommen andere Dinge fokussiert. Ihn interessierte es kaum, wie es die Techniker hinbekamen, hier unten künstliches Tageslicht zu erschaffen. Das alles hätte man doch an der Oberfläche mit einem simplen Fenster viel einfacher haben können. Gerade dies führte für ihn den Bunker ad absurdum. Erics Meinung nach entbehrte die Anlage jeglichen Nutzen.

»Aber das dürfte Sie kaum interessieren, richtig?«, erriet Meischberger seine Gedanken.

»Doch, doch. Es ist sehr interessant«, log Eric, um den Mann nicht zu kränken.

Er ging davon aus, dass sein Gegenüber auf seinen Arbeitsplatz stolz war. Letztlich befanden sie sich in einer Abteilung des Kanzleramts. Jeder hielt vermutlich viel auf seine Behörde.

»Reden Sie kein Blech! Eigentlich sind Sie doch hier, um mich dazu zu bewegen, dass ich Sie in eine andere Abteilung versetze. Wahrscheinlich würden Sie mich sogar selbst darum bitten, sollte ich über kurz oder lang nicht auf Ihr Spiel einsteigen. Am liebsten säßen Sie eher heute statt morgen auf einem bequemen Schreibtischstuhl in einer beliebigen anderen Behörde.«

»Nein, wie kommen Sie darauf?«, fuhr Eric energisch auf.

Obwohl er sich ertappt fühlte, versuchte er, die Fassade zu wahren.

»Sie sind ein schlechter Lügner, Herr Tschirnhaus. Warum können Sie mir nicht einfach die Wahrheit sagen? Ich weiß alles über Sie. Glauben Sie etwa, es existiert im Amt kein Dossier über Sie? Bis vor Kurzem konnten Sie eine vorbildliche Karriere vorweisen. Der vorläufige Bericht zu den Vorkommnissen von gestern liegt aber bereits auf meinem Schreibtisch. Wir mögen hier zwar etwas abseits der eigentlichen Machtstruktur liegen, das heißt aber nicht, dass wir hinter dem Mond leben.«

»Unabhängig davon, was in dem Bericht auch stehen mag, bitte ich Sie, mich zuerst anzuhören, um meine Version der Geschehnisse zu erfahren.«

»Nur die Ruhe, mein Junge. Ich glaube Ihnen ja. Schließlich habe ich selbst jahrelang in demselben Haifischbecken gearbeitet. Die Kollegen dort können echte Widerlinge und Intriganten sein. Zeigt man auch nur einmal einen schwachen Moment, rammen sie einem alle miteinander den Dolch in den Rücken.« Mit einer Geste unterbrach Meischberger sich selbst. »Natürlich haben Sie eine unverzeihliche Dummheit angestellt. Das wissen Sie besser als jeder andere. Zu Ihrem Unglück war auch noch die Kanzlerin involviert. Normalerweise hätten Ihre Vorgesetzten es bei einer Rüge belassen. So jedoch …«

Kurz räusperte sich Meischberger daraufhin. »Das tut hier aber nichts zur Sache. Wenn Sie in meine Abteilung kommen, sind Sie ein unbeschriebenes Blatt. Egal, was vorher auch passiert ist: Hier fangen Sie von vorn an, und das mit allen entsprechenden Vor- und Nachteilen. Haben Sie das verstanden?«

»Okay, wenn Sie das so sagen«, war das Einzige, was Eric in dem Moment herausbrachte.

»Also, was ist jetzt? Lag ich mit meiner Annahme richtig?«

Eric musste kurz schlucken. Der Ministerialrat war ein ausgesprochen dominanter Mensch. Binnen kürzester Zeit hatte er Eric da, wo er ihn haben wollte.

»Irgendwie schon«, gestand Eric ihm zähneknirschend. »Diese Begrüßung war schon abschreckend. Ich meine, wo erlebt man in Berlin sonst Menschen in Nazi-Uniformen und Hakenkreuzflaggen? Allein schon dieser Bunker ist dazu gemacht, einem das Fürchten zu lehren. Mir war gar nicht bewusst, dass so etwas im Untergrund von Berlin überhaupt noch existiert, geschweige denn, dass so ein Objekt nach wie vor genutzt wird. Vor allem diese ganze rätselhafte Abteilung; ich wusste zuvor rein gar nichts darüber.«

»Was haben Sie denn bisher allein herausgefunden?«

Eric hielt kurz inne. Er konnte seinem neuen Vorgesetzten kaum berichten, dass er diese Institution für eine Irrenanstalt hielt. Wie sollte er nur seine Verwirrung in Worte fassen, überlegte er sich fieberhaft.

»Offensichtlich ist diese Bunkeranlage eine Abteilung des Kanzleramtes, die nur wenigen Menschen bekannt ist. Im Vorfeld jedenfalls habe ich nichts darüber gelesen. Wir befinden uns in einem Gebäude, das zuerst von den Nazis, dann von der DDR-Regierung und zuletzt vom Kanzleramt genutzt wurde. Angeblich werden in Ungnade gefallene Beamte hierher strafversetzt. In gewissem Sinne trifft das ja auch auf mich zu. Mehr weiß ich nicht. Frau Beich hat eher nur verwirrende Andeutungen von sich gegeben.«

»Oha! Was hat Sie denn so sehr aus der Bahn geworfen?«, fragte sein neuer Chef forsch nach.

»Marleen, ich meine Frau Beich, meinte, Sie dürften die alten NS-Uniformen tragen. Das alles wäre hier unten vollkommen normal.«

»Das stimmt auch«, bestätigte ihm sein Gesprächspartner.

»Aber wie …«

»Sie meinen, weil es sonst verboten ist, verfassungsfeindliche Symbole offen zu zeigen? Beziehen Sie sich darauf, dass sich so etwas für eine Behörde innerhalb der Bundesregierung nicht ziemt, ihre Zimmer mit Hakenkreuzen zu bestücken? Sie glauben wahrscheinlich, dass es undenkbar ist, dass ein Ministerialrat mit SA-Uniform herumläuft. Und überhaupt, diese ganze Nazi-Kacke ist doch eigentlich illegal.«

»Äh, ja. So etwas und anderes ist mir durch den Kopf gegangen«, gestand Eric daraufhin ein.

»Was ist aber, wenn ich Ihnen erkläre, dass wir das wirklich dürfen? Was ist, wenn ich Ihnen sage, dass diese Bestimmungen für alle anderen gelten, nur nicht für uns? Was ist, wenn ich Ihnen sage, dass es sogar ausdrücklich erwünscht ist, dass wir uns mit dieser Materie beschäftigen?«

»Die Abteilung steht also über dem Gesetz?«, hakte Eric verwirrt nach.

Noch hatte er nicht begriffen, worauf das alles hinauslaufen sollte. Er wusste nur, dass dieser Herr Meischberger ihn auf irgendetwas vorbereitete. Irgendwo tief in sich drin keimte die Erkenntnis auf, dass hinter all dem vielleicht doch mehr stecken konnte, als es auf den ersten Blick erscheinen mochte.

»Reden Sie doch kein Blech! Natürlich stehen wir nicht über dem Gesetz. Wo kommen wir da hin? Die Abteilung 8 ist ganz normal dem Kanzleramt und allen anderen Autoritäten untergeordnet. Es bestehen für uns nur gewisse Sonderregeln bezüglich diverser historischer Entwicklungen. Wir sind sozusagen die Ausnahme, die die Regel bestätigt.«

»Eine Ausnahme für Hakenkreuzfahnen?«, fragte Eric ungläubig nach.

»Jetzt seien Sie mal nicht so kindisch! Natürlich nicht nur für die Flagge. Es dreht sich hier um alles. Ich rede hier von Uniformen, Liedern, Orden, Zeichen, Symbolen, Briefen, Büchern, Verträgen, Gesetzen und anderen Dingen, die mit dem Dritten Reich zusammenhängen.«

»Diese Abteilung kümmert sich also um Weltkriegs-Devotionalien?« Eric kam sich langsam ziemlich dumm vor.

»Nicht nur, wir kümmern uns eben um alles. Hier geht es vielmehr um derzeitige Probleme«, entgegnete Meischberger.

In dem Moment fiel Eric das Gespräch mit Marleen wieder ein. Wenn er sich richtig erinnerte, hatte sie gesagt, das Dritte Reich wäre nicht untergegangen, woraufhin er sie deswegen für verrückt erklärt hatte. Nun bekam er aus dem Mund dieses beeindruckenden Menschen dasselbe zu hören. Ein ranghoher Bediensteter der Bundesrepublik verkündete offen das Undenkbare! Eric erkannte daraufhin, dass dahinter womöglich etwas Wahres verborgen sein könnte.

»Die Abteilung 8 bearbeitet also die Hinterlassenschaften des untergegangenen Dritten Reiches? Sehe ich das richtig? Ich dachte aber immer, dass
dieses Ressort im Bundesinnenministerium, im Landesinnenministerium und
in den Finanzministerien liegen würde.«

»Ja und nein«, hielt sich Meischberger kryptisch. »Zum einen haben Sie
natürlich recht. Liegenschaften und dergleichen werden von anderen Ministerien betreut. Rentenansprüche und Zahlungen werden durch das Finanzministerium durchgeführt. Allerdings haben Sie auch vom untergegangenen
Reich gesprochen. Was aber, wenn ich Ihnen sage, dass Nazi-Deutschland
gar nicht zu existieren aufgehört hat?«

»Natürlich ist es vernichtet worden!«, begehrte Eric zugleich auf. »Der
achte Mai gilt doch nicht umsonst als das Ende Hitler-Deutschlands. Wir leben doch auch in der Bundesrepublik und nicht in einem NS-Staat.«

»Das ist ja alles soweit richtig«, stimmte ihm Meischberger zu. »Dessen
ungeachtet reden wir hier von dem Ende eines Staates. Der achte Mai ist nur
der Tag der General-Kapitulation. Das Papier haben damals die Generäle
Stumpff, Friedeburg, Jodl, Keitel und Greim unterzeichnet. Allerdings sagt
das nichts über das eigentliche Reich aus. Wie oft wurden in der Geschichte
bisher Kapitulationen unterzeichnet? Haben deswegen irgendwelche Staaten
aufgehört zu existieren? Ich glaube nicht.«

»Aber die Bundesrepublik und die DDR – sie wurden doch 1949 gegründet. Wie kann etwas Neues geschaffen werden, wenn das Alte noch weiter
fortbesteht?«

»Das ist ein sehr guter Einwand. Allerdings bewegen wir uns auf einem
Gebiet, über das es so gut wie keine Regeln, Gesetze oder Verordnungen gibt.
Staaten sind allgemeinhin souveräne Objekte. Niemand sagt einem Staat,
wann er einer ist und wann nicht. Bis zur Schaffung der Vereinten Nationen
bestand nichts, was darüber stand. Und jetzt kommen Sie mir bitte nicht mit
dem Völkerbund. Das können Sie kaum mit der UN vergleichen.«

»Okay, das haben wir im Studium zur Genüge behandelt. Wie können Sie aber behaupten, dass das Dritte Reich nicht untergegangen sei?«

»Können Sie mir denn das Gegenteil beweisen?«

»Was soll das schon wieder bedeuten?« Eric war baff. Was wollte der alte Herr von ihm?

»Na, Sie sind ja der Meinung, dass das Reich 1945 aufgelöst worden ist. Sind Sie in der Lage, mir das zu beweisen? Ich glaube, Sie sind ein findiges Kerlchen. Anhand Ihrer Akte weiß ich, dass sie Volljurist sind. Als solcher dürfte es doch für Sie kein Problem sein, mich vom Gegenteil zu überzeugen.«

»Wollen Sie ein Positionspapier oder eine Abhandlung zu dem Thema?«, fragte Eric im Brustton der Überzeugung, dass er im Recht war.

»Machen Sie es sich doch nicht so kompliziert. Schreiben Sie einfach einen kleinen Stichwortzettel. Ein paar Gesetze, ein paar Verträge und ein oder zwei praktische Beispiele reichen mir aus. Befassen Sie sich erst einmal eingehend mit der Materie. Das Staats- und Völkerrecht ist etwas vollkommen anderes als beispielsweise das Strafrecht. Letztlich existieren keine Gesetzestexte, anhand derer Sie sich leiten lassen können. Gerade in so einem außergewöhnlichen Fall kommt Gewohnheitsrechten eine besondere Schwere zu.«

»Sie wollen also, dass ich mich erst mal durch Akten, Bücher und Grundsatzentscheidungen arbeite?«, fragte Eric genauer nach.

Nachdenklich schritt Ministerialrat Meischberger zu seinem Schreibtisch zurück. Auch ihm gingen offensichtlich einige Dinge durch den Kopf. Vor allem irritierte Eric der Umstand, dass sich der Abteilungsleiter sichtlich um ihn bemühte, ganz als würde er wollen, dass Eric begriff, worum es in dieser Behörde eigentlich ging.

»Noch einmal: Beschäftigen Sie sich erst einmal mit der Materie. Ich gebe Ihnen ein paar Stunden Zeit. Vielleicht finden Sie etwas, das Sie umstimmt. Eventuell entdecken Sie aber auch etwas, das mich überzeugt. Allerdings würde ich Sie bitten, auf den wissenschaftlichen Dienst zu verzichten. Betreiben Sie die Recherche bitte selbst und ohne Hilfe außerhalb dieser Abteilung.«

»Wenn Sie das anordnen, werde ich das auch so ausführen«, sprach aus Eric ganz der pflichtbewusste Beamte.

»Nun kommen Sie mir bitte nicht so! Speichellecker habe ich in meiner Vergangenheit schon genug unter mir gehabt. Lesen Sie sich ein. Im Anschluss können wir uns immer noch darüber unterhalten, ob ich Sie in eine andere Abteilung versetzen soll. Ich bin ja kein Unmensch. Warum sollte ich jemanden dazu zwingen, hier zu arbeiten, der eigentlich gar keine Lust dazu hat.«

»Ähm, wo kann ich …?«

Eric wurde unterbrochen, noch bevor er die Frage zu Ende stellen konnte.

»Wenden Sie sich bitte an Frau Beich. Sie wird Ihnen einen Arbeitsplatz zeigen, an dem Sie in aller Ruhe Ihren Nachforschungen nachgehen können.« Nach einer kurzen Pause setzte Meischberger noch einmal nachdrücklich hinterher: »Beschäftigen Sie sich wirklich damit. Es wird Ihnen die Augen öffnen. Ich wünsche noch einen schönen Tag.«

»Danke, ich Ihnen auch«, murmelte Eric eher, als dass er sich verabschiedete.

Nachdenklich verließ er das helle, lichtdurchflutete und große Büro des Herrn Ministerialrat. Mit einem Nicken lief er an der Vorzimmerdame vorbei. Diese schenkte ihm ein offenes und freundliches Lächeln.

»War es so schlimm?«, fragte sie bei ihm nach.

»Nein! Wie kommen Sie darauf?«, entgegnete Eric flüchtig.

»Nun, Sie sehen ein bisschen blass um die Nase aus.«

Statt sich weiter mit ihr zu unterhalten, schüttelte Eric nur seinen Kopf und beschleunigte seine Schritte, um endlich für sich allein sein zu können. Offensichtlich sah man ihm bereits an, wie sehr ihn das alles beschäftigte.

Noch vor einer Stunde hatte er angenommen, dass es nicht mehr schlimmer kommen könnte. Nun jedoch fühlte es sich für ihn so an, als gäbe es stets einen noch übleren Hieb des Schicksals.

Vor dem Büro seines neuen Chefs lehnte er sich erst einmal gegen die Wand und fühlte den kühlen Beton in seinem Rücken. Obwohl draußen mittlerweile mit Sicherheit eine brütende Hitze herrschen musste, war es hier, etliche Meter unter der Oberfläche, recht angenehm.

Im Stillen rekapitulierte Eric das Gespräch. Auf eine gewisse Art war dieser Herr Meischberger recht zugänglich gewesen. Zudem hatte er ihm den Wechsel in eine andere Behörde von sich aus vorgeschlagen. Letztlich war es genau das, was Eric gewollt hatte. Sich ein paar Stunden lang mit dem unausgegorenen Geschichtsblödsinn auseinanderzusetzen, war für ihn deswegen nur eine geringe Last.

An und für sich konnte es wohl kaum so schwer sein, die Beweise, Dokumente und Verträge zu finden, die belegten, dass das Dritte Reich untergegangen war. Nichts anderes wurde seit vielen Jahren in den Schulen und Universitäten des Landes gelehrt. Unbestreitbar schien schließlich die Tatsache, dass die BRD und die DDR 1949 entstanden waren. Gerade auf diesem Vorgang wurde die deutsch-deutsche Geschichte geschrieben. Es gab Mauertote, auch das ließ sich nicht von der Hand weisen. Die Wiedervereinigung hatte augenscheinlich stattgefunden. Er war zwar nicht alt genug, um sich konkret daran zu erinnern, dennoch hatte er viele Bilder und Erinnerungen aus dieser Zeit vor Augen.

Mit neu entfachtem Enthusiasmus schritt Eric deswegen zurück in Richtung des großen Saals. Er hoffte darauf, Marleen dort vorzufinden. Wahrscheinlich gab es noch weitere dieser schicken Büros innerhalb der Untergrundanlage, die nicht genutzt wurden. Ein einfacher Schreibtisch, ein

Computer mit Internetzugang und ein paar Bücher sollten ihm ausreichen, um in ein paar Stunden sämtliche Fakten und Beweise zusammenzutragen.

Gerade das war eine seiner Stärken. Abgesehen von seinem unbändigen Willen, sich eine Karriere aufzubauen, hatte ihn stets sein methodisches Arbeiten nach vorn gebracht. Schon im Studium saß Eric immer eine Stunde länger vor den Lehrbüchern als die Kommilitonen. Seinen Tagesablauf organisierte er straff durch. Zeit für Fernsehen, Hobbys oder tiefere Beziehungen hatte er dabei nie gefunden. Später würde er dafür seiner Ansicht nach immer noch genug Gelegenheit haben.

Im Laufe seiner Karriere hatte er viele Hürden zu meistern gehabt. Vielleicht war es aber auch nur sein früher Entschluss für eine hohe Beamtenkarriere gewesen, der ihm einen Vorsprung gegenüber den anderen Mitbewerbern verschafft und ihn letzten Endes in den höheren Dienst direkt ins Bundeskanzleramt geführt hatte. Allein das war mehr, als die meisten anderen in ihrem ganzen Leben erreichen würden. Entsprechend war Eric sich sicher, auch aus dieser Geschichte glimpflich herauszukommen.

Sämtliche bisherige Erwägungen beiseiteschiebend wollte er auch die ihm gestellte Aufgabe erfüllen. Flink durchlief er den seltsamen Vorraum. Ganz ohne SA-Mann und Hakenkreuzfahne sah dieser mittlerweile reichlich normal aus. Einzig der gigantische Holzschreibtisch wirkte, als wäre er aus einer vergangenen Epoche dort vergessen worden.

Kurz darauf befand er sich endlich in dem Bürotrakt. Erneut kam es ihm komisch vor, in der unterirdisch ausgebauten Anlage eine so behagliche Stimmung vorzufinden. In dem Moment entdeckte er aber, woher dieses Empfinden herrührte: In allen Bereichen hatte derselbe Trick wie im Büro des Ministerialrats Anwendung gefunden. Helles und angenehmes Licht durchströmte die Räume, dass selbst Pflanzen dort wachsen konnten.

Nacheinander schritt er die einzelnen Büronischen ab. Alle Türen standen offen, die Räume waren freundlich und hell eingerichtet. Zudem schien es so, dass sich ein jeder Mitarbeiter sein Büro individuell zusammengestellt hatte. Nichts wirkte auf den ersten Blick uniform. Normalerweise kannte er es von anderen Ministerien, dass sich endlose Korridore des immer gleichen Bürotypus über hunderte Meter dahinzogen. In diesem monotonen Grau in Grau konnte man sich nie sicher sein, den richtigen Raum zu betreten, ohne vorher wenigstens die Zimmernummer oder den Namen an der Tür gelesen zu haben.

Hier jedoch hatten sich die Menschen anhand einer Art mobilen Wandsystems ihre jeweils eigenen Refugien geschaffen. Manchmal saßen zwei Beamte zusammen, andernorts hielt sich auch nur einer allein vor einem geräumigen Schreibtisch auf. Fast immer zierten Pflanzen, Bilder und Kunstwerke die Arbeitsplätze der einzelnen Mitarbeiter. Bei über der Hälfte konnte er noch nicht einmal Türen ausmachen.

Wann immer er jemanden ansah, erwiderten freundliche Augen seinen Blick. Oftmals folgte ein nettes Nicken oder ein sympathisches Lächeln. Nichts bestätigte seinen zuvor gewonnenen Eindruck, er würde sich in einem Irrenhaus befinden. Eher im Gegenteil beneidete er die Menschen für diese entspannte Arbeitsatmosphäre. Wahrscheinlich konnten sie sich diesen Luxus aber auch nur leisten, weil ihnen in dem Bunker so viel Platz zur Verfügung stand. Eric wunderte sich darüber, warum in dieser riesigen Anlage verhältnismäßig wenige Bedienstete zu arbeiten schienen.

In den anderen Abteilungen des Kanzleramts bewältigten demgegenüber viele hundert Mitarbeiter die täglich zu erledigenden Angelegenheiten. Besonders auch die Koordination mit den Geheimdiensten erforderte eine Vielzahl von Außendienstmitarbeiten, die fast die ganze Zeit über in anderen Behörden tätig waren. Von den einzelnen Ministerien wollte er lieber gar nicht erst anfangen. Dort schufteten tausende von Arbeitsdrohnen, um den gewaltigen

Verwaltungsaufwand überhaupt meistern zu können. Gerade im Finanzministerium oder dem Innenministerium wurde die Arbeit jeden Tag eher mehr denn weniger. In Abteilung 8 hingegen wirkten die Zustände damit verglichen nahezu paradiesisch.

Nachdem er fünf unterschiedliche Büros inspiziert hatte, entdeckte er endlich den Platz von Marleen. Zu seiner Überraschung saß sie allein in einem Zwei-Personen-Büro. Offenkundig erklärte dies auch die Anordnung, sich an sie zu halten, um einen Ort für die Recherche zu finden.

»Hi, ich bin es wieder«, versuchte er, einen freundlicheren und versöhnlicheren Ton als zuvor anzuschlagen.

»Das hat ja eine ganze Weile gedauert«, folgte statt einer Begrüßung von ihrer Seite die schnippische Entgegnung. »Herr Meischberger hat Sie wohl ordentlich rangenommen?«

»Wieso sollte er? Wir haben uns nett und angenehm unterhalten«, erwiderte er trotzig.

Für einen Sekundenbruchteil meinte Eric daraufhin zu sehen, wie Marleen aufzuckte. Offensichtlich hatte sie etwas anderes erwartet. Um eine weitere Reaktion herauszufordern, legte er nach. »Er ist ein sympathischer, aber durchaus imposanter Gesprächspartner. Wir haben über verschiedenste Angelegenheiten gesprochen.«

Seine Taktik ging auf, denn Marleen hakte sogleich neugierig nach. »Ach, zum Beispiel?« Offenkundig nahm sie ihm die abgeklärte Art nicht so ohne Weiteres ab.

»Wir haben allgemein über verschiedene Dinge geredet. Letztlich ging es auch darum, dass in dieser Abteilung kaum meine Zukunft liegen könnte. Er hat mir zudem die Möglichkeit eröffnet, in eine andere Behörde zu wechseln.«

»Hat er das wirklich?«, fragte Marleen ungläubig nach.

»Wie meinen Sie das? Ist das so ungewöhnlich?«

»Für den Chef schon«, erklärte Marleen ihre Verwunderung. »Normalerweise ist er nicht so freizügig mit derlei Angeboten. Letztlich sind wir alle nicht gerade freiwillig in die Abteilung 8 geraten. Wahrscheinlich spielt ein jeder hier mit dem Gedanken, nach oben zu wechseln.«

»Ernsthaft? Hier ist es doch recht angenehm. Wenn ich da an mein Praktikum im Innenministerium denke … da haben wir uns zu dritt ein 10-Quadratmeter-Innenbüro geteilt. Außerdem ist man dort nur einer von mehreren hundert Menschen, die Arbeit viel anonymer.«

»Und? Werden Sie uns wieder verlassen?«, fragte Marleen ihn mit einem seltsamen Unterton in ihrer Stimme.

Eric war sich unsicher, ob sie sich darüber eher freuen würde oder ob sie deswegen enttäuscht sei. Schon bei ihrer ersten Begegnung hatte er bereits das Gefühl gehabt, dass sie ihn mehr als eine Bedrohung ansah denn als einen neuen Kollegen.

»Mal schauen. Ich muss eigentlich nur nachweisen, dass das Dritte Reich untergegangen ist. Mehr auch nicht. Danach werde ich mir wohl Gedanken um meine Zukunft machen mü…«

»Sie müssen WAS machen?« Unvermittelt brach sie in schallendes Gelächter aus und ließ ihn nicht zu Ende reden. Eric stand fassungslos daneben und verstand nicht, worüber genau Marleen sich dermaßen amüsierte.

Neugierig geworden steckten nacheinander verschiedenste Leute ihre Nasen in das Zimmer hinein. Offenkundig war die laute Lache der jungen Frau weithin hörbar gewesen. Jedes Mal, wenn einer der Kollegen wissen wollte, was hier so lustig sei, erklärte Marleen in knappen Worten Erics Anliegen. Und jedes Mal zeigte sich ebenfalls ein breites Grinsen im Gesicht der jeweiligen Person.

Nachdem sich dieses Spiel mehrmals wiederholt hatte, war es Eric zu viel. Er war ja stets für einen Spaß zu haben. Wenn er diesen allerdings nicht nachvollziehen konnte, jedoch im Mittelpunkt des Witzes stand, wollte er zumindest wissen, worum es ging.

»Sie glauben wirklich immer noch, dass das Dritte Reich nicht mehr fortbestehen würde? Nach all den Dingen, die Sie bisher bei uns erlebt haben?«, fragte ihn Marleen, als sie wieder unter sich waren.

»Ich habe keine Ahnung, was Sie meinen. So viel habe ich hier auch noch nicht mitbekommen, wie Sie eben behauptet haben. Wie kommen Sie überhaupt darauf, dass sich an der historischen Realität etwas in den letzten paar Stunden geändert hätte?«, wollte Eric ungeduldig erfahren.

»Okay, okay! Ich hätte Sie nicht so auslachen dürfen. Das tut mir leid. Allerdings verstehe ich auch nicht, warum Sie immer noch an diese Mär vom Untergang glauben. Ich meine, die Fakten sprechen doch für sich.«

»Welche Fakten meinen Sie?«

»Sie sind doch bestimmt ein studierter und intelligenter Mensch. Weshalb finden Sie das nicht selbst heraus? Ich würde ihnen vorschlagen, bei ihrer Recherche der Stunde Null zu beginnen.«

Unentschlossen fuhr sich Eric nervös durch die Haare. Ihre Blicke konnte er nicht deuten. Marleen war das Schweigen offenbar unangenehm, und da sie gesagt hatte, was sie sagen wollte, widmete sie sich wieder der Arbeit auf ihrem Bildschirm.

Eric stand daneben wie bestellt und nicht abgeholt. Er wusste noch immer nicht, was das für eine Tätigkeit war, der diese Behörde nachging. Schulterzuckend akzeptierte er jedoch, dass er keine weiteren Informationen von seiner neuen Kollegin erhalten würde. Letzten Endes hatte Meischberger aber von ihm verlangt, er selbst solle nach Hinweisen über das Ende von Nazi-Deutschland suchen. Wenigstens darin sah er eine leichte Aufgabe. Hatte er

57

erst einmal alles zusammen, würde er es allen zeigen. Danach wollte er mal sehen, wer hier zuletzt lachte.

Mit Wut im Bauch betätigte er den Power-Knopf für den PC. Erstaunlich flink zeigte sich das Gerät im Arbeitsmodus. Wie schon der komplette Bunker befand sich auch die IT in einem ausgezeichneten Zustand. Eric hatte schon Büros erlebt, in denen die Leute auf uralten PCs und mit nahezu antiken Betriebssystemen zu arbeiten hatten.

»Wie logge ich mich ins System ein?«, bat Eric Marleen um Hilfe, als das Eingabefeld aufpoppte.

Sie blickte nicht einmal auf. »Oberste Schublade links«, lautete ihre Antwort.

Ohne sich zu bedanken, öffnete er das besagte Schubfach. Tatsächlich fand er darin einen Ausdruck mit verschiedenen Daten. Neben diversen mehrstelligen Codes waren darauf auch die Zugangsdaten für das Computernetzwerk und die Login-Daten für den PC verzeichnet.

Schon Sekunden später befand er sich auf der vertrauten Oberfläche. Sowohl der Zugang zum Internet als auch sämtliche interne Informationsseiten der Bundes- und Länderebenen waren für ihn zugänglich. Einzig seine Sicherheitsfreigabe beschränkte ihn in der Menge der einzusehenden Daten. Bevor er sich daran machte, die Geschehnisse um 1945 detailliert herauszusuchen, rief er das offizielle Dossier über seinen Chef auf. Es trieb ihn an zu wissen, mit was für einen Typ Mensch er es zu tun hatte.

Tatsächlich war es ihm relativ problemlos möglich, den entsprechenden Eintrag zu finden und aufzurufen. Natürlich war ihm klar, dass es sich dabei nur um allgemeine Angaben handeln konnte. Die eigentlichen Details würden einzig den Personalern und Vorgesetzten zugänglich sein. Was Eric jedoch so schon zu lesen bekam, machte ihn hellhörig.

Den wenigen Suchergebnissen nach zu urteilen schien Meischberger in seinen ersten zwanzig Jahren als Staatsdiener eine steile Karriere hingelegt zu haben. Als einer der jüngsten Beamten bisher hatte er es nahezu in Rekordzeit geschafft, sich bis zum Ministerialdirektor hinauf zu dienen. Eine Suche bei Google ergab sogar, dass ihm bereits ein Posten als Staatssekretär angetragen worden war. So schien es, dass er besonders während der letzten Amtszeit von Helmut Kohl immens protegiert worden war. Alles sprach damals dafür, dass Meischberger es bis ganz hinauf an die Spitze schaffen konnte.

Allerdings fiel der Stern Meischbergers zusammen mit dem von Helmut Kohl. Vor allem stand der Name seines neuen Chefs in Zusammenhang mit desaströsen Entscheidungen bezüglich diverser Ereignisse auf dem Balkan in den frühen Neunzigern. Offensichtlich hatte er als Vermittler und Aufsichtsperson zu den verschiedenen Geheimdiensten auf voller Linie versagt. Mehrere der katastrophalen Geschehnisse während der Jugoslawien-Kriege gingen demnach direkt auf das Konto von Meischberger. So schien es, dass er und Helmut Kohl sich offen über das Vorgehen gestritten hätten. Besonders als die Amerikaner im Alleingang mehrere Militärmanöver durchführten, lastete man Meischberger an, dass die deutsche Regierung diesem Treiben einfach nur zugesehen hätte. Nachfolgend schien er zurückgestuft und in diese ominöse Abteilung 8 strafversetzt worden zu sein.

Zumindest gaben Eric diese Informationen ein einheitliches Bild über den Mann, mit dem er noch vor ein paar Momenten geredet hatte. Das bestätigte seine These, dass dies hier der Ort wäre, an dem unliebsame Beamte abgeschoben wurden.

Nachdem Eric das herausgefunden hatte, wendete er sich seiner eigentlichen Aufgabe zu und war sich sicher, den Großteil der nötigen Fakten innerhalb weniger Minuten zu finden. Vielleicht würde die Quellensuche nach den Staatsverträgen und Urkunden etwas länger dauern, allerdings rechnete er nicht mit mehr als knapp einer Stunde Arbeitszeit.

Zuerst galt es für ihn, den genauen Tag herauszufinden, an dem Hitler-deutschland aufgehört hatte zu existieren. Dies stellte sich jedoch bereits als leidlich schwierig heraus. Ein akkurates Datum in dem Sinne gab es gar nicht. Adolf Hitler hatte am 30. April 1945 Suizid begangen. Dies stellte ein Fakt dar, der in so ziemlich jedem Geschichtsbuch nachzulesen war. Dessen ungeachtet hatte der Weltkrieg noch ein paar Tage länger gedauert. In einigen abgelegenen Gegenden hatte der Krieg noch über eine Woche getobt.

Nach Hitlers Tod gab es keinen Nachfolger. Im politischen Testament hatte Hitler zwar Großadmiral Dönitz zum Reichspräsidenten und obersten Befehlshaber der Wehrmacht ernannt, dieser führte die ihm aufgezwungene Funktion jedoch eher widerwillig aus. Bis zum 23. Mai 1945 war Dönitz demnach theoretisch Reichspräsident und auf dem Papier mächtigster Mann im Staat, ohne allerdings dieses Amt ernsthaft auszuüben.

Nach der noch immer gültigen Verfassung der Weimarer Republik war es gar nicht möglich, dass Hitler einen neuen Reichspräsidenten einsetzte, denn dieser hätte nach wie vor vom Volk gewählt werden müssen. Es bestand zwar ein Dekret von 1934 – das Gesetz über den Nachfolger des Führers und Reichskanzlers –, dieses widersprach aber der bestehenden Verfassung. Deswegen war es de facto ungültig. Aus dem Grund existierte im Mai 1945 kein richtiger Kanzler auf deutschem Boden. Als letzter Vizekanzler war Franz von Papen bereits 1934 aus dem Dienst ausgeschieden. Dieser Umstand war allerdings leidlich egal. Niemand fragte in den letzten Kriegstagen Großadmiral Dönitz um Erlaubnis.

Die bedingungslose Gesamtkapitulation aller deutschen Streitkräfte unterzeichnete anstelle von Dönitz am 7. Mai 1945 der Chef des Wehrmachtführungsstabes, Generaloberst Alfred Jodl. Der grundlegende Akt der Kapitulation wurde wiederum einen Tag später durch das Oberkommando der Wehrmacht sowie die Oberbefehlshaber von Heer, Luftwaffe und Marine in Berlin am 8. Mai 1945 verifiziert. Die letzte Bestätigung durch die

Sowjetunion erfolgte am 9. Mai 1945. Aus diesem Grund feierte man in Russland auch den 9. Mai als ›Tag der Befreiung‹.

Mit einem Gähnen stand Eric von seinem Sitzplatz auf. So viele geschichtliche Fakten brachten seinen Kopf ordentlich zum Rauchen. Hätte er sich mit derart trockenem Wissen auseinandersetzen wollen, wäre er wahrscheinlich eher Historiker statt Jurist geworden. Marleen saß nach wie vor an ihrem Schreibtisch und arbeitete konzentriert am Computer. Da sie ihm keinerlei Aufmerksamkeit schenkte, machte Eric sich allein zu der Küchenzeile auf, in der Hoffnung, dort Kaffee vorzufinden, um damit seinen Geist wieder flott zu bekommen.

Sehr zu seinem Verdruss war bereits sämtlicher schwarzer Lebenssaft aufgebraucht. Immerhin fand er eine angefangene Packung gemahlenen Kaffee. So beschloss er, eine neue Kanne aufzusetzen. Während er wartete, ging er in Gedanken das bisher Gelesene durch. Wie es schien, hatten im Mai 1945 einzig die verschiedenen Armeeteile kapituliert. Er konnte sich später bestimmt die Scans der originalen Urkunden noch einmal anschauen. Allerdings war ihm schleierhaft, warum kein einziger Politiker, Zivilvertreter oder weder Dönitz noch wenigstens einer seiner Stellvertreter an dem Vorgang beteiligt gewesen waren. Nicht einmal Hermann Göring, der sich noch im April 1945 für Hitler Nachfolger hielt, hatte die Kapitulation unterzeichnet.

Gerade dieser Fakt ließ ihn innerlich aufhorchen. Militärisch hatten mit Sicherheit etliche Armeen im Laufe der Geschichte kapituliert. Im Mittelalter war es wahrscheinlich gang und gäbe, dass ein Heer nach verlorener Schlacht die Waffen niederstreckte. Dies hieß aber eigentlich nie, dass danach ein Land aufhörte zu existieren. Natürlich gab es Beispiele wie etwa das von Polen, ein Land, das nach drei verlorenen Kriegen unter den Siegern aufgeteilt worden war. Eric glaubte jedoch, dass dies weniger mit der tatsächlichen Kapitulation zu tun hatte. Für Polen lag der Fall seiner Meinung nach komplett anders. Zu

61

Zeiten Napoleons hatte es den Nationalstaat und damit eine Nation mit allen damit verbundenen Erwägungen noch nicht richtig gegeben. Diese hatte sich meist erst im Laufe des neunzehnten Jahrhunderts herausgebildet. So kam er nicht weiter. Er benötigte dringend einen anderen Ansatz.

Auf einen bequemen Barhocker gelehnt, betrachtete Eric das schwarze Gold, wie es tropfenweise durch die Filtertüte rann. Die Küche in Edelstahloptik war ausgesprochen modern und vollwertig eingerichtet. Theoretisch hätte man hier unten ganz normal kochen können – vielleicht taten das die Leute sogar. Zwei größere Tische boten Platz für mindestens sechzehn Mitarbeiter.

Nachdem sein Kaffee endlich durchgelaufen war und einen wohligen Geruch in der kleinen Küche verbreitete, entschied sich Eric dafür, den Gedanken einer Staatstheorie weiterzuverfolgen. Mit der Kaffeetasse in der Hand ging er zurück an seinen Arbeitsplatz. Er setzte sich auf den bequemen Bürostuhl und durchforschte das Internet konzentriert nach Informationen, doch entwickelte sich auch diese Suche nicht nach seinen Wünschen. Erics Stirnfalte vertiefte sich zusehends. In seinem Kopf sprangen die Gedanken hin und her. Außer Frage stand für ihn, dass Länder nicht einfach aufhören konnten zu existieren. Staaten waren unverrückbare Objekte. Einzig das Volk selbst konnte über eine Teilung, den Zusammenschluss oder eine Auflösung befinden. So sehr er auch suchte, stieß er auf keinerlei Volksbefragungen oder Wahlen für das Jahr 1945, die darüber abstimmten.

Demnach musste er es auf einem anderen Weg versuchen. Ein Land konnte durch die Armee eines oder mehrerer anderer Staaten besetzt werden. In einem Krieg war das ein relativ normaler Vorgang, um den Gegner zur Kapitulation zu zwingen, und hat sich so bereits hundertfach im Laufe der Geschichte der Menschheit zugetragen. Eric stieß bei seiner Suche darauf, dass es bis weit in die Neuzeit hinein dafür jedoch kaum geregelte Vorschriften gegeben hatte. Erst mit der Unterzeichnung der Haager Landkriegsordnung von 1904 hatte sich so etwas wie Ordnung in dem Chaos gebildet. Allerdings beinhaltete die Landkriegsordnung viel mehr den eigentlichen Krieg, den Umgang mit Gefangenen, Verwundeten und der Zivilbevölkerung als den Sonderfall, dass ein Staatsgebiet besetzt werden sollte.

An diesem Punkt kam er nicht weiter. Kurzentschlossen suchte Eric sich die Anmerkungen seiner juristischen Kollegen heraus. Gemeinhin gab es hunderte Werke, die sich mit den Spitzfindigkeiten irgendwelcher Auslegungen beschäftigten. Eine der Meinungen war, dass die Staatsgewalt im Sinne einer Regierung nur zeitweilig von einer anderen Nation verdrängt werden konnte. Demzufolge wurde die Staatsgewalt ausgesetzt, bis die Besetzung ein Ende gefunden hatte. Sie pausierte gewissermaßen, ohne wirklich zu erlöschen.

Andere Juristen wiederum sagten, dass ein Staat einfach so zerfallen oder auseinanderfallen könne. Zugegebenermaßen handelte es sich hierbei eher um ein theoretisches Konstrukt. Im Normalfall würde so eine Auflösung vielmehr vom Volk aus betrieben werden. Keine Macht von außerhalb wäre demnach dazu befähigt, einen Staat zerfallen zu lassen. Entgegen dieser Theorie hatte es mit der endgültigen Teilung Polens im Jahre 1795 bereits einen Präzedenzfall gegeben. Zwar lagen diese Ereignisse schon über zwei Jahrhunderte zurück, allerdings hatten die damaligen Siegermächte das geschwächte Polen einfach unter sich aufgeteilt. Als Ergebnis hörte der Staat Polen einfach zu existieren auf. Im Gegensatz zur Moderne hatte zu jener Zeit keineswegs ein gültiges Völkerrecht bestanden. Die Polen an sich hatten kaum etwas an der ganzen Geschichte mitzubestimmen gehabt. Es handelte sich dabei eher um ein Kräftemessen zwischen dem polnischen König, den Adligen und den ausländischen Mächten.

Das konnte man mit dem Deutschen Reich nicht vergleichen. 1945, als es formal noch eine Demokratie gewesen war, musste zwangsläufig eine Auflösung durch das Volk stattfinden. Eric suchte nach Anhaltspunkten für solch ein Ereignis, wurde aber nicht fündig. Je tiefer er im Laufe der Stunden in die Thematik vordrang, desto mehr begriff er, dass es sich relativ schwierig gestaltete, einen Staat aufzulösen. In fast allen Fällen waren Länder lediglich umgewandelt worden oder es hatten sich Grenzen verschoben.

Eric überflog einige Artikel zur Geschichte Frankreichs. Der westliche Nachbar Deutschlands hatte diese Umwandlung im Laufe seiner wechselvollen Geschichte ein paar Mal vollzogen. Manche Autoren sahen in den jeweiligen Republiken eigenständige Nationen. Andere meinten wiederum, dass es das eigentliche Frankreich bereits seit dem Mittelalter gab. Egal ob es als Königtum, Kaiserreich, Republik oder Ein-Mann-Diktatur existierte: Es war und blieb immer ein Staat. Auf Deutschland konnte man das allerdings nicht übertragen.

Andererseits existierte mit der Trennung der damaligen Tschechoslowakei in die heutigen Staaten Tschechien und Slowakei ein Musterbeispiel, wie es eben doch ging. Allerdings war die Aufteilung nach extra dafür angesetzten Neuwahlen zustande gekommen. Die Sachlage in Vietnam wiederum hatte sich spätestens nach der Eroberung des Südens durch Nordvietnam 1975 erledigt.

Als Letztes setzte Eric sich noch mit den Beispielen China und Korea auseinander. Sowohl die Volksrepublik als auch Taiwan sowie Nord- und Südkorea sahen sich jeweils in der Tradition der ursprünglichen Nation als Alleinvertretung. Es wurde jeweils der Alleinvertretungsanspruch geltend gemacht. Formal gab es bei den beiden Beispielen gar keine Teilung.

Erschöpft sank er in die Lehne seines Schreibtischstuhls zurück. Was er über die deutsche Geschichte nach dem Zweiten Weltkrieg herausgefunden hatte – beziehungsweise das, was eben nicht thematisiert wurde –, widersprach seiner bisherigen Weltanschauung grundlegend. Eric war immer davon ausgegangen, dass Nazi-Deutschland 1945 zu existieren aufgehört hatte. Das Deutsche Reich hatte verloren und die Alliierten sorgten im Anschluss dafür, dass es der Geschichte angehörte. Die Gründung der beiden deutschen Staaten war für ihn deswegen eine Art Neustart als Nation. Letztlich sprach man damals auch von der Stunde Null.

In der Schule und während des Studiums wurde diese Version der deutschen Geschichte gemeinhin vermittelt. Selbst im Fernsehen liefen jeden Tag auf den Spartensendern irgendwelche Dokumentationen zum Thema Hitler und seine Generäle, Helfer, Frauen, Tiere, Soldaten oder Kriegspläne. Stets wurde dabei der Eindruck vermittelt, dass 1945 das Reich untergegangen sei.

»Mensch, sind Sie immer noch hier?«, schreckte ihn eine Stimme aus seinen Überlegungen auf.

Verwirrt erhob Eric seinen Blick. Zu seiner grenzenlosen Überraschung saß Marleen nicht mehr vor ihrem PC. Stattdessen stand ein schmächtiges, kleines Kerlchen im Eingang zu dem Büro. Sein schütteres, schon leicht ergrautes Haar ließ den Mann älter wirken, aber wahrscheinlich war er erst etwa Mitte vierzig.

»Wie meinen Sie das?«, entgegnete Eric irritiert, weil er nicht begriff, was der Typ von ihm wollte.

»Wollen Sie schon am ersten Tag Überstunden schieben? Ich meine, das ist zwar sehr löblich von Ihnen. Nichtsdestotrotz halte ich das für ein bisschen übertrieben. Es ist ja nicht so, dass wir hier ansonsten mit Arbeit überschüttet werden. Normalerweise kommen wir mit acht Stunden ganz gut aus.«

»Überstunden?«

»Ähm, ja. Haben Sie schon einmal auf die Uhr gesehen? Es ist bereits weit nach achtzehn Uhr.«

»Was? Oh, natürlich. Das ist mir gar nicht aufgefallen. Da haben Sie vollkommen recht«, pflichtete Eric dem seltsamen Mann bei. »Wo ist denn eigentlich Marle… ich meine Frau Beich?«

»Marleen ist bereits vor über einer Stunde nach Hause gegangen. Haben Sie das gar nicht mitbekommen? Da müssen Sie aber gerade einen überaus interessanten Fall bearbeiten. Ich wünschte, mir würde einmal so etwas auf meinen Schreibtisch flattern«, teilte ihm das schmächtige Kerlchen mit.

Es entstand eine Pause zwischen ihnen, die kurz davorstand, unangenehm zu werden.

»Sie sind doch der Neue, oder?«, durchbrach der Kollege die Stille. Mit einer Hand hielt er sich locker am Türrahmen fest und strich sich mit der anderen durch seine vor Jahren vielleicht dunkel und voll gewesenen, jetzt kaum noch vorhandenen Haare.

»Ja, der bin ich. Mein Name ist Eric Tschirnhaus. Sie dürfen sehr gern Eric zu mir sagen. Das heute ist mein erster Tag hier. Ich bin noch dabei, mich einzugewöhnen. Herr Meischberger hat mir eine Aufgabe gegeben, der ich bis eben nachgegangen bin. Ich muss wohl darüber die Zeit vergessen haben.«

»So etwas passiert schon mal. Lieber so, als wenn Sie den ganzen Tag nur faul herumsitzen würden«, sagte sein Gegenüber und grinste dabei freundlich. »Ich bin übrigens Markus Hahn. Sie dürfen mich auch sehr gern Markus nennen. Generell sind wir hier unten nicht sonderlich auf Formalitäten bedacht. Bei einem so kleinen Haufen kann man sich eine gewisse Kollegialität durchaus leisten.«

Erleichtert über die ihm entgegengebrachte Freundlichkeit nach so einem harten Tag schritt Eric auf Markus zu. Mit einem festen Druck ergriff er die Hand seines neuen Kollegen und bekräftigte damit die frisch begonnene Bürofreundschaft. Markus war ihm von Anfang an sympathisch. Nach den finsteren Blicken von seiner Schreibtischnachbarin war diese Begegnung für ihn ein echter Lichtblick.

»Wollen Sie mit mir in die wahre Welt zurückkehren?«, fragte ihn Markus.

»Die wahre Welt?« Eric blickte erstaunt auf.

»Ach, so nennen wir hier unten das Berlin über uns. Manchmal kommt es uns so vor, als würden wir in einer Parallelwelt leben.«

»Da könnten Sie recht haben. Gut, dass ich Sie getroffen habe, ich komme gleich mit nach oben. Ehrlich gesagt: Den Weg hinaus würde ich wahrscheinlich gar nicht allein wiederfinden.«

»Stimmt, Sie wurden ja von Marleen über den Promenadenweg hier runter begleitet. Tja, die Kostümierung und das ganze Gehabe lässt sich der Alte nicht nehmen.«

»Promenadenweg? Kostümierung?«, zeigte Eric sich mehr und mehr verdutzt.

»Na ja, das war schon ein kleines Schauspiel zu Ihren Ehren, wenn man das so sagen kann. Normalerweise benutzen wir einen ganz anderen Eingang. Das will ich mir lieber gar nicht vorstellen, jeden Tag diese endlosen Treppen hoch und wieder runter zu steigen. Ich glaube, wäre das der einzige Weg nach hier unten, hätte ich schon längst gekündigt«, lachte Markus über seinen eigenen Witz.

»Dann komme ich umso lieber mit Ihnen mit. So richtig viel habe ich von der Anlage auch noch nicht zu sehen bekommen. Was meinten Sie aber mit der Kostümierung?«

»Okay, folgen Sie mir einfach. Einiges kann ich Ihnen auf dem Weg nach oben erklären.«

So machten sie sich beide auf, um aus dem Bunkerkomplex zu verschwinden.

Tatsächlich hörte Eric keinerlei Arbeitsgeräusche mehr von den verschiedenen Büroplätzen. Offenkundig hatte er so intensiv an seinen Studien gearbeitet, dass ihm der allgemeine Feierabendsaufbruch vollkommen entgangen war.

»Machen wir das Licht nicht aus?«, wollte Eric wissen, als sie den großen Saal mit den vielen Büronischen verließen.

»Das müssen wir nicht. Herr Meischberger ist noch bei der Arbeit. Er geht meistens als Letzter und macht das Licht aus. Fast immer ist er auch der Erste, der früh an seinem Schreibtisch sitzt. Manchmal frage ich mich, wie er das nur die ganzen Jahre über durchhält. Selten zuvor habe ich einen Menschen gesehen, der derart in seiner Arbeit aufgeht.«

Im Schatten eines Betonpfeilers erkannte Eric gleich darauf einen schmalen unbeleuchteten Durchgang, auf den sie nun zuliefen. Leider war er nicht in der Lage, auch nur das Geringste dahinter zu erkennen. Es war, als würden sie in einen vollkommen unbeleuchteten Teil des Bunkers laufen. Beim Durchtreten leuchtete allerdings sofort ein Licht hell auf.

»Hier sind überall Bewegungsmelder installiert«, erklärte ihm Markus. »Zum einen sollen diese der Sicherheit dienen, wobei ich nicht verstehe, was Einbrecher hier unten schon groß stehlen sollten. Zum anderen hilft es uns, Strom zu sparen. Die Lampen gehen nur an der Stelle an, an der sich gerade einer von uns aufhält. Und glauben Sie mir, die Anlage hier hat einen beträchtlichen Umfang.«

Gemeinsam durchschritten sie eine Halle, die der Größe nach dem Saal entsprach, in dem sich die Büros befanden. Vollkommen leer wirkte der Bau noch viel imposanter. Beeindruckt lief Eric eine Weile neben Markus her.

»Wie groß ist der Bunker eigentlich?«, fragte er eher beiläufig, um überhaupt etwas zu sagen.

»Das weiß wohl niemand so richtig. Ich kenne zumindest etliche Türen, die verschlossen sind und hinter die ich selbst noch nie schauen durfte. Wenn überhaupt, dann weiß nur der Alte, was es hier unten alles gibt. Die Teile, die für die Abteilung offen stehen, sind allerdings bereits eindrucksvoll genug.«

Als Eric weiter nachhaken wollte, was es in diesen Katakomben noch alles zu entdecken gebe, wurde er gleich unterbrochen.

»Die Führung will ich Herrn Meischberger lieber nicht vorwegnehmen. Sie verstehen das doch hoffentlich. Die große Tour kommt für Sie bestimmt morgen.«

Bevor Eric darauf antworten konnte, erschien wie aus dem Nichts vor ihnen eine stählerne Fahrstuhltür. Mehr und mehr fragte er sich, an welcher Stelle sie an der Oberfläche herauskommen würden. Wenn er die Entfernung richtig einschätzte, müsste der Ausgang weit über zweihundert Meter vom Gebäude der Business-Schule entfernt sein. In welche Himmelsrichtung sie sich jedoch bewegt hatten, konnte er nicht sagen.

Glücklicherweise war die Kabine bereits auf ihrer Etage und sie mussten nicht länger als nötig darauf warten, den Lift zu benutzen. Beim Eintreten stellte Eric fest, dass sich nur zwei Tasten am Display befanden. Bezeichnet waren diese mit den Buchstaben ›U‹ für unten und ›O‹ für oben. Markus wählte das ›O‹, woraufhin sich die Kabine lautlos in Bewegung setzte. In seinem Magen spürte Eric allerdings die schnelle Bewegung nach oben.

»Wieso habe ich heute Mittag einen anderen Weg nehmen müssen? Und warum hat mich der Ministerialrat in einer SA-Uniform erwartet? Hatten Sie sich vielleicht auch eine solche Verkleidung angezogen?«, stellte Eric Fragen, die ihm unter den Nägeln brannten.

»Ach so, die ganze Show. Tja ...«, sagte Markus gedehnt. »Das ist auch so eine Sache, die Ihnen am besten der Chef selbst erklären wird. Ich glaube, ich würde da etwas vorwegnehmen, was ich nicht dürfte.«

»Ist das wirklich so ein Geheimnis?«, begehrte Eric gegen diese halbgare Begründung auf.

»Nein, eigentlich nicht. Als ein Geheimnis würde ich das ganz und gar nicht betiteln. Wenn man erst einmal mit der Nase darauf gestoßen wurde, ist es sogar recht klar und einleuchtend. Marleen hatte aber so etwas angedeutet, dass der Alte gern möchte, dass sie von selbst darauf kommen.«

Eric entfuhr daraufhin ein leiser Fluch.

»Lassen Sie es einfach dabei bewenden. Morgen ist auch noch ein Tag. Die Neugier wird Sie schon nicht umbringen. Außerdem fangen Sie ja auch morgen erst so richtig an.«

Mit einem Bing ging die Fahrstuhltür auf. Neugierig sah Eric auf einen weißen Gang hinaus, der erstaunlich lang und steril wirkte. Neugierig lugte er nach draußen, wissbegierig zu erfahren, wo sich nun dieser ominöse Ausgang befand. Der vor ihm liegende Flur verriet jedoch nichts über seinen genauen Standort.

Markus lief mit festem Schritt an Eric vorbei und wandte sich nach rechts, einem unbekannten Ziel entgegen. Eric beeilte sich, um zu dem neuen Kollegen aufzuschließen. Irgendwie traute er dem ganzen Braten noch nicht so richtig. Solange er nicht wusste, wo er sich aufhielt, wollte er Markus nicht verlieren.

Dann endlich entdeckte Eric durch eine große Glastür den Weg nach draußen. Das Sonnenlicht blendete ihn ein wenig, als er das Gebäude verließ. Erst in dem Moment kam es ihm zu Bewusstsein, dass das Licht in dem Bunker eben doch künstlich war. Nichts konnte die echten Strahlen der Sonne imitieren. Selbst die Luft schmeckte und roch erfrischend würzig. Dass er dies einmal über die Berliner Verhältnisse bemerken würde, sagte schon mehr als genug aus. Normalerweise kam ihm der Mief in Mitte wie der letzte Dreck vor. In den Tiefen des Kellerareals hatte anscheinend so etwas wie Reinluft geherrscht. Entsprechend wirkte nun alles auf ihn wesentlich intensiver.

»Alles in Ordnung mit Ihnen?«, vernahm er plötzlich wieder die Stimme seines Kollegen.

»Was? Oh, doch. Alles bestens. Mir war nur nicht klar, dass wir am Marstall herauskommen würden«, erwiderte Eric dem einen halben Kopf kleineren Mann.

»Sie wirken angespannt«, bemerkte dieser im Gegenzug. »Es war wohl ein sehr langer und harter Tag für Sie?«

»Haben Sie etwa noch nicht gehört, was mir gestern widerfahren ist?«, wollte Eric daraufhin erfahren.

»Was meinen Sie? Neuigkeiten brauchen mitunter eine ganze Weile bis zu uns hinab. Ich habe nur gehört, dass wir einen neuen Mitarbeiter bekommen. Und ja: Angeblich sollen Sie irgendetwas Übles angestellt haben. Was das sein soll, weiß ich leider noch nicht. Mir sagt ja auch niemand jemals etwas.«

Eric meinte, in der Stimme des anderen ein wenig Verbitterung herauszuhören. Spontan kam er deswegen auf die Idee, seinen neuen Kollegen einzuladen.

»Haben Sie vielleicht Lust, mit mir noch etwas trinken zu gehen?«

Für einen Moment blickte ihn der Kollege nachdenklich an. Eric konnte förmlich sehen, wie es in seinem Kopf zu rattern begann.

»Meinen Sie das ernst?«, fragte Markus ungläubig nach.

»Natürlich, sonst würde ich Sie ja nicht fragen. Kennen Sie nicht etwas in der Nähe, wo nicht ganz so viele Menschen aus dem Regierungsbezirk zu Gast sind? Ich möchte gerade ungern auf bekannte Gesichter treffen.«

Abwechselnd ließ Markus seinen Blick Richtung Kanzleramt und wieder zum Fernsehturm schweifen. Auch er schien abzuwägen, ob sie sich eher etwas Unter den Linden suchen sollten oder ob es besser wäre, sich Richtung Alex zu bewegen. Dann hellte sich seine Miene plötzlich auf.

»Wenn Sie keine Lust auf den Politik-Zirkus haben, dann kenne ich genau das Richtige für uns«, kündigte Markus an.

»Heißt das, Sie nehmen meine Einladung an?«

»Auf mich wartet zuhause niemand. Eigentlich habe ich gar keinen Grund, mich zu beeilen. Wahrscheinlich bin ich auch deshalb immer einer der Letzten, der den Bunker verlässt«, begründete Markus seine Entscheidung.

»Na dann los. Ich bin schon sehr gespannt.«

»Lassen Sie sich überraschen. Eine Sache kann ich Ihnen jedenfalls garantieren: Zum Jeunesse dorée gehört dieser Ort auf gar keinen Fall.«

Erics neuer Bekannter übernahm wie schon im Bunker die Führung. Hinter der nächsten Ecke befanden sie sich bereits auf einer Brücke über die Spree. Direkt voraus erhob sich majestätisch der Fernsehturm.

»Wo müssen wir denn ungefähr hin?«, wollte Eric erfahren, um ein Gespräch anzukurbeln.

»Es ist nicht weit. Nur am Nikolaiviertel vorbei und dann bis zum Bahnhof am Alex. Von der Luftlinie her dürften es keine 800 Meter sein. Sie sind doch nicht etwa so ein Lauffauler, der jeden Weg mit der Bahn oder dem Auto erledigt?«, fragte Markus ihn lachend.

»Nein, nein. Nur keine Sorgen. Laufen tue ich für mein Leben gern. Ich gehe sogar, wenn es sich einrichten lässt, dreimal die Woche joggen«, antwortete Eric.

So liefen sie beide die kurze Strecke bis zum Bahnhof nebeneinander her. Gelegentlich flammte eine kleine Unterhaltung über Banalitäten auf. Die meiste Zeit verbrachten die beiden Männer allerdings schweigend. Ein jeder hing dabei seinen eigenen Gedanken nach. Dafür war Eric dem anderen Mann sogar dankbar. Noch immer beschäftigte sich sein Kopf mit den Sachen, die er heute zu lesen und hören bekommen hatte.

Mehr und mehr begriff Eric, dass hinter allem ein tieferer Sinn stand. Gänzlich verrückt konnte diese Abteilung 8 also nicht sein. Sowohl Marleen als auch Herr Meischberger und nun auch Markus hatten einen recht gefestigten Eindruck hinterlassen. In ihm stieg langsam die Vermutung auf, dass die Leute ihn auf etwas vorbereiten wollten.

Dass diese Unterabteilung des Kanzleramtes etwas Besonderes war, stand für ihn außerhalb jeglicher Diskussion. Sowohl die Lage als auch die Anzahl der Mitarbeiter und das seltsame Ritual am Anfang hatten ihm gezeigt, dass dies keine normale Behörde war. Worin sich diese Abteilung allerdings von den ganzen anderen unterschied, war ihm bis zu dem Moment noch nicht ganz klar. Noch fehlte ihm ein wichtiges Steinchen, um die komplette Situation richtig zu begreifen.

Währenddessen sah er das bekannte Treiben auf dem Alex. Auf die eine oder andere Weise erschien es ihm, dass die Menschen, die ihren ganzen Tag auf dem zentralen Platz verbrachten, jedes Mal mehr wurden. Im Vergleich zu früher hatten sich die Obdachlosen, Drogenjunkies und Bettler vervielfacht. Er fragte sich, warum die Stadt das Problem nicht in den Griff bekam. Natürlich wusste er, dass die Menschen nicht einfach aufhören würden zu existieren, wenn sie aus dem Stadtbild verschwunden wären. Er meinte damit vielmehr, warum sich eine so reiche Stadt wie die Hauptstadt so wenig um die schwächsten Mitglieder der Gesellschaft kümmerte.

Von Lokalpolitik hatte Eric jedoch nicht allzu viel Ahnung. Von Anfang an hatte er sich auf die größeren Zusammenhänge spezialisiert. Besonders in seinem Aufbaustudiengang zum Volkswirt hatten ihn eher die komplexen Zahlen und Beziehungen fasziniert. Gerade deswegen war es sein Anliegen gewesen, eines Tages die Politik im Kanzleramt mitbestimmen zu können. Wie ihm das in der neuen Abteilung gelingen sollte, wusste er allerdings nicht. Vielleicht sollte er sich langsam an den Gedanken gewöhnen, dass das Spiel der großen Politik für ihn ein für alle Mal vorbei war.

Inmitten dieser betrüblichen Überlegungen verspürte er unvermittelt die Hand seines Kollegen an seinem Arm reißen. Verdutzt versuchte Eric, sich vor Ort zu orientieren und den Grund für Markus' Reaktion zu erkennen.

Der Lärm der Menschen und des Verkehrs drang auf ihn ein, während sie direkt unter den Gleisen in einer Art Überführung am Bahnhof Alexanderplatz standen.

Zu seiner Linken, etwas weiter von ihm entfernt, stritten sich in dem Augenblick zwei Punks mit drei Polizisten. Eric konnte nicht hören, worum es dabei ging. Die fünf beteiligten Personen zeigten jedoch schon alle Anzeichen einer bevorstehenden Schlägerei. Ob die Jungs mit den bunten Haaren zu zweit gegen drei ausgebildete Polizeibeamte eine Chance haben würden, bezweifelte Eric allerdings stark.

»Wir müssen da hinein«, vernahm er die Stimme seines neuen Bekannten.

Obwohl sie ein Stück weit von den großen Hauptstraßen entfernt waren, hörte er von überall her das Hupen und Motorheulen einer Großstadt. Zu diesem Lärmpegel gesellte sich das Geschrei der beiden Punks. Zumindest versuchten die Typen, das Problem akustisch statt mit den Fäusten zu bewältigen, machte er für sich einen Scherz.

Erst in dem Augenblick bemerkte er die Spelunke, die sich in den Brückenpfeilern der Bahnstrecke befand. Normalerweise wäre er an dem Laden vorbei gegangen. Nichts wirkte auf ihn einladend oder ansatzweise dazu geeignet, hier seinen Feierabend zu verbringen. Wahrscheinlich hätte Eric das Etablissement noch nicht einmal als ein solches erkannt.

»Meinen Sie das ernst?«, fragte er deswegen den neuen Kollegen.

»Na klar«, bestätigte dieser im Brustton der Überzeugung. »Die Kneipe mag zwar von außen ein bisschen schäbig wirken, dafür besitzt sie drinnen umso mehr Charme. Glauben Sie mir, ich bin öfter hier. Der Laden ist voll in Ordnung.«

Leicht widerstrebend ließ Eric sich dennoch mitziehen. Obwohl die kleine Kneipe von außen wie die letzte Spelunke wirkte, gab er dem Lokal doch eine Chance. Überhaupt passte diese Art von Gastwirtschaft gerade viel eher zu seiner gedrückten Stimmung als eine der Schickimicki-Bars in der Nähe des Reichstagsgebäudes. Grauenhafter konnte der Tag ohnehin nicht mehr werden, war er sich sicher. Allerdings wollte er dies nicht beschwören. Bereits gestern hatte er sich gesagt, dass er mittlerweile am Tiefpunkt angelangt war. Trotzdem fühlte sich für ihn dieser Tag noch ein wenig schlimmer an.

Beim Eintreten umfing ihn der milieu-typische Mief aus Tabak, billigem Parfüm und Alkohol. Wie für solche Kiezkneipen mittlerweile wieder normal, durfte man in dem Etablissement seiner Nikotinsucht nachgehen. Dies taten auch mehrere der Gäste ausgiebig und genüsslich. Mit einem flüchtigen Blick scannte Eric die Besucher der Kaschemme ab. Erstaunlicherweise befand sich die Anzahl der männlichen und weiblichen Gäste im Gleichgewicht. Erst beim zweiten Hinsehen fiel ihm auf, dass es sich bei etlichen der weiblichen Anwesenden um Transvestiten handelte. Auch die Männer fühlten sich mutmaßlich eher dem eigenen Geschlecht zugeneigt.

Mit Homosexuellen hatte Eric keine Probleme. Eher im Gegenteil wusste er etliche seiner Freunde in der schwulen oder lesbischen Szene. Überhaupt war es ihm egal, welcher Konfession, welchem Geschlecht oder welcher sexuellen Neigung ein Mensch nachhing. Für ihn zählte einzig, was die Person leistete, was sie tat und wie sie sich benahm. Er war zum Glück in einer Zeit aufgewachsen, in der komplett andere Dinge von Bedeutung waren.

Allerdings fühlte er sich überrumpelt, unvermittelt in eine Szene-Kneipe hineingestolpert zu sein. Unrasierte Männerbeine in hochhackigen Pumps und übertriebener Lidschatten in den schillerndsten Farben waren letztlich doch ein Anblick, den er nicht allzu oft zu Gesicht bekam. Markus begrüßte währenddessen etliche der Männer, Frauen und Leute, von denen Eric sich nicht sicher war, über welches Geschlecht sie verfügten.

Überrascht blickte er seinem Kollegen hinterher. Obwohl Eric ihn noch nicht sonderlich lang kannte, hätte er ihn eigentlich nicht so eingeschätzt. Dies bewies jedoch nur wieder, dass man Menschen nie nach ihrem Äußeren beurteilen sollte. Vielleicht waren die Leute hier wesentlich ehrlicher zu sich und der Welt als das gesamte Kanzleramt zusammengenommen, kam Eric in den Moment in den Sinn. Vor allem nachdem er gestern von seinen Vorgesetzten als Sündenbock geopfert worden war, erschienen ihm die Gäste in der Räucherhöhle gleich um einiges sympathischer. Mit einem leichten Nicken in die Runde grüßte er niemand Bestimmten.

Markus bestellte indes mit einer einfachen Geste bei der Barkeeperin zwei Bier. Während bereits der goldene Hopfensaft in die Gläser gezapft wurde, gesellte sich sein Kollege zurück zu Eric.

»Na, ist doch gar nicht so übel hier, oder?«

»Das ist schon ein recht … uriger Laden«, fiel Eric im letzten Moment die richtige Umschreibung ein.

»Urig«, wiederholte sein neuer Bekannter mit einem Lächeln auf dem Gesicht. »Sie haben vollkommen recht. Das ist genau die passende Bezeichnung für die Bar.«

»Sie sind wohl öfter hier?«, fragte Eric.

»Öfter nun nicht wirklich. Wenn ich jeden Tag hier wäre, würde mich das, glaube ich, schnell zu einem Alkoholiker machen. Eigentlich bin ich nur hier, falls es die Zeit und die Arbeit zulassen.«

Nickend gab Eric zu verstehen, dass er das gut nachvollziehen konnte. In seinem Kopf kreisten allerdings gerade ganz andere Fragen. Er musste sich zusammenreißen, nicht allzu platt nach der tatsächlichen sexuellen Orientierung seines Kollegen zu fragen.

Markus schien seine Gedanken erraten zu haben. »Und ja, ich bin homosexuell«, gestand er im gleichen Augenblick offen und ehrlich ein. Mit einem schmalen Lächeln wartete Markus jedoch keine Entgegnung ab. »Das habe ich aber erst gemerkt, als ich bereits zwanzig Jahre mit einer Frau verheiratet war. Sie müssen wissen, dass ich aus einem winzigen Dorf im Odenwald stamme. Damals war es für einen Beamten undenkbar, sich zu outen. Erst als es mich nach Berlin verschlagen hatte, verstand ich, dass ich das falsche Geschlecht geheiratet habe. Allerdings waren da längst meine besten Jahre vorbei.«

Auch hierauf wusste Eric keine Antwort. Er begriff nur, dass sein neuer Kollege offenbar bereits ein ereignisreiches Leben hinter sich haben dürfte. Wenn er sich zudem noch vor Augen führte, dass der andere ebenso in der Abteilung 8 arbeitete, mussten noch so einige andere Sachen vorgefallen sein. Zu seinem Glück stellte die Bartenderin in dem Moment die beiden Gläser mit dem Bier geräuschvoll auf dem Tresen ab.

»Kommt das mit auf deinen Deckel?«, wollte sie von Markus wissen.

»Na klar«, erwiderte er freundlich.

»Aha, also Sie sind nur gelegentlich hier«, wiederholte Eric die Worte seines Gesprächspartners.

»Na ja«, grinste dieser breit. »Ein bisschen mehr als nur ab und an ist es schon. Ich verwehre mich aber gegen die Unterstellung, es als täglich zu bezeichnen.«

Daraufhin lachten sie beide auf. Gerade dieser Moment tat Eric richtig gut. Er glaubte, dass es das erste Mal in den letzten zwei Tagen war, dass eine Situation sich für ihn halbwegs gelöst anfühlte.

»Können wir draußen unser Bier trinken?«, fragte Eric. »Sie müssen wissen, ich bin Nichtraucher. So sehr mir so eine Atmosphäre wie hier manchmal auch zusagt: Der Qualm stört mich gerade ein wenig.«

»Oh! Na klar. Bei dem schönen Wetter ist es sowieso eine Schande, den Tag drinnen zu verbringen«, stimmte ihm Markus zu. »Es ist schon schlimm genug, dass wir die ganze Zeit über in dem Bunker sitzen.«

Gemeinsam verließen sie daraufhin die Bar und genossen die Sonnenstrahlen an diesem ausgesprochen angenehmen Tag. Trotz des zu ihnen hinüber schwappenden Lärmpegels aus Richtung Alex genoss Eric die besondere Stimmung Berlins. Wie er erkennen konnte, lagen die beiden Punks mittlerweile mit Handschellen gefesselt auf dem harten Steinboden. Von weiter hinten näherte sich gerade ein Polizeiwagen, um sie abzutransportieren. Alles wie immer in dieser Gegend, fand Eric.

Während er diese Szene beobachtete, prosteten sie sich gegenseitig zu. Mit geschlossenen Augen genoss Eric das angenehme Gefühl, wie sich der eiskalte Gerstensaft kurz darauf in seinen Magen ergoss. Im Stillen dankte er dem Kollegen für diese Idee. Genau das hatte er nach all den Geschehnissen gebraucht.

»Wieso ist die Abteilung überhaupt in diesem versteckten Bunker?«, fragte Eric unvermittelt, nachdem er das Bierglas abgesetzt hatte. »Wäre ein normales Bürogebäude nicht viel sinnvoller? Ich bin eine ganze Weile herumgeirrt, bis es mir gelang, den richtigen Eingang zu finden.«

»Das ist ja gerade der Witz. Auf der einen Seite sind wir eine systemrelevante Institution. Auf der anderen Seite besteht das Amt darauf, dass wir uns, wenn irgend möglich, vor der Öffentlichkeit verborgen halten. Im Rampenlicht sollen wir definitiv nicht stehen.«

»Würde das nicht auch irgendwo auf einem einsamen Feld in der Weite Brandenburgs funktionieren?«, fiel Eric ein Gegenargument ein.

»Nun, das schon. Allerdings müssen Sie verstehen, dass wir Staatsbeamte sind und sich sämtliche Behörden, Ministerien und Institutionen in der Hauptstadt befinden. Nach dem Umzug von Bonn in den Neunzigern ist die Abteilung 8 einfach am Zwischenstandort geblieben, während alle anderen ins neue Kanzleramtsgebäude gezogen sind.«

»Ich weiß aber immer noch nicht, was die Abteilung 8 konkret macht. Obwohl ich den halben Tag versucht habe, etwas über den Sinn herauszufinden, bin ich so klug wie zuvor. Können Sie mir nicht einfach mit wenigen Worten erklären, wo genau das Einsatzgebiet der Abteilung liegt?«

»Zuerst einmal könnten wir uns dieses unsägliche Sie abgewöhnen. Auf Arbeit mag es noch schicklich sein, um eine gewisse Professionalität zu wahren. Im Privaten halte ich derlei Getue allerdings für völlig übertrieben.«

Enthusiastisch streckte ihm sein Kollege das Glas entgegen. Obwohl sich in seinem eigenen als auch in dem anderen kaum noch Bier befand, nahm Eric die Geste an. Laut klirrend stießen sie die Gläser zusammen.

»Nenn mich bitte Markus!«

»Und ich bin Eric!«

Eine Antwort blieb ihm der Kollege damit aber immer noch schuldig, deswegen blickte Eric Markus fragend an. Von einem anfänglichen Desinteresse hatte sich seine Einstellung zu echter Neugier gewandelt. Eric wusste, dass alles mit dem untergegangenen Dritten Reich zusammenhängen musste.

»Du willst immer noch wissen, was es mit unserer Abteilung auf sich hat«, erriet Markus abermals seine Gedanken.

Nickend forderte Eric ihn deswegen auf, endlich weiter zu erzählen.

»Das ist nicht ganz so einfach«, fing Markus an und strich sich durch sein schütteres Haar. »Auf der einen Seite ist es relativ simpel zu beschreiben, worin unsere Hauptaufgabe liegt. Andererseits ist es verhältnismäßig schwer zu glauben oder zu begreifen. Diesen Prozess, die Zusammenhänge nachzuvollziehen, haben wir alle durchmachen müssen. Sowohl Herr Meischberger als auch dessen Vorgänger haben immer so eine Art Erkenntnisgewinn bei den neuen Mitarbeitern vorausgesetzt. In meinen ersten Tagen im Bunker lief es für mich ganz ähnlich ab.«

»Okay, okay«, versuchte Eric zu intervenieren. »Wenn es denn so simpel ist, die Hauptaufgabe zu beschreiben: Warum machst du es nicht einfach? Ich will es ja nicht bis in alle Einzelheiten verstehen. Es reicht, wenn ich es so allgemein und im Großen und Ganzen begreife.«

»Hm, weshalb eigentlich nicht. Ich werde uns allerdings zuerst zwei neue Getränke besorgen.«

Mit diesen Worten verschwand Markus in der verrauchten Kneipe.

Während er allein an dem Stehtisch lehnte, ließ Eric neuerlich den Blick über den Bahnhofsvorplatz und den Alexanderplatz schweifen und machte dabei eine Vielzahl von Menschen aus. Einmal mehr erweckte es den Eindruck, als hätte sich die halbe Hauptstadt zu Füßen des Fernsehturms niedergelassen. Von Skatern über Flaschen sammelnde Rentner bis zu asiatischen Touristen war alles vertreten. Trotz des durchaus noch vorhandenen DDR-Ambientes war dies hier das richtige, das echte Berlin. Für Eric war dieser Ort viel realer als die Verlogenheit im Regierungsviertel.

Schon kurz darauf verließ sein Kollege wieder die Bar und kam mit zwei vollen Gläsern strahlend auf Eric zu.

»Na dann … auf ein Neues«, übergab Markus ihm ein Glas.

»Prost!«

Nach einem erneuten Moment des stillen Genießens wartete Eric gespannt auf die Erklärung des älteren Beamten.

»Hm, wie fange ich am besten an, dir unsere Abteilung zu erklären?«, dachte Markus laut über Erics Frage nach. »Am einfachsten könnte man uns als Vertreter des Deutschlands von vor 1945 betrachten. Zumindest wenn man es sehr vereinfacht ausdrücken möchte.«

»Wir sollen was sein?«, platzte es aus Eric daraufhin heraus.

»Wenn du es genau wissen magst: Wir sind die letzten noch lebenden echten Nazis.«

Glockenhell lachte Markus über den eigenen Witz, während Eric jegliche Entgegnung im Halse stecken blieb. Wie schon vor Stunden bei Marleen begriff er nicht, worauf das alles hinauslief. Überhaupt hielt er die Bemerkung und den Scherz für geschmacklos und reichlich überflüssig. Er verstand nicht, wie man sich über dieses Thema amüsieren konnte und teilte das auch deutlich verstimmt mit. Mit eher finsterem Blick wartete Eric auf eine Erklärung.

»Was ist los? Warum soll das denn nicht lustig sein?«, wollte Markus daraufhin erfahren. »Die Nazis sind doch 1945 plötzlich ausgestorben. Zumindest haben sie uns das dank Entnazifizierung und den Persilscheinen damals eingeredet. Jetzt aber mal im Ernst: Menschen, die das Grauen jener Tage tatsächlich aktiv miterlebt haben oder die sich dafür verantwortlich zeigten, dürften kaum noch leben. Bestenfalls existieren weniger als ein paar tausend senile Greise. Niemand von ihnen kann man noch sonderlich als einen waschechten Nazi bezeichnen. Selbst die gelegentlich aufgespürten Wächter von Konzentrationslagern kann man wahrlich nicht mehr als die Monster von damals sehen.«

»Aber das hat doch gar nicht dam…« Eric wurde in seinem Gegenargument von dem nun in Erzähllaune geratenen Markus unterbrochen.

»Die Verwirrten, Spinner und Ewiggestrigen von heute sind gewiss alles andere, nur keine waschechten Nazis. Vielleicht kann man sie eher noch als Neonazis bezeichnen, wenn überhaupt. Oftmals sind es aber nur Deppen ohne Schulbildung oder Typen, die vom Leben enttäuscht wurden und nun die Schuld bei anderen suchen. Die intelligenten und gefährlichen – das sind die modernen Faschisten. Nein, Nazis im eigentlichen Sinne gibt es heute keine mehr – bis eben auf uns.«

»Aber wieso das denn?«, begehrte Eric gegen das Gehörte auf. »Was hat denn das eine mit dem anderen zu tun? Man kann sich doch nicht in einer Abteilung des Kanzleramts als Nazi bezeichnen und in alten NS-Uniformen herumspazieren.«

»Das war ja auch nur die Ausnahme«, erklärte Markus. »Glaubst du etwa, dass wir so den lieben langen Tag herumlaufen würden? Das ist vom Alten nur so eine Art Initiationsritus für die Neuen. Eben für so einen relativ unerfahrenen Nachwuchsbeamten wie dich. Das sollte jetzt keine Herabwürdigung sein. Versteh mich bitte nicht falsch. Manchmal mangelt es dem Nachwuchs aber an Erfahrung, Weitsicht und Verständnis für die Feinheiten deutscher Politik. Wir hatten in den Vorjahren schon mehrfach Probleme mit Beamten, die in unsere Abteilung gewechselt sind. Viele begreifen nicht, dass es eben nicht nur ein Schwarz und Weiß, ein Richtig oder Falsch und ein Ja oder Nein gibt.«

»Dass ihr euch nur selten verkleidet, war mir schon kurz darauf klar«, versuchte sich Eric herauszureden. »Mir ist es jedoch nach wie vor schleierhaft, warum ihr euch derart fragwürdig ausstaffiert.«

»Das sagte ich doch bereits mehrfach. Hörst du mir überhaupt zu?«, zeigte sich Markus etwas ungehalten.

»Ja, nein … verdammt! Was soll ich verstehen? Rede doch bitte nicht so kryptisch um den heißen Brei herum.«

»Pass auf, nun noch einmal in aller Ruhe«, setzte Markus neuerlich an. »Wir tragen die Uniformen und hängen die Fahnen auf, weil wir es dürfen und können. Überall sonst in der Bundesrepublik ist es verboten. Mit Ausnahme von Film, Theater, Kunst, Museen und dergleichen. Bei uns jedoch ist es erlaubt, und das strengstens gewissermaßen.«

Erneut lächelte Markus in sich hinein, als hätte er einen besonders lustigen Scherz gemacht. Diesen schien einmal mehr nur er selbst zu verstehen. Eric sah ein, dass es nicht zielführend war, den Kollegen auszufragen. Er zählte lieber auf das Gespräch mit seinem Chef am morgigen Tag.

»Das ganze Uniform-, Flaggen- und Zeichengedöns ist aber nur ein winziger Aspekt der Geschichte«, erzählte Markus unvermittelt weiter. »Es bringt sozusagen unsere Arbeit mit sich. Du musst wissen, dass wir ja das Dritte

Reich sind. Deswegen ist es nur zu logisch, dass es uns erlaubt ist, die eigenen Uniformen zu tragen.«

Für Sekunden sah Eric den einen halben Kopf kleineren Mann ziemlich skeptisch an, ganz als müsste die Erkenntnis erst zäh in seine Gedanken hinein sickern. Mehrfach wiederholte er die Worte seines Gegenübers im Geiste, doch sie wollten einfach keinen Sinn für ihn ergeben. Irritiert wartete er darauf, dass sich Markus mit einem lauten Lacher als Scherzkeks zu verstehen gäbe. Er konnte nicht glauben, dass ein gesunder Mensch freiwillig solch wirre Sätze aussprach. Doch Markus schien das tatsächlich ernst zu meinen.

»Du siehst gerade ein wenig seltsam aus. Stimmt etwas mit dem Bier nicht?«, fragte Markus nach und probierte wie zum Test seinen Gerstensaft. Erstaunlich schnell leerte sich nun auch die zweite Runde.

»Nochmal zum Mitschreiben«, hakte Eric nach. »Die Abteilung soll das Dritte Reich sein? Habe ich das richtig verstanden?«

»Junge, du machst es mir nicht gerade leicht. Ich dachte, du wärst Beamter im höheren Dienst. Wieso hast du so viele Probleme damit, für die Abteilung 8 zu arbeiten?«

Eric brauchte einen Moment, bis er die richtigen Worte fand. »Ich höre gerade zum ersten Mal davon. Heute Morgen hatte ich sogar Probleme damit, das Gebäude überhaupt zu finden. Ehrlich gesagt war mir bis vor ein paar Stunden vollkommen unbekannt, dass eine Abteilung 8 existiert.«

Mit in Falten gelegter Stirn sah ihn sein neuer Kollege eine Weile lang an. Auch in seinem Kopf schienen die Rädchen zu arbeiten.

»Entschuldige bitte, ich wusste nicht, dass niemand dir …«, setzte Markus zu einer vagen Entgegnung an.

»Versuch doch bitte, in wenigen Sätzen zu erklären, was du genau mit der Aussage meintest und was genau deine Aufgabe in Abteilung 8 ist«, fiel Eric ihm ins Wort.

»Im Grunde genommen bin ich nur ein A-8, ein einfacher Regierungs-hauptsekretär. Ich erledige die Aufträge, die mir zugeteilt werden. Gelegent-lich muss ich in alten Magazinen, Unterlagen oder in Urkunden etwas heraus-suchen. Damit hat sich aber auch schon meine gesamte Tätigkeit erschöpft. Meines Wissens vertritt die Abteilung 8 die Interessen Deutschlands von vor 1945. Gewissermaßen sind wir als Behörde NS-Deutschland. Stellenweise wurden wir deswegen auch aus dem allgemeinen Beamten-Kanon der Bun-desrepublik herausgestrichen. Formal unterstehen wir zwar dem Kanzleramt, im Prinzip agieren wir jedoch mit eigenen hoheitlichen Rechten. Wir sind quasi ein Staat ohne Land, ohne Volk und ohne Regierung. Als Staatsbediens-tete verwalten wir diese inhaltslose Hülse namens Drittes Reich gegenüber anderen.«

»Moment mal, du sagst also, das Deutschland von 1945 würde nach wie vor bestehen?«, fragte Eric erstaunt nach.

»Das ist ja gerade etwas, was ich auch nicht richtig kapiere«, erklärte sich Markus daraufhin und zuckte bedauernd mit den Schultern. »Früher bin ich ebenso immer davon ausgegangen, dass Hitler-Deutschland mit dem Sieg der Alliierten zu existieren aufgehört hätte. Marleen erzählte mir aber einmal, dass das nicht so ohne weiteres möglich sei. Länder würden demnach nicht einfach von der Weltkarte verschwinden. So etwas war schon immer ein Prozess, der durch das Volk und seine politischen Vertreter in einem langwierigen Akt durchgeführt werden muss.«

Diese Information musste Eric erst einmal sacken lassen. Er erinnerte sich jedoch daran, wie Marleen heute Mittag in einem Gespräch angedeutet hatte, dass das Reich nicht untergegangen sei. Letztlich hatte er den ganzen Tag auch nichts anderes getan, als nach diesem Fakt zu suchen. Selbst Herr Meischberger hatte so etwas erwähnt. Und wohl nur aus diesem Grund hatte sein neuer Chef ihm den Auftrag zur Nachforschung erteilt. Nach und nach begann alles ein rundes Bild für ihn zu ergeben, wobei ihm aber der Kopf vor offenen Fragen schwirrte.

Während Eric nachdachte, stand sein Kollege unvermittelt auf. Mit beiden leeren Gläsern in der Hand signalisierte Markus, dass er Nachschub ordern müsse. Verwirrt blieb Eric wieder für eine Weile allein vor der Kneipe zurück. Was hieß jedoch aber schon in Berlin allein? In der Hauptstadt war man letztlich nie für sich. Permanent liefen Menschen an ihm vorbei.

Im Hintergrund beobachtete er, wie sich eine kleine Demonstration gebildet hatte. Eine Person erklärte den interessierten Zuhörern bestimmt gerade die Welt. Schon oftmals hatte Eric mitbekommen, worum es dabei ging. Fast immer waren es Themen, bei denen sich ein normaler Mensch an den Kopf griff. Erderwärmung als eine Lüge der Umweltlobby, Geoengineering durch aus Flugzeugen versprühte Chemiewolken oder eine geheime Weltregierung aus Großbänkern und Eliten waren nur einige der wirren Geschichten, welche dort erzählt wurden.

Abgesehen davon fand auch der Mythos von den sogenannten Reichsbürgern stets aufmerksame Zuhörer. Gerade an einem Ort wie dem Alexanderplatz kamen Leute mit vielerlei Weltanschauungen zusammen. Normalerweise ließ er diese seltsamen Wirrköpfe immer links liegen. Was er jedoch eben gerade zu hören bekommen hatte, ließ das alles in einem gänzlich neuen Licht erscheinen.

Mehrfach schon hatte er von der Theorie gehört, dass das Dritte Reich fortbestehen würde. Manche verorteten die Reste in den Weiten der Arktis. Andere meinten, die Alt-Nazis seien auf dem Mond oder im Erdinneren. Wiederum andere sagten, dass die Bundesrepublik vollkommen illegal und nicht existent sei. All das waren für ihn bis zu dem Moment jedoch nur wilde Tagträume geistig zerrütteter Menschen gewesen. Nun allerdings …

»Offensichtlich brauchst du wirklich noch ein weiteres«, stellte Markus mit zwei Bier in der Hand leicht sarkastisch fest. »Es ist bestimmt ein kleiner Schock, wenn du zum ersten Mal davon hörst. Ich war davon ausgegangen, dass dich bereits schon jemand über den Inhalt, die Funktion und die Art unserer Abteilung aufgeklärt hatte.«

»Aber wie … wie genau läuft das ab? Wenn du sagst, die Abteilung wäre gewissermaßen das alte Deutschland, dann muss es doch eine Verfahrensweise für unsere Arbeit geben.«

»Die gibt es auch und sie unterscheidet sich nicht von der der anderen Behörden.«

»Na, ganz genauso wird es wohl kaum ablaufen«, bohrte Eric weiter nach. »Ich meine, betrachtet man einmal den nicht zu vernachlässigenden Fakt, dass wir über Nazis reden.«

»Jetzt versteif dich mal bitte nicht so sehr auf diesen Umstand. Es ist eigentlich recht simpel. Sämtliche Anfragen, Angelegenheiten oder Probleme bezüglich des Dritten Reiches werden direkt zu uns durchgestellt. Daraufhin bearbeiten wir den Fall. Wenn es ein komplizierter Sachverhalt ist, sind auch schon mal mehrere Kollegen an der Lösung beteiligt. Anschließend geht es dann zurück an die ursprüngliche Adresse.«

»Und wer kommt auf die Idee, solch eine Anfrage an einen längst untergegangenen Staat zu stellen?«, fragte Eric naiv nach.

»Manchmal ist es das Amt selbst. Gewissermaßen muss die Bundesrepublik, vertreten durch den Kanzleramtsminister, Rücksprache mit dem anderen Staat auf deutschem Boden halten. Oft sind es aber auch Belange mit ausländischen Regierungen oder Zwischenfälle mit normalen Bürgern.«

»Sorry, ich kann mir da überhaupt gar nichts darunter vorstellen«, musste Eric zugeben.

»Okay, dann pass auf. Ich erzähl dir von einer Sache, die heute bei mir auf dem Schreibtisch gelandet ist. Ein schon älterer Herr war noch im Besitz eines Führerscheins, ausgestellt durch das Nationalsozialistische Kraftfahrkorps im Jahre 1944. Aufgrund irgendwelcher juristischer Spitzfindigkeiten, die ich nicht gänzlich verstehe, sind seit 1990 weder das Kraftfahrt-Bundesamt noch die Straßenverkehrsämter dafür zuständig. Da es sich sonst um eine Art rechtsfreien Raum handeln würde, überweist man das Problem an uns. Wir, als sozusagen offizielle Vertreter des alten Deutschlands, können die Fahrerlaubnis entsprechend entwerten oder erneuern.« Mit einem Grinsen fügte Markus allerdings noch etwas an. »Selbstredend habe ich den Ausweis für ungültig erklärt. Es ist mir sowieso ein Rätsel, warum man damals keine Ablaufdaten eintrug. Es ist doch Wahnsinn, wenn Dokumente auf ewig Gültigkeit besitzen. Für mich persönlich hat so ein Ablaufdatum auf einem Ausweis, dem Pass oder dem Führerschein schon seinen Berechtigungsgrund.«

»Aber wie verhält es sich denn dann mit den …«, versuchte Eric eine neuerliche Frage.

»Ach, komm«, fiel ihm Markus einmal mehr ins Wort. »Ehrlich, ich habe Feierabend. Nach so einem langen Tag wie heute habe ich eigentlich keine sonderlich große Lust, mich mit dem trockenen Stoff aus dem Büro zu beschäftigen. Ich bin froh, wenn ich das alles unten im Bunker lassen kann.«

Verständnisvoll nickte Eric daraufhin. Und trotzdem brannten ihm die Fragen unter den Fingernägeln. Er begriff nicht, wie es anscheinend zwei Staaten auf demselben Territorium geben konnte. Allerdings verstand Eric jetzt, weshalb ihm sein Chef die Fragen nach dem Untergang des Dritten Reiches gestellt hatte. Der ganze Themenkomplex war offensichtlich ein solcher Bürokratiewahnsinn, dass es schon eine gewisse Einarbeitungszeit benötigte, um damit überhaupt klarzukommen. Kein Wunder, warum so mancher über die Beamten, Gesetze und die Verwaltung in der Bundesrepublik schimpfte. Der Deutsche bedurfte offenbar für alles geordnete Strukturen und gesetzliche Grundlagen. Das schloss dem Augenschein nach auch Staaten mit ein, die seit über siebzig Jahren von der Landkarte verschwunden waren.

»Trinkst du noch oder grübelst du weiterhin vor dich hin?«, fragte ihn der Kollege daraufhin.

»Was? Oh, na klar. Prost!«

Gemeinsam genossen sie das dritte Bier an diesem herrlichen Dienstagabend. Mit jedem Schluck erholte sich Eric von dem ganzen Irrsinn. Selbst der vergangene Tag kam ihm schon nicht mehr so schrecklich vor wie noch am Morgen. Vielleicht lag es aber auch nur an dem bereits konsumierten Alkohol, dass Eric sich zunehmend besser fühlte. Am Ende vermutete er jedoch, dass dafür eher der nette Umgang mit dem neuen Kollegen verantwortlich zeichnete.

»Du wirst dich bei uns auch noch einleben«, sagte Markus in das Schweigen hinein, als hätte er Erics Gedanken erraten. »Glaube mir, das hat bis jetzt noch jeder geschafft.«

»Wie viele Menschen arbeiten denn eigentlich in der Abteilung?«, fragte Eric nach, obwohl er versprochen hatte, nicht mehr über die Arbeit zu reden.

»Alles in allem sind wir nicht mehr als fünfunddreißig Beamte, von denen etliche fast immer unterwegs sind. Es gibt öfter Angelegenheiten, die man nur vor Ort regeln kann. Deswegen hast du heute auch noch nicht alle gesehen. Ich denke, du bekommst morgen deine offizielle Einführungsrunde. Da kannst du dann alle kennenlernen. Ich kann dir jedoch versprechen: Es sind durchweg anständige Menschen.«

Eric zeigte sich erleichtert über die Prognose des neuen Kollegen.

Nach dem vierten Bier setzte langsam die Dämmerung ein, und damit änderte sich auch das Publikum auf dem Alex. Zunehmend verschwanden die Familien und Touristen von dem weiten Betonareal. Dafür trafen umso mehr Jugendliche, Cliquen und teilweise auch Gangs ein. Dies war die Zeit, in welcher sich der zentrale Platz in ein heißes Pflaster verwandelte.

Von der etwas abgelegenen Stelle der Kneipe war es ein modernes Bühnenstück, das sich vor seinen Augen abspielte. Beziehungskisten, Tragödien und etliche Schlägereien fanden innerhalb von weniger als einer halben Stunde statt. All die Geschehnisse ließen Eric immer mehr die Ereignisse des Tages vergessen. Es gab mehr als genug Menschen, die schlimmere Probleme hatten als er. Vielleicht war sein derzeitiges Leben doch nicht so trostlos, wie er dachte.

Nach dem fünften Bier sprachen sie schon gar nicht mehr von der Abteilung 8. Stattdessen schüttete ihm Markus sein Herz aus. Seine Frau war nach seinem Coming-out mit den Kindern und sämtlichen Ersparnissen mit unbekanntem Ziel verschwunden. Da er die Schuld nur bei sich suchte, hatte Markus während des Scheidungsprozesses auf alles verzichtet.

Die Kinder verweigerten momentan jeglichen Kontakt zu ihrem Vater. So verfiel er anfänglich vor Selbstmitleid zerfressen dem Alkohol. Eines führte gewissermaßen zum anderen. Nach etlichen Abmahnungen und diversen Vorfällen war er in die Abteilung 8 strafversetzt worden. Mit viel Mühe gelang es ihm schließlich, sich wieder zu fangen. Walter Meischberger schien dabei eine besondere Rolle zugefallen zu sein. Gerade die Abgeschiedenheit des Bunkers machte es einem leicht, die Welt um sich herum zu vergessen. Da es Markus nicht vergönnt war, eine dauerhafte Partnerschaft zu einem Mann aufzubauen, blieb ihm einzig die Arbeit als Lebensinhalt.

»Wahrscheinlich unterscheide ich mich hierin nicht so sehr von den ganzen anderen Karriere-Typen. Viele leben doch eher für den Job als für die Familie. Bei mir ist es nur leider keine bewusste Entscheidung gewesen«, gestand Markus ihm ein.

»Ach, du bist doch jung. Die besten Jahre liegen noch vor dir, du wirst bestimmt eines Tages den Richtigen finden«, versuchte Eric, ihn zu trösten.

»Mach nicht den gleichen Fehler wie ich«, brachte der Kollege nun schon lallend vor. »So jung bin ich gar nicht mehr. Schau mich doch an: Wer soll sich denn noch in mich verlieben? Das Leben ist viel zu kurz, um sich nur durch die Karriere oder die Arbeit zu definieren.«

»Jetzt übertreibst du es aber ein wenig. Du tust fast so, als wärst du bereits sechzig oder so.«

Mehr als ein Grummeln bekam er aber nicht zu hören. Markus wollte von alldem offenbar nichts wissen und nutzte den Moment, um ins Innere der Kneipe zu verschwinden und dort die Toilette aufzusuchen.

Versonnen stand Eric allein an dem wackligen Stehtisch. Das nunmehr schon dämmrige Halbdunkel ließ ihn gewahr werden, dass es bereits später Abend war. Vor allem auch diese Sekunden in Einsamkeit bewiesen ihm, dass der Alkohol schon ordentlich angeschlagen hatte. Betrunken war er zwar definitiv noch nicht, aber einen kleinen Schwips konnte er in seinem Kopf bereits verspüren.

In seinem Rücken nahm er eine Bewegung wahr. »Das ging aber sch…«, stoppte Eric in einem Satz ab, als er seinen Irrtum bemerkte. Anstatt Markus neben sich auszumachen, entdeckte er eine wildfremde Person an seiner Seite. »Sorry, ich meinte nicht Sie«, entschuldigte Eric sich. Zugleich wunderte er sich darüber, dass dieser fremde Mann einfach an seinen Tisch getreten war, zumal etliche weitere leere Stehtische zur Verfügung standen. In dem Moment erinnerte sich Eric, in welchem Etablissement er sich befand. Er wollte dem Unbekannten zwar nichts unterstellen, doch erweckte es den Eindruck, als ob gerade ein Schwuler dabei war, ihn anzumachen.

Auf der einen Seite schmunzelte Eric still in sich hinein. Er hatte sich schon immer gefragt, wie sich eine Frau wohl fühlen musste, wenn sich ungefragt ein fremder Mann zu ihr gesellte. Auf der anderen Seite war die Situation schon ein wenig unangenehm für ihn.

90

»Ähm, ich bin mit einem Arbeitskollegen hier«, fügte Eric deswegen noch schnell an, um jegliche Missverständnisse im Keim zu ersticken.

Der Fremde hingegen hatte bis zu diesem Zeitpunkt noch keinen Ton gesagt. Je länger das Schweigen anhielt, umso befremdlicher wurde Eric die Konstellation. Tatsächlich wusste er nicht, wie er damit umgehen sollte, dass dieser Mann einfach nur neben ihm stand, um sein Bier zu trinken. In einem Bierzelt oder auf einem Fest hätte es ihn wahrscheinlich kaum gestört. Da war so etwas absolut normal. Hier jedoch …

»Was halten Sie eigentlich von der Erde?«, ergriff sein Gegenüber zum ersten Mal das Wort.

Eric verstand nicht, worauf sich der andere mit seiner Frage bezog. In Gedanken hoffte er, dass Markus möglichst bald von der Toilette zurückkommen würde.

»Jetzt mal ehrlich. Was halten Sie von dieser Welt?«, wiederholte der Mann seine Frage.

»Ich habe keine Ahnung, was Sie damit genau meinen. Beziehen Sie sich auf die Menschen, die Länder, die Kultur oder den Planeten an sich?«

Mit gekräuselter Stirn wendete sich der Fremde zu ihm um, ganz so, als würde er Eric erst in diesem Moment zum ersten Mal richtig wahrnehmen. Für einen Augenblick überlegte Eric, ob es sinnvoller wäre, einfach zu verschwinden oder den Mann zu ignorieren.

»Ich meine alles. Eben alles zusammengenommen. Ich rede von der Welt, auf der wir leben«, konkretisierte der komische Kauz seine Frage beharrlich.

Nun sah Eric sich den Burschen genauer an. Vielleicht gerade einmal Anfang dreißig, schien der Typ nur ein paar Jahre älter als er selbst zu sein. Zwar in Jeanshosen, jedoch in einem Sportsakko gekleidet, wirkte er wie ein Büromensch aus einem dieser hippen Start-up-Unternehmen, die momentan überall in Berlin wie Pilze aus dem Boden schossen. Blonde Haare und ein kantiges Gesicht rundeten das Bild ab.

»Was soll ich von der Welt schon halten? Sie ist, wie sie ist«, entschied sich Eric zu einer schwammigen Antwort.

»Tut mir leid, ich habe mich nicht vorgestellt. Mike Wagner ist mein Name«, sagte der Mann und schüttelte einem verdutzten Eric die Hand, der seinerseits auch höflich seinen Namen nannte.

Allerdings wusste er noch nicht, was das alles eigentlich sollte. Zudem verwunderte es ihn, dass Markus noch immer nicht zurückgekehrt war. Ein wenig Schützenhilfe hätte ihm in dem Moment ganz gut gepasst.

»Um ehrlich zu sein, meinte ich das nicht. Ich bezog mich wirklich auf die Erde. Nicht auf etwas Metaphysischen. Es geht mir um die Welt an sich.«

»Es tut mir leid, ich habe keine Ahnung. Ich weiß immer noch nicht, was Sie damit meinen«, erwiderte Eric. »Außerdem ist es schon ein bisschen zu spät für solche philosophischen Betrachtungen. Ich habe bereits mehr als genug Bier konsumiert, als das ich wüsste, wovon Sie reden.«

»Sorry, dass ich Sie damit überfallen habe. Ich musste aber einfach mal da raus. Sie standen hier so allein rum. Aufgrund dessen habe ich Sie direkt angesprochen. Es geht um ein Thema, das mir schlichtweg nicht aus dem Kopf geht. Zudem habe ich mich gerade eben erst deswegen mit meinen Freunden gestritten.«

Eric versuchte es noch einmal entgegenkommend und fragte konkret nach. Was hätte er auch sonst machen sollen, so ganz allein mit einem Bier in der Hand vor einer Schwulenkneipe in Berlin Mitte.

»Mich treibt ein ganz eigenes Problem um, müssen Sie wissen. Es ist fast so, als wäre ich der Einzige, der die Wahrheit erkennt. Jeder, dem ich davon erzähle, hält mich für einen Spinner«, lallte Mike.

»Ich kann das Ihnen leider nicht beantworten, wenn Sie mir nicht sagen, worum es geht«, bohrte Eric nach, mittlerweile neugierig darauf, dass der andere endlich mit der Sprache herausrückte.

»Sie müssen wissen, ich stamme ursprünglich vom Bodensee, genau genommen bin ich in einer kleinen Stadt in der Nähe von Konstanz aufgewachsen. Radolfzell, wenn Ihnen das etwas sagt. Deswegen kenne ich mich auch so gut dort aus.«

»Okay. Und darüber haben Sie sich mit Ihren Freunden gestritten? Ich wüsste nicht, was daran so besonders ist.«

»Nein, das ja nun nicht. Wie kommen Sie darauf?«, fragte sein Gesprächspartner verwundert nach.

Irgendwie war es schon lustig, diesen Mike Wagner ein wenig auf die Schippe zu nehmen. Letztlich kam Eric das Gespräch reichlich surreal vor. Er verstand nicht, warum der Typ so einen Eiertanz veranstaltete.

»Waren Sie schon einmal am Bodensee?«, wollte Mike wissen.

»Ich? Ja, einmal während einer Dienstreise«, antwortete Eric wahrheitsgemäß.

»Dann wissen Sie ja auch, wie groß der See in der Realität ist.«

»Öhm, ja, durchaus. Er ist doch was über sechzig oder siebzig Kilometer lang. Wenn ich mich richtig erinnere«, erwiderte Eric.

»Ganz genau. Und das ist auch das Hauptproblem.«

Eric verstand nicht, was das nun wieder sollte. Wieso um alles in der Welt stellte es ein Problem dar, dass der Bodensee eine Länge von sechzig Kilometern aufwies? Offensichtlich wirkte sein Gesichtsausdruck derart konfus, dass der andere von sich aus weiterredete.

»Worauf ich hinaus möchte, ist, dass man relativ problemlos über den See schauen kann. Also ich meine, bei guter Sicht ist es möglich, locker von Konstanz bis nach Bregenz zu sehen.«

»Das ist bestimmt ein sehr schöner Anblick«, stellte Eric fest. »Würden Sie mir jetzt aber endlich mal sagen, worauf Sie genau hinaus möchten?«

Kurz sah ihn der betrunkene Mann an. Innerlich wägte er wohl ab, ob es sinnvoll war, einfach fortzufahren, und tat dies kurzerhand auch.

»Natürlich ist es ein schöner Anblick. Darum geht es ja gerade. Man dürfte es gar nicht sehen. Verstehen Sie denn nicht?«

»Um ganz ehrlich zu sein, nein.«

»Konstanz und Bregenz liegen über sechzig Kilometer auseinander. Wegen der Erdkrümmung sollte es jedoch unmöglich sein, von einem Ufer das andere auszumachen. Da es einem aber doch gelingt, stimmt entweder etwas mit unserer Physik nicht oder aber die Geschichte mit der Erdkrümmung ist ein riesiger Schwindel.«

»Die Erdkrümmung ist bitte was …?«, platzte es aus Eric heraus und er verschluckte sich prompt an seinem Bier.

»Die Erdkrümmung ist eine Erfindung und existiert gar nicht wirklich«, wiederholte sich Mike.

Eric benötigte noch einen Moment, um sich zu fangen. »Wie um alles in der Welt kommen Sie nur darauf? Wollen Sie mir hier allen Ernstes einreden, dass die Erde keine Kugel ist?«

»Das will ich Ihnen nicht glauben machen. Das ist so!«

»Weil Sie von Konstanz aus nach Bregenz sehen können? Ist das Ihr Beweis?«

»Nicht nur«, verteidigte sich sein Gesprächspartner. »Es gibt noch viel mehr Hinweise darauf, dass uns die NASA, die ESA und die da oben nach Strich und Faden belügen. Wenn man sich jedoch erst einmal eingehend mit dem Thema beschäftigt, stellt man fest, was die Wahrheit ist und was nicht.«

»Noch einmal ganz von vorn und langsam. Ich habe das mit dem Bodensee noch nicht ganz verstanden, fürchte ich.«

Eric bereute sein Nachbohren zwar augenblicklich, doch zeigte er tatsächlich Interesse für die Thesen des Mannes.

»Also, die Wissenschaft redet uns doch ein, dass dieser Planet eine Kugel ist.«

»Ein Geoid, um genau zu sein«, berichtigte Eric ihn vielleicht etwas zu voreilig, obwohl er selbst Besserwisser nicht leiden konnte.

»Von mir aus eben auch ein Geoid, das ist mir egal. Jedenfalls soll es mutmaßlich eine sogenannte Erdwölbung geben. Zumindest erzählt man uns das so in der Schule. Bei uns im Erdkundeunterricht ...«

Eric bemerkte, mit welcher Inbrunst und Überzeugung Mike sprach. Auf eine gewisse Art und Weise tat ihm der Bursche schon leid. Egal, ob er wegen des konsumierten Alkohols so drauf oder weil er einfach nicht ganz so helle war: Menschen wegen ihrer Überzeugung auszulachen, hielt er grundsätzlich für vollkommen falsch. So redete er zu sich selbst, den Thesen des Mannes wenigstens eine Chance zu geben.

»... deswegen beträgt die Krümmung der Erde fast zwei Meter auf einer Länge von fünf Kilometern. Würden wir beide also diese Entfernung auseinanderstehen, könnten wir uns aufgrund dieser Krümmung nicht mehr sehen. Allerdings ist das totaler Blödsinn. Ich habe noch niemals so einen Huckel gesehen.«

»Ja, aber das hat doch etwas mit der Geologie zu tun. Überall gibt es Berge, Täler und Hügel«, warf Eric daraufhin ein.

»Da haben Sie vollkommen recht«, bekräftigte Mike und grinste breit, als ob die Unterhaltung auf das genau richtige Thema gekommen wäre. »Auf einem See, Fluss oder Meer gibt es jedoch so etwas nicht. Geben Sie mir da recht?«

Eric nickte. Abgesehen von der Strömung, dem Gefälle und den Wellen war die Wasseroberfläche relativ plan, das wusste er auch.

»Und so kommen wir zum eigentlichen Problem der Globisten.«

»Der wer?«, fragte Eric irritiert nach.

»Der Globisten! Das sind diejenigen, die glauben, dass unsere Erde eine Kugel sei.«

Eric sah den Mann sprachlos an.

»Also noch mal. Wenn die Erde eine Kugel von 40.000 Kilometern Umfang wäre, sollte Bregenz hinter einer Aufwölbung von vierzig Metern verborgen liegen. Einzig die dahinter liegenden Berge müssten zu erkennen sein. Allerdings ist dem ganz und gar nicht so.«

»Nein?«

»Das sagte ich doch schon. Steht man am Ufer, kann man bei klarer Sicht durchaus die weit entfernte Stadt ausmachen. Zudem sieht man auch nirgendwo eine Wölbung oder einen Wasserberg. Ich verstehe nicht, warum sich die Leute derart verarschen lassen.«

Eric versuchte instinktiv, dem zu widersprechen. »Das kann man aber wohl kaum so pauschalisieren! Tut mir leid, ich bin kein Physiker. Der gesunde Verstand sagt mir allerdings etwas anderes. Beim Betrachten befinden wir uns doch immer oben auf der Kugel. Ergo ist es unmöglich, fragliche Wasserberge sehen zu können.«

»Aber wie kann es dann sein, dass es mir möglich ist, so weit zu schauen? Verraten Sie mir das doch mal bitte. Laut Physik soll es doch angeblich absolut ausgeschlossen sein.«

»Das kann ich Ihnen leider nicht beantworten. Allein durch dieses Beispiel die Krümmung der Erde anzuzweifeln, halte ich für reichlich übertrieben«, bekräftigte Eric abermals seine Meinung.

»Das ist es aber doch nicht nur allein. Waren Sie schon einmal in Italien?«

»Zum Urlaub, na klar«, bestätigte er.

»Die Insel Korsika ist von Genua aus zu sehen.«

»Und?«

»Die Insel ist über 150 Kilometer entfernt. Wissen Sie, was das bedeutet? Korsika müsste hinter einer Wölbung von über 1.500 Metern liegen. Trotzdem ist es möglich, vom Ufer aus die weit entfernte Insel auszumachen. Für mich ist das der Beweis, dass das mit der Erdkrümmung nur ein riesiger Schwindel ist.«

»Okay, aber was ist dann mit den ganzen Aufnahmen aus dem Weltall, aus Flugzeugen oder so?«, warf Eric daraufhin ein.

»Alles nur gefakt. Was glauben Sie, was man heute alles so mit dem Computer anstellen kann? Ich vertraue keinem Bild, das von der NASA oder der ESA stammt. Die sind doch nur dafür da, um uns alle für dumm zu verkaufen. Allesamt Verbrecher, die weggesperrt gehören.«

»Es gibt doch aber so viel mehr Bilder, Videos und Beweise.«

»Ach wirklich? Dann zeigen Sie mir diese doch einmal! Sehen Sie, das können Sie nämlich nicht. Fliegen Sie doch mal selbst mit dem Flugzeug oder dem Heißluftballon. Sie werden feststellen, wie gerade der Horizont ist.«

»Was ist aber mit …«

»Oder stellen Sie sich doch einmal ans Meer. Was erblicken Sie da?«, wurde er von dem nun sichtlich aufgebrachten Mike Wagner unterbrochen. Offensichtlich hatte sich sein Gesprächspartner auf Betriebstemperatur gebracht. Einmal in Schwung, wollte er nicht mehr zu reden aufhören.

»An der Ostsee können Sie an guten Tagen sehr weit hinaus sehen. Manchmal sogar von der deutschen Küste aus bis nach Schweden. Dass das eigentlich unmöglich ist – geschenkt. Allerdings sollte Ihnen auffallen, dass die Wasseroberfläche eine perfekte Linie bildet. Ich habe es selbst schon ausprobiert. Mit einer Wasserwaage und einem Brett habe ich den Beweis erbracht, dass die Erdkrümmung eine Lüge ist. Die Ostsee ist so flach wie die gesamte restliche Welt auch.«

»Was sollte ich denn anderes als den Horizont sehen?«, fragte Eric nach.

»Wenn die Erde eine Kugel von 40.000 Kilometern Umfang wäre, müsste man eine weite Wölbung entdecken. Wie gesagt, auf fünftausend Metern wölbt sich unser Planet angeblich um zwei Meter. Rechnen Sie doch bitte einmal aus, wie groß der Wasserberg sein muss, wenn sie dreißig, vierzig oder gar fünfzig Kilometer weit blicken.«

Der gut angetrunkene Mike verfolgte immer nur ein und dieselbe Erklärung. In Eric keimte deswegen Enttäuschung auf. Eigentlich hatte er gehofft, ein paar schlüssigere Theorien zu hören zu bekommen.

»Also, nehmen wir einmal an, Sie hätten recht. Was ist die Erde dann, wenn nicht gekrümmt?«

»Ist das nicht logisch?«, sagte Mike, und breitete seine Arme weit aus. »Sie ist eine Scheibe! Einfach nur eine flache Platte. Das haben die Menschen schon vor tausenden von Jahren gewusst. Erst in den letzten paar hundert Jahren hat sich diese Mär von einer Kugel gebildet.«

Eric musste sich noch einmal rückversichern, ob er richtig gehört hatte. »Die Erde ist also eine Scheibe? Habe ich Sie richtig verstanden? So wie bei Terry Pratchett? Mit Elefanten und einer großen Schildkröte?«

Damit hatte sich dieser Mike Wagner für ihn endgültig aus der normal denkenden Menschheit verabschiedet. Natürlich wusste Eric, dass es jede Menge wilder Verschwörungstheorien gab. Allerdings war dies hier mit Abstand die Spektakulärste. Dagegen waren ja selbst Theorien über Bilderberger, Rothschilds und Außerirdische harmlos. Alles andere war zumindest in Ansätzen mit den Naturgesetzen zu erklären. Unseren Planeten als Scheibe zu definieren widersprach allerdings so ziemlich allem, was die moderne Physik als wissenschaftlich bewiesen betrachtete.

»Machen Sie sich gerade lustig über mich?«, fragte der verwirrte Typ ihn tatsächlich.

»Sie müssen schon verzeihen.« Eric versuchte, ganz ernst zu bleiben, was ihm nicht leichtfiel. »Ihre Theorien und Erklärungen sind jedoch ein wenig hanebüchen. Was ist mit der Sonne, dem Mond und den ganzen Planeten? Was ist überhaupt mit unserem Sonnensystem? Wieso gibt es Bilder der Erde vom Mond aus fotografiert? Wie funktioniert das bei einer Scheibe mit der Erdumrundung? Außerdem gibt es doch Satelliten und solche Sachen. Das ist doch alles widersinnig.«

»Wie bereits gesagt, es ist fast alles ein Fake. Glauben Sie mir ruhig. Auf dem Mond sind wir nie gewesen.« Mike verschränkte die Arme vor der Brust. »Generell die ganze Raumfahrt ist ein einziger großer Schwindel. Beinahe in jedem Film oder auf jedem Foto der NASA kann man das erkennen. Da gibt es Beispiele, in denen kann man die Luftblasen sehen, die sie vergessen haben wegzuretuschieren.«

Eric dachte bei diesen Worten an eine andere beliebte Verschwörungstheorie, nach der es die Mondlandung nie gegeben haben soll. Dass es dieser Verrückte tatsächlich schaffte, mehrere Verschwörungen zu einer zu bündeln, war durchaus beeindruckend.

»Ja, aber was ist mit dem Wasser aus den Ozeanen? Das müsste dann doch an den Rändern dieser Scheibe herunterlaufen«, argumentierte Eric.

»Das ist doch ganz logisch«, ereiferte sich Mike lallend. »Am Rand der Scheibe liegt ein Eisgürtel. Die Eliten versuchen uns diesen nur als Antarktis zu verkaufen. Eigentlich ist das aber kein richtiger Kontinent, sondern eben eine Art ziemlich dicker Mauer. Deswegen gibt es auch keine Flüge, die über den Südpol gehen.«

»Keine Flüge? Wovon reden Sie denn nun schon wieder?«, warf Eric ein.

Die Wechsel der Themen, Thesen und wirren Theorien brachten ihn zusehends aus dem Gleichgewicht. Zudem musste er sich eingestehen, dass der Alkohol mittlerweile seine volle Wirkung entfaltet hatte.

99

»Sie sollten mal versuchen, einen Direktflug von Australien nach Südamerika zu bekommen. Das ist vollkommen unmöglich. Normalerweise würde der Flug am kürzesten über die Antarktis gehen. Allerdings verlaufen die Flugverbindungen fast immer über Asien oder Europa. Dabei ist das ein riesiger Umweg. Das gleiche gilt im Übrigen auch für Flüge vom südlichen Afrika nach Australien.«

»Ja, aber andere Flugzeuge umrunden doch ständig die Erdkugel«, hielt Eric dagegen.

»Das machen sie nicht. Flugzeuge fliegen zwar schon im Kreis, allerdings umrunden sie dabei nur den Mittelpunkt unserer Erdscheibe – den sogenannten Nordpol. Deswegen kommt es einem nur so vor, als würde man den Erdball umrunden. In Wahrheit kommen die Flieger noch nicht einmal in die Nähe des Randes.«

»Glauben Sie das etwa wirklich?«

»Natürlich! Ich verstehe nur nicht, weswegen das so viele andere eben nicht machen. Ich meine, Sie sind wenigstens aufgeschlossen und hören sich meine Argumente an. Viele andere jedoch strafen mich mit Verachtung oder noch Schlimmerem ab. Wissen Sie, was ich mir in letzter Zeit so alles anhören durfte?«

»Warum hören Sie dann nicht auf, diese These zu verbreiten?«, fragte Eric nach.

»Weil es meine feste Überzeugung ist. Ich habe genug Beweise gesammelt und Dinge gesehen, dass ich fest daran glaube. Ich weiß einfach, dass das die größte Lüge der Menschheit ist. Was bleibt mir denn sonst anderes übrig, als dagegen anzugehen?«

»Ich muss Ihnen ehrlich gestehen, dass ich Sie schon für ein wenig übergeschnappt halte. Ihre angeblichen Beweise überzeugen mich nicht. Allerdings sollte das auch nicht weiter von Belang sein. Wenn Sie daran glauben, ist das absolut in Ordnung. Letztlich herrscht in unserem Land Meinungsfreiheit, die es unter allen Umständen zu verteidigen gilt. Deswegen würde ich Sie für Ihre Meinung nie verurteilen.«

»Das ist sehr redlich von Ihnen. Ich verurteile Sie ebenso nicht für Ihre Ansichten, auch wenn sie meiner Meinung nach vollkommen hirnrissig sind. Die Idee von einer Erdkugel ist nahezu wahnwitzig. Es gibt so vieles, was dagegen spricht.«

»Ernsthaft? Versuchen Sie es immer noch?« Eric war nun doch zunehmend genervt von Mikes wilden Thesen.

»Natürlich! Sind Sie eigentlich gläubiger Christ?«

»Nun, nicht wirklich. Warum fragen Sie?«

»Weil selbst in der Bibel steht, dass die Erde eine Scheibe ist«, ließ Mike vollmundig verlauten.

»Wie bitte?«, wirkte Eric verwundert.

Grundsätzlich war er der Meinung, dass er die Heilige Schrift relativ gut kannte. Wenn schon nicht als Gläubiger, hielt er die Kenntnis von ihrem Inhalt für wichtig. Sogar in seinem Beruf als Jurist war es von Vorteil, sich mit den Regeln und Gesetzen der Kirche auszukennen.

»An keiner Stelle steht in der Bibel etwas von einem Planeten. Viel eher ist die Rede vom Erdkreis, der Lebensscheibe oder dem Erdenrund. Von alters her kannten die Menschen die Form unserer Welt. Erst in jüngster Vergangenheit wurde die Lüge von einer Kugel geboren. Es gab jedoch auch später noch Personen, die gegen diese Irrlehre gekämpft haben.«

»Und wer soll das bitte gewesen sein? Ich höre von dieser Theorie gerade zum ersten Mal«, gestand Eric ihm ein.

»Na, ist doch klar, dass Ihnen das vollkommen unbekannt ist. Das wollen die da oben doch nur. Die Flat Earth Society war eine einstmals mächtige und einflussreiche Organisation. Allerdings wurde sie in den letzten Jahren systematisch zerstört. Die meisten ihrer führenden Anhänger sind mittlerweile nicht mehr am Leben. Fragen Sie ruhig einmal, wieso das so ist! Jeder, der darüber etwas berichtet, verliert über kurz oder lang sein Leben.«

»Ja, aber unser Sonnensystem, unsere Milchstraße und der Kosmos – wie erklären Sie sich deren Existenz?«, entgegnete Eric, um noch etwas gegen diesen Irrsinn zu setzen.

»All das gibt es nicht wirklich. Die Sonne ist nicht mehr als 6.000 Kilometer entfernt. Außerdem ist sie wesentlich kleiner, als von der sogenannten Wissenschaft behauptet wird. Der Mond ist zudem nicht viel schmaler als die Sonne. Die Sterne – oder was auch immer sie sein sollen – sind etwas komplett anderes.«

Kurz räusperte sich Mike Wagner, weil er sich in Rage geredet hatte. Fast ohne Punkt und Komma sprudelten weitere ›Beweise‹ zu der Theorie aus seinem Mund.

»Und überhaupt. Einzig der Nordpol ist klar definiert. Sowohl Süden, Osten und Westen als Himmelsrichtungen sind vollkommen willkürlich gewählt. Tatsächlich wechseln sich diese Definitionen sogar im Laufe der Zeit ab. Nur der Norden ist eine feste Größe, eben weil es die Mitte der Erdscheibe ist. Und dann noch die Lüge von der angeblichen Geschwindigkeit der Erdbewegung! Die Erde soll sich mit über 100.000 Kilometern in der Stunde bewegen. Wissen Sie, was das bedeutet? Können Sie auch nur erahnen, welche Fliehkräfte auf uns Menschen eigentlich einwirken müssten?«

Eric wusste genau, dass es nichts brachte, mit dem Typen zu diskutieren. Egal welche Gegenthese er auch immer aufstellen würde, der komische Kauz würde eine ›fundierte Antwort‹ darauf finden. Wahrscheinlich konnte er sogar sämtliche physikalische Erklärungen widerlegen. Für Eric schien mittlerweile klar: Dieser Mike Wagner war ein Irrer. Er nahm jegliche zuvor gemachten Äußerungen in Gedanken wieder zurück.

Womöglich würde es noch nicht einmal etwas bringen, mit dem Typen in die Stratosphäre aufzusteigen. Selbst dann wüsste er eine vermeintliche Begründung, weswegen der Horizont plötzlich eine Krümmung aufweisen würde. Derartige in ihrem eigenen Kopf gefangene Menschen hatte er schon das eine oder andere Mal getroffen. Da half einzig professionelle Hilfe, um mit der Realität klarzukommen.

In dem Moment kam zum Glück Markus wieder. Eric konnte dem Kollegen gar nicht genug dafür danken, dass er diese Situation auflöste. Wahrscheinlich hätte es einfach ausgereicht, dem seltsamen Typen die Meinung zu sagen. Dazu war er jedoch nicht gekommen. Vielleicht hatte auch einfach nur seine gute Erziehung gewonnen.

»Mike, belästigst du mit deinen wirren Geschichten schon wieder die Leute?«, vernahm Eric die Stimme seines Bekannten.

»Ich? Niemals! Ich wollte nur mal schnell einen kleinen Plausch führen. Mehr auch nicht«, rechtfertigte sich der Verschwörungstheoretiker.

»Ich hoffe, der durchgeknallte Typ hat dir nicht allzu sehr das Ohr abgekaut«, wandte sich Markus an Eric.

»Alles bestens. Es war eigentlich eine sehr unterhaltsame Geschichte«, versuchte Eric, das Thema herunterzuspielen.

Ohne ein Wort des Abschieds machte sich Mike auf, wieder in der Kneipe zu verschwinden. Offensichtlich hatte ihn das Auftauchen von Markus aus dem Konzept gebracht. Andernfalls hätte er womöglich noch über Stunden seine angeblichen Beweise für eine flache Erde zum Besten gegeben.

»Wo warst du überhaupt so lang?«, wollte Eric endlich erfahren.

»Entschuldige bitte, ich hab mich festgequatscht. Ich habe jemanden getroffen, den ich schon seit einer ganzen Weile nicht mehr gesehen habe.«

»So, so«, entgegnete Eric mit einem Grinsen im Gesicht.

»Hätte ich aber gewusst, dass dich der alte Spinner mit seinen wirren Theorien belästigt, wäre ich schon viel eher wieder rausgekommen. Normalerweise erzählt er seine kleinen Geschichten nur den Leuten im Lokal, aber nicht Wildfremden.«

»Hab' doch schon gesagt, dass es in Ordnung ist. Mach dir keine Gedanken. Auf eine eigene Art war es sogar unterhaltsam«, unterstrich Eric abermals.

Zu seiner Freude entdeckte er ein neues Bier in den Händen seines Kollegen. Wie von ihm vermutet, bekam er einen neuen eiskalten Gerstensaft. Diesen hatte er sich auch redlich verdient. Er wusste nicht mehr, wie lang er dem Typen eigentlich zugehört hatte. Gefühlt waren es auf jeden Fall etliche Stunden gewesen. Schon allein deswegen hat er eine trockene Kehle bekommen.

»Gibt es hier noch mehr solcher Paradiesvögel?«, fragte Eric schmunzelnd.

»Zum Teil, ja. Schon allein wegen der Lage zieht der Laden hier die schillerndsten Gestalten der Hauptstadt an. Das ist aber halt Berlin. Eigentlich herrschen hier nahezu normale Zustände.«

Gemeinsam lachten sie beide über den Scherz und stießen abermals miteinander an, bevor Eric das Gespräch noch einmal für seinen Kollegen Revue passieren ließ.

»Cui bono?«, fügte Markus im Anschluss an.

»Bitte was?«

»Das ist Latein.«

»Das weiß ich. Ich meinte, wieso fragst du mich das?«, wollte Eric wissen.

»Diese Frage hätte ich diesem Mike gestellt. Egal, wie man so eine Theorie von einer flachen Erde auch erklären könnte, vergiss einfach mal die Beweise oder irgendetwas anderes: Cui bono? Wem nützt es?«

»Du meinst, wem die flache Erde einen Vorteil bringt?«

104

»Ich meine die Verschwörung um die Geheimhaltung«, präzisierte Markus seine Frage. »Was hätte die Regierung, die NASA oder die Eliten davon, die Menschheit seit so vielen Jahren zu belügen? Der zu erwartende Ertrag liegt doch in keinem Verhältnis zum Aufwand. Schon allein aus diesem Grund sind solche Verschwörungstheorien unglaubwürdig.«

»Meinst du wirklich, dass man es daran festmachen könnte?«

»Aber natürlich. Eine Verschwörung, um das Volk um seine Ersparnisse zu bringen, einen Krieg anzufangen oder um Macht zu erlangen, ist für mich durchaus denkbar. Besteht jedoch am Ende keinerlei Gewinn, hat die Geschichte für mich weder Hand noch Fuß. So einfach ist das.«

Wie zur Bestätigung prosteten sich die beiden Männer noch einmal zu und leerten das Bier kurz darauf. So neigte sich der Abend schnell seinem Ende entgegen. Da sie mittlerweile sieben Bierchen intus hatten, beschlossen sie, dass es besser war, die Zechtour an diesem Punkt zu beenden. Zwischenzeitlich war bereits die Nacht angebrochen. Wie üblich im Zentrum der pulsierenden Hauptstadt hatten sich um diese Zeit mittlerweile etliche Sixpacks auf dem Alex eingefunden, um Ruhestörer zur Räson zu bringen. Gemeinsam schleppten sich Eric und sein neuer Kollege Markus zur U-Bahn, um letztlich in verschiedene Richtungen nach Hause zu fahren.

Erics Bahn kam später als die seines Bekannten, daher stand er noch eine Weile auf dem Bahnsteig herum. Er war derart in Gedanken versunken, dass er die erste Bahn unbemerkt vorbeifahren ließ. Trotz des genossenen Alkohols drehten sich seine Überlegungen um all die Eindrücke und Begebenheiten des Tages. Vor allem durch den Dunst des betäubten Gehirns wirkte alles plötzlich gar nicht mehr so schlimm.

Trotzdem fragte er sich, wo das noch enden sollte. Letztlich hatte er trotz des netten Abends wenig Lust, sein Leben in einem Bunker zu verbringen. Für seine Karriere hatte er so viel mehr vorgesehen. Immerhin hatte ihm

105

dieser Herr Meischberger vorgeschlagen, die Abteilung wechseln zu können, wenn er beweisen könnte, dass das Dritte Reich 1945 untergegangen sei.

Nach den heutigen Gesprächen war er sich dieser Tatsache indes nicht mehr ganz so sicher. Allerdings stand dabei das Wort eines gescheiterten gefühlsduseligen Mannes gegen das in den Schulen verbreitete Wissen. Eigentlich hatte er sich vorgenommen, sich der ganzen Sache zuhause anzunehmen. Eric begriff jedoch, dass er dazu nach dem Alkoholgenuss und der vorgerückten Stunde nicht mehr in der Lage war. Er hoffte, dass er am nächsten Morgen noch eine Möglichkeit fand, mit den Nachforschungen fortzufahren.

Irgendwann saß Eric endlich in der richtigen Bahn. Während ihn das monotone Schaukeln und Rattern immer näher in Richtung Schlaf brachte, tauchten seltsame Geister vor seinem inneren Auge auf. Er sah all die Menschen, die er heute kennengelernt hatte, in bizarren Nazi-Uniformen vor sich. So war auch die junge Frau von dem Schalter der Business-Schule in einer schwarzen SS-Uniform unterwegs. Der Sekretär der Präsidentin der Schule entpuppte sich sogar als Obersturmbannführer. Selbst Marleen, Meischberger und Markus tauchten in verschiedenen braunen Uniformen auf.

Im letzten Augenblick schreckte er aus diesen wirren Träumen auf. In einem wahren Gewaltakt musste er sich aus der Bahn hieven, um nicht seine Haltestelle zu verpassen. Müde und erschlagen schleppte Eric sich daraufhin die restlichen Meter zu seiner Wohnung. Er würde jetzt einfach nur noch todmüde in sein Bett fallen. Es kam ihm so vor, als wäre dies der längste Tag seines bisherigen Lebens.

Mittwoch

Ein pelziger Geschmack auf der Zunge, leichte Kopfschmerzen und eine trockene Kehle ließen Eric am darauffolgenden Morgen nur mühsam erwachen. Er benötigte etliche Sekunden, um überhaupt zu begreifen, wo er sich befand und was geschehen war. Als er sich verwirrt umblickte, stellte er fest, dass er in der Nacht nicht den Weg in sein Bett gefunden hatte, sondern gerade auf dem Sofa im Wohnzimmer zu sich kam. Der Fernseher war aus einem ihm unerfindlichen Grund noch immer eingeschaltet, darauf flimmerte eine Dokumentation in Schwarz-Weiß.

Schemenhaft erinnerte er sich, dass er in der Nacht eine Liste mit diversen Dokus über den Zweiten Weltkrieg angeklickt hatte. Da er mittendrin eingeschlafen sein muss, liefen die Folgen einfach durch. Vielleicht erklärte dies die wirren Träume der zurückliegenden Nacht, deren Inhalte bereits in der Sekunde zu verblassen begannen.

Mit gehörigem Schrecken stellte er mit einem Blick auf sein Handy fest, dass er verschlafen hatte. In seiner Übermüdung hatte Eric es versäumt, sich den Wecker zu stellen. Selbst wenn er in dem Moment aus der Tür stürmen würde, käme er mindestens eine halbe Stunde zu spät. Allerdings war er weit davon entfernt, irgendwohin zu rennen. In seinem Zustand bewegte Eric sich gefühlt in Zeitlupentempo. Jetzt war es ihm auch egal. An seinem zweiten Arbeitstag würde er so oder so zu spät kommen.

Mühsam schleppte er sich zuerst ins Badezimmer und pellte sich aus seinen Sachen, die unangenehm nach Schweiß rochen. Sämtliche Klamotten flogen direkt in die Wäschetonne. Anschließend gönnte er sich volle fünf Minuten für eine ausgiebige Dusche. Abwechselnd wechselte er zwischen heißem und kaltem Wasser hin und her. Gleichzeitig nutzte er die Zeit, um sich die Zähne zu putzen. Zum Glück hatte er Anzüge und Hemden für drei weitere Tage im Schrank bereithängen. Automatisiert begann er mit der

107

morgendlichen Prozedur. Nach Kopfschmerzmittel, kurzem Styling und einem letzten Blick in den Spiegel machte er sich schließlich auf den Weg, das Problem mit seiner Karriere in den Griff zu bekommen.

Kaffee und Frühstück organisierte Eric sich unterwegs. Dahingehend war Berlin eine echte Goldgrube. In jedem Bahnhof gab es schnelles, gutes und günstiges Essen zu kaufen. Selbst der Kaffee to go war nicht zu verachten. Wenn es bei der Bahn reibungslos klappte, würde er kaum mehr als fünfundvierzig Minuten zu spät kommen, überschlug er im Kopf. Alles unter einer Stunde war für ihn vertretbar. Das hieß am Ende schlichtweg nur, dass er eine Stunde länger in dem Bunker bleiben würde.

Sehr zu seiner Erleichterung erreichte er den Schloßplatz in der von ihm prognostizierten Frist. Mittlerweile waren auch endlich die bohrenden Kopfschmerzen vergangen. In seiner langen Zeit als Student und Praktikant war er häufiger in solch einem desolaten Zustand aufgewacht. Mittlerweile musste er sich allerdings eingestehen, dass er für durchzechte Nächte und abendliche Sauftouren eigentlich zu alt sei.

Zielstrebig lief er in Richtung des Marstalls. Obwohl etlichen Erinnerungen vom gestrigen Abend eine diffuse Zähigkeit anhing, erinnerte er sich an die Tür, durch die er gemeinsam mit Markus das Gebäude verlassen hatte. Ein paar junge Leute standen in losen Gruppen zusammen davor. Er erinnerte sich, dass hier sowohl eine wichtige Bibliothek als auch die Hochschule für Musik untergebracht waren.

Eric lief an den jungen Menschen vorbei und betrat das Gebäude. Er folgte dem weiß gestrichenen Gang, bis er schließlich auf die von ihm erwartete Fahrstuhltür traf. Von außen betrachtet wirkte der Aufzug wie jeder andere auch. Nichts deutete darauf hin, dass er zu einem geheimen Bunker führte. Als Eric genauer darüber nachdachte, empfand er die Idee schon ein wenig cool. Es war beinahe so wie bei Batman und dem Batcave. Eine Stange zum Runterrutschen hätte das Bild vielleicht noch komplettiert.

Wie aber auch schon bei dem Comic-Helden war es nicht ganz so einfach, in den Bunker vorzudringen. Sehr zu seiner Verwunderung entdeckte er nirgendwo einen Knopf, mit dem sich der Fahrstuhl rufen ließ. Alleinig existierte ein kleines Zahlenfeld als Eingabemöglichkeit an der Wand, offenbar um die Kabine mit einem Code rufen zu können. Er erinnerte sich zwar daran, dass ein Zettel mit Passwörtern in der Schreibtischschublade gelegen hatte, allerdings hatte er sich keinen einzigen davon gemerkt. Mehr als einen flüchtigen Blick hatte er darauf nicht geworfen.

Eric blickte sich ratlos um. Frustriert stellte er fest, dass sich auch in unmittelbarer Nähe nicht einmal ein Telefon oder eine Klingel befand, um auf sich aufmerksam zu machen. Schon nach ein paar Minuten kam er sich ziemlich dämlich vor, wie er so vollkommen tatenlos vor der verschlossenen Fahrstuhltür stand. Natürlich hätte er auch darauf warten können, dass jemand von unten nach hier oben fuhr. Allerdings hätte dieses Ereignis auch sehr gut erst spät zum nächsten Feierabend eintreten können.

Entsprechend blieb ihm nichts anderes übrig, als neuerlich den Weg zu nehmen, den er am gestrigen Tag gewählt hatte. In Gedanken schwante ihm bereits, worauf das hinauslaufen würde. Trotzdem erkannte Eric, dass er keine andere Wahl hatte. Zumindest wusste er mittlerweile, wo sich der offizielle Eingang zum Schloßplatz 1.1 befand. Dies ersparte ihm wenigstens die langwierige Suche vom Vortag.

Ungeduldig betätigte er die Klingel. Es verstrichen wieder etliche Minuten, bis er endlich Schritte hörte, die sich der Tür näherten. Wie schon am Tag zuvor erschien Marleen, um ihn zu empfangen. Eric konnte nicht nachvollziehen, warum sie sich die ganzen Stufen nach oben gekämpft hatte, um ihn persönlich abzuholen. Eigentlich war er sich sicher, dass man die Tür im Innenhof der Business-Schule auch direkt vom Bunker aus bedienen konnte.

»Wird das jetzt zur Gewohnheit?«, fragte sie ihn anstelle einer Begrüßung.

»Wenn mich jeden Morgen ein so sonniges Gemüt die Stufen in den Bunker hinunter begleitet, könnte ich mich durchaus dafür erwärmen.« Eric fand seine Antwort originell, aber ein Blick in Marleens Gesicht verriet ihm, dass sie seinen Humor wohl nicht teilte.

»Wir waren uns nicht sicher, ob Sie wirklich wiederkommen würden«, entgegnete sie.

»Wieso? Was spricht dagegen?«, fragte Eric zurück.

»Gestern hatten Sie nicht so gewirkt, als wenn sie sonderlich darüber erbaut wären, in die Abteilung 8 versetzt worden zu sein.«

»Das eine hat ja wohl kaum etwas mit dem anderen zu tun.«

»Wie Sie meinen. Ich dachte ja nur ... vielleicht hat Ihnen der gestrige Tag bereits gereicht.«

»Mich erwartet doch nicht schon wieder jemand in einer alten Uniform?«

»Diesen Service gibt es leider nur einmal«, zeigte Marleen sich nicht minder spitzzüngig.

»Ich danke Ihnen aber, dass Sie mich neuerlich von hier oben abholen kommen. Vielleicht schaffe ich es ja heute endlich, eine richtige Einweisung zu bekommen. Ich bin mir sicher, dass der Code für den Fahrstuhl nicht sonderlich kompliziert ist.«

Eric war sich nicht sicher, ob er mit dem Kommentar nicht ein wenig zu weit gegangen war. Marleen war aber für ihn nicht zu lesen. Sie schwieg beharrlich, während sie die Treppen und Absätze in den Untergrund Berlins hinabstieg. Eric nahm sich vor, als ersten Arbeitsschritt heute die Zettel im Schreibtisch zu studieren. Am Ende waren darin noch weitaus mehr wichtige Informationen versteckt.

»Ah, guten Morgen, Herr Tschirnhaus. Sie hatten eine lange Nacht, wie ich gehört habe. Es freut mich aber, dass Sie sich bereits so gut hier eingelebt haben«, begrüßte ihn der Ministerialrat, als sie schließlich im Eingangsbereich angelangt waren.

Für Eric war es schwer, die Worte richtig einzuordnen. Hatte Meischberger das ernst oder eher ironisch gemeint? Diesmal trug sein neuer Vorgesetzter immerhin keine historische Uniform mit fragwürdiger Vergangenheit. Stattdessen stand er in einem akkuraten Dreiteiler vor ihm. Der feine Zwirn, in einem sehr dunklen Blau gehalten, wirkte wie ihm auf den Leib geschneidert. In seiner Position war es vielleicht aber auch nur normal, einen Maßschneider aufzusuchen. Bei Eric hingegen hatte es bisher nur für die normalen Sakkos von der Stange gereicht. Allerdings hatte Eric vor, dies im Laufe seines Lebens noch zu ändern.

»Guten Tag, Herr Meischberger. Entschuldigen Sie bitte meine Verspätung.«

»Wir haben heute noch ein Gespräch miteinander zu führen.«

»Natürlich«, bestätigte Eric daraufhin.

»Dann rechne ich zum frühen Nachmittag mit Ihnen. Und Ihnen, Marleen, wünsche ich noch einen angenehmen Arbeitstag«, wendete sich der Abteilungsleiter weitaus freundlicher der Kollegin zu, bevor Meischberger in Richtung seines eigenen Büros verschwand.

Eric konnte sich sehr gut vorstellen, dass der Ministerialrat jede Menge Dinge zu erledigen hatte. Worin diese im Speziellen bestanden, konnte er allerdings nur vermuten. Eric nahm sich vor, auch das an diesem Tag noch herauszufinden.

»Okay, dann auf ein Neues«, richtete Eric das Wort an seine Kollegin, die noch immer neben ihm stand. Im Gegensatz zu gestern war sie nicht direkt in Richtung ihres Arbeitsplatzes verschwunden.

»Stets nach Ihnen«, zeigte sich Marleen nach außen freundlich. Er wusste jedoch, dass dahinter ebenso eine gehörige Portion Sarkasmus lauerte.

Gemeinsam liefen sie daraufhin in Richtung des großen Büros. Er hörte das Klappern von Tastaturen und die Stimmen von telefonierenden Beamten, eine für ihn nur zu vertraute Geräuschkulisse, die ihm verriet, dass im Gegensatz zu ihm die vielen anderen Mitarbeiter bereits fleißig hinter ihren Schreibtischen saßen.

»Wollen Sie mir vielleicht immer noch keinen Tipp bezüglich der ganzen Situation hier im Bunker geben? Verraten Sie mir endlich, was das Geheimnis ist?«, fragte Eric nun direkt heraus.

Marleen stoppte abrupt ab, so dass Eric sogar ausweichen musste, um nicht auf sie aufzuprallen. Mit dieser Reaktion hatte er so ganz und gar nicht gerechnet.

»Ich bin mir noch nicht sicher, ob Sie schon so weit sind.« Seine neue Kollegin sprach in Rätseln.

»Na gut, dann lässt sich das auch nicht ändern. Ich finde es auch ohne Ihre Hilfe heraus.«

Eric lief direkt zu seinem Büro hin, ganz als wäre er diesen Weg schon tausende Male gegangen. Irritiert bemerkte er für sich selbst, dass er es schon als ›seins‹ bezeichnete. Vor nicht weniger als vierundzwanzig Stunden hatte er eigentlich vorgehabt, so schnell wie irgend möglich von hier wegzukommen. Unwirsch schob er den Gedanken beiseite. Jedoch war er auch auf das Gespräch mit dem Abteilungsleiter gespannt. Was würde er wohl noch herausfinden?

Seine erste Handlung am Morgen bestand darin, die oberste Schublade seines Schreibtischs nach dem Zettel abzusuchen. Tatsächlich waren darauf verschiedene Codes und Kombinationen für die Türen verzeichnet. Die sollte ich mir wohl besser schnell merken, redete Eric leise mit sich selbst.

Zwischenzeitlich hatte Marleen ihm gegenüber Platz genommen. Ohne Umschweife schien sie sich in ihre eigene Arbeit vertieft zu haben. Eric blickte sie unauffällig an. So richtig schlau wurde Eric aus der Frau nicht. Auf der einen Seite empfand er eine gewisse Sympathie für die Büronachbarin. Andererseits bemerkte er auch, dass eine latente Spannung zwischen ihnen beiden bestand. Woher diese unterschwellige Antipathie stammte, konnte er sich nicht erklären.

Seine Aufmerksamkeit richtete sich aber sogleich wieder auf seinen Computer, der ihm blinkend seine Betriebsfähigkeit signalisierte. Auch wenn er sich nicht ausgeschlafen fühlte, konzentrierte Eric sich so gut es ging auf seine Aufgabe und hielt sich vor Augen, was er am gestrigen Tag herausgefunden hatte. Seinen Nachforschungen zufolge hatten 1945 einzig die Wehrmacht und ihre Teilverbände kapituliert. Entsprechend war ein Waffenstillstand zwischen den vier Alliierten und Hitler-Deutschland im Mai 1945 in Kraft getreten. Mit diesem Wissen setzte er nun seine Suche fort.

Als Nächstes fand er heraus, dass der verfassungswidrig ernannte Reichspräsident Karl Dönitz samt Übergangsregierung von den Alliierten verhaftet worden war. Wie es schien, bestand ab Mitte Mai 1945 keine Regierung mehr auf deutschem Boden. Den Kriegssiegern war dieser Umstand jedoch schon vorher klar gewesen. Entsprechend war ein Dokument verfasst worden, das nun in Kraft treten sollte.

Die ›Erklärung in Anbetracht der Niederlage Deutschlands und der Übernahme der obersten Regierungsgewalt hinsichtlich Deutschlands‹, die auch als ›Berliner Erklärung‹ in die Geschichte einging, war demnach die Grundlage für die Besetzung Deutschlands. Ab dem 5. Juni 1945 wurde die Regierungsgewalt de facto durch die Siegermächte übernommen. Eric hielt inne, denn er fand diesen Vorgang bemerkenswert. Etliche Minuten verwendete er darauf, einen ähnlichen Fall in der Geschichte zu finden. Allerdings musste er die Suche ergebnislos aufgeben. Bis dato war es offenbar noch nie vorgekommen, dass ein Land gänzlich ohne Regierung von den Siegern einkassiert worden war.

Mit der ›Proklamation Nr. 1 des Alliierten Kontrollrates‹ vom 30. August 1945 wurde die Regierungsgewalt dann auch formal durch die Siegermächte übernommen. Weder wurde dafür eine Wahl abgehalten noch waren entsprechend einheimische Wissenschaftler, Beamte oder Politiker zu Rate gezogen worden. Letztlich bestand noch immer die letzte Reichsregierung. Hitler hatte sich das Leben genommen, aber ein Großteil der eigentlichen Regierung war weiterhin existent und theoretisch handlungsfähig. Fast alle befanden sich zwar im Militärgefängnis, was aber nichts an dem Umstand änderte, dass es eine Hierarchie innerhalb der Nachfolge gab. Ob diese nun auf Dönitz, Göring oder jemand anderem beruhte, stand auf einem ganz anderen Blatt.

Viel interessanter fand Eric jedoch den Vermerk, dass die besagte ›Proklamation Nr. 1‹ bis 1990 ihre Gültigkeit besessen hatte. Erst mit dem ›Vertrag über die abschließende Regelung in Bezug auf Deutschland‹ - besser bekannt als Zwei-plus-Vier-Vertrag - zur Wiedervereinigung wurde die Reglung obsolet. Eric schwirrte der Kopf über so viel Vertragsrecht. Er fragte sich, wie es die damalige Bundesregierung überhaupt geschafft hatte, vernünftig zu regieren.

Abgesehen von diesen beiden wichtigen Schriftstücken des Alliierten Kontrollrates fand er jedoch keine weiteren Verträge. Es existierte kein einziges Protokoll, kein Übereinkommen und keine anderweitige Vereinbarung, welche das Ende des Dritten Reiches behandelte. Glaubte etwa ein jeder, mit dem Tod Hitlers würde Nazi-Deutschland urplötzlich aufhören zu existieren? Eric zweifelte allerdings daran, dass ein komplettes Land nur an einem einzigen Mann hatte hängen können. Auch NS-Deutschland hatte aus einer Vielzahl Funktionären, Politikern, Behörden, Institutionen und Parteimitgliedern bestanden. Die NSDAP war keine Partei, die sich nur aus einer Handvoll Menschen zusammensetzte.

Für ihn stellte sich nun die Frage: Kann ein Staat ohne eine Regierung bestehen? Denn alle bisher aktiven Regierungsmitglieder waren nach Kriegsende inhaftiert, die meisten von ihnen warteten sogar auf ihre Verhandlung im Nürnberger Prozess gegen die Hauptkriegsverbrecher. Würde also ein Staat wie die BRD weiter existieren, wenn die gesamte Bundesregierung nicht mehr da wäre?

Spontan würde Eric diese Frage mit einem eindeutigen Ja beantworten. Seiner Meinung nach war die Regierung oder das Parlament der geringste Teil, der eine Nation ausmachte. Allerdings wollte er sich dabei nicht auf sein Bauchgefühl verlassen, sondern diesen Sachverhalt lieber versuchen durch eine Recherche zu ergründen.

Bereits eine kurze Suche später lieferte die Suchmaschine Eric immerhin eine Spur. Ein Staat ist demnach durch ein Staatsgebiet, ein Staatsvolk und eine Staatsgewalt gekennzeichnet. Die Staatsgewalt hatte er jedoch schon ausgeschlossen, schließlich waren diejenigen Personen, welche die Staatsgewalt ausübten, im Gefängnis. Viele Kommunalverwaltungen behielten im Gegensatz auch nach 1945 ihre Gültigkeit.

All dessen ungeachtet bestand 1945 noch immer ein gemeinsames Staatsvolk und ein Staatsgebiet. NS-Deutschland war zwar besetzt, aber nicht annektiert. Entsprechend konnte man noch immer von einem Deutschland sprechen. Sosehr er diese Möglichkeiten der Staatsauflösung auch durchspielte: Zu einem sinnvollen Ergebnis kam er nicht. Einige Politikwissenschaftler verwiesen darauf, dass durch Kapitulation und Inhaftierung der Regierung das Land nicht mehr existent war. Andere wiederum beharrten darauf, dass die Exekutive nicht kapituliert hätte. Zudem wären die Regierungsmitglieder widerrechtlich ins Militärgefängnis gekommen. Erst nach einer Neuwahl hätten demnach der Reichspräsident und diverse Minister angeklagt werden würfen. Letztlich war der Themenkomplex derart theoretisch, dass Eric selbst den Faden verlor. Sein Schädel brummte.

Abrupt stand er von seinem Platz auf. Je mehr er Einblick in die Aktenlage erhielt, umso mehr zweifelte er an allem, was er bisher gelernt hatte. Missmutig begann er mit einem Spaziergang durch die Büroetage. Wie automatisch trugen ihn seine Füße zu der kleinen Küche.

Nachdenklich goss er sich einen großen Kaffee ein. Sein Körper schrie förmlich nach Koffein. Abschalten konnte er in dieser Pause jedoch auch nicht. Viele Gedanken flogen in seinem Kopf wild hin und her. Ganz sicher wusste Eric: Er lebte in der Bundesrepublik Deutschland. Weder musste er auf den Reichsführer einen Fahneneid leisten noch sangen die Fußballer ›Deutschland über alles‹ während der Weltmeisterschaft. Mehr und mehr kristallisierte sich bei ihm die Erkenntnis heraus, dass die Weiterexistenz des Reichs vielleicht nur ein kompliziertes theoretisches Konstrukt war. In anderen Wissenschaften ging man auch von Annahmen aus, um eine eigene Theorie zu beweisen. Physiker postulierten, dass die Lichtgeschwindigkeit absolut sei. Selbst wenn es sie aber nicht wäre, würde es keinen direkten Einfluss auf das Leben der Menschen haben. Entsprechend war es seine Vermutung, dass es mit dem nicht untergegangenen Dritten Reich ganz ähnlich sein könnte.

Sollte er sich jedoch in derart philosophischen Bahnen bewegen, würde er nie eine befriedigende Lösung finden, war Eric sich sicher. So fasste er sich endlich ein Herz und beschloss Marleen zu fragen, was das alles zu bedeuten hatte. Letztlich hatte er sich mehr als genug Mühe damit gegeben, hinter das Geheimnis der Abteilung 8 zu kommen.

Mit festem Schritt lief er zurück zu dem kleinen Doppelbüro. Der neu entfachte Elan trug ihn schwungvoll vor den Schreibtisch der jungen Beamtin. Auf ihrem Bildschirm war die Webseite einer maritimen Institution zu sehen. Offensichtlich befand sie sich gerade in einem komplizierten Fall und war überhaupt nicht begeistert, von Eric dabei gestört zu werden. Unwirsch wendete Marleen sich daraufhin von ihrer Arbeit ab und ihm zu.

»Entschuldigen Sie, Marleen, aber ich komme nicht weiter. Ich werde einfach nicht schlau aus der ganzen Aktenlage«, gestand er ihr.

»Was befremdet Sie denn besonders?«

Erneut war er der Meinung, dass Marleen ihn auf den Arm nahm, ließ sich davon aber nicht beirren. »Auf der einen Seite ist mir nun klar, dass das Reich 1945 nicht einfach vom Erdboden verschluckt wurde.«

Nickend gab Marleen ihm daraufhin zu verstehen, dass er in seiner Einschätzung richtig lag.

»Auf der anderen Seite kann man nicht davon ausgehen, dass Hitler-Deutschland weiter existierte. Ohne eine Staatsgewalt besteht kein Staat. Entsprechend kann man auch nicht behaupten, dass Nazi-Deutschland eben doch noch da wäre.«

An dieser Stelle pflichtete ihm Marleen ebenso nickend bei. Mehr als das konnte er ihr jedoch auch nicht entlocken. Immer mehr keimte in ihm der Verdacht auf, dass seine Kollegin ihn nicht für voll nahm. Er hatte gehofft, endlich befriedigende Antworten zu erhalten.

»Also, was soll das alles jetzt?« Leicht erbost erhob er seine Stimme.

»Sie haben mit beiden Aussagen recht«, gestand ihm Marleen daraufhin sehr ernst ein.

»Was meinen Sie nun schon wieder damit?«

»Nun ja, genau das ist es, was die Situation so diffizil macht.«

Das wusste er auch schon. Entsprechend machte er ein ratloses Gesicht.

»Passen Sie auf«, holte Marleen weiter aus. »Wie Ihnen geht es jedem, der sich mit dem Thema zum ersten Mal beschäftigt. Selbst etliche Bundesregierungen und ihre Vertreter haben diese Probleme vor sich hergeschoben.«

»Etliche?«, wiederholte Eric zweifelnd.

»Natürlich! Oder warum meinen Sie, existiert diese Abteilung überhaupt?«

»Ja, das frage ich mich tatsächlich die ganze Zeit schon. Leider gibt mir niemand eine befriedigende Erklärung«, entgegnete er frustriert.

»Ihre Frage ist so umfangreich, ich fürchte, ich kann sie daher nicht voll beantworten. Herr Meischberger kann das Ihnen viel schlüssiger darlegen als ich. Vielleicht ist es besser, wenn Sie …«

»Ich muss das aber vorher wissen!«, fiel er ihr ungeduldig ins Wort. »Es geht ja gerade darum, dass ich in dem Gespräch mit dem Herrn Ministerialrat schon über diese Informationen verfüge.«

Für etliche Sekunden sah ihn Marleen an. Eric wusste nicht, worüber sie in dem Moment nachdachte. Allerdings kam sie nach einigen Augenblicken zu einer Entscheidung.

»Ich empfehle Ihnen, sich mit den Beschlüssen des Bundesverfassungsgerichts auseinanderzusetzen.«

»Gibt es darüber etwa schon eine Rechtsprechung?«, zeigte Eric sich verblüfft.

»Glauben Sie vielleicht, dass Sie der Einzige sind, der sich damit auseinandersetzt?«

»Was? Nein, natürlich nicht. Mir ist klar, dass es da einen Haufen von Spinnern und Verschwörungstheoretikern gibt.«

Mit der Zunge schnalzend gab seine Büronachbarin daraufhin ihren Unmut bekannt und verdrehte gleichzeitig ihre Augen. Offenkundig hatte er in dem Moment erneut etwas Falsches gesagt. Eric kam sich in ihrer Anwesenheit nicht zum ersten Mal so vor, als würde er durch ein Minenfeld laufen.

»Jetzt lassen Sie doch einmal diese Reichsdeppen außen vor«, gab Marleen ihm einen guten Rat.

»Und auf wen sollte ich mich dann beziehen?«, wendete Eric ein.

»Mir würden da spontan etliche Abgeordnete des Bundestages einfallen. Gemeinhin sind das ziemlich intelligente Menschen. Da ist im Laufe der Jahre schon dem einen oder anderen aufgefallen, dass es da gewisse Lücken und Löcher bei der Gründung der BRD gibt.«

»Ach, und davon hat dann noch nie jemand etwas gehört, oder was?«

»Ich habe keine Ahnung, ob Sie überhaupt von etwas gehört haben. Was ich sagen will, ist, dass die meisten Leute nur einen kleinen Ausschnitt von den Kleinen und Großen Anfragen mitbekommen, die im Bundestag gestellt werden.«

Nachdenklich beobachtete Eric seine Büronachbarin. Zumindest hatte sie ihm soeben einen guten Tipp gegeben. Er wusste allerdings noch nicht, wie er das verstehen sollte. Eric bedankte sich für ihren Hinweis und ging um den Schreibtisch herum zurück an seinen Platz.

Im Laufe seiner bisherigen Karriere hatte er sich noch nie vor einem Problem gedrückt, im Gegenteil. Hatte er sich erst einmal in eine Angelegenheit verbissen, verfolgte er die Spur aus Daten, Informationen und Dokumenten bis zu ihrem Ende. Entsprechend suchte er nun vom Ehrgeiz getrieben die Datenbank, welche die Anfragen der Abgeordneten und die Antworten aus den jeweiligen Ministerien abspeicherte. Zu seiner grenzenlosen Überraschung fand Eric dabei heraus, dass die Partei ›Die Linke‹ eine Kleine Anfrage an den Bundestag gerichtet hatte. Als er die dazugehörige Erwiderung zu sehen bekam, fiel er aus allen Wolken.

›Das Bundesverfassungsgericht hat in ständiger Rechtsprechung festgestellt, dass das Völkerrechtssubjekt Deutsches Reich nicht untergegangen sei‹, las er die Sätze auf der offiziellen Seite der Bundesregierung. Verwirrt versuchte er, den Inhalt des Textes zu erfassen.

Mit einem lauten Schnaufen ließ er sich zurück in die Lehne sinken. Kurz schloss Eric die Augen, um das Gelesene auf sich wirken zu lassen. Trotz der kleinen Pause verlor der Satz nichts von seiner Wirkung. Auf einer gewissen Art und Weise war das schon ziemlich surreal, was sich ihm hier präsentierte.

Nach einer kleinen Weile versuchte er erneut, den Inhalt des Textes zu erfassen. Besonders die Beschlüsse der Potsdamer Konferenz, auf die größtenteils das Besatzungsstatut beruhte, schienen viele der alten Bundeskanzler gänzlich abzulehnen oder sogar zu ignorieren. Eher im Gegenteil meinten einige der vergangenen Bundesregierungen, dass die Potsdamer Beschlüsse vollkommen völkerrechtswidrig wären.

Auf der Seite irgendeiner rechten Verschwörungsgruppe hätte er diese Worte vielleicht eher noch vermuten können. Allerdings war es etwas anderes, sie direkt unter dem Zeichen des deutschen Bundesadlers vorzufinden. Schon allein diese Vorstellung war so abwegig, dass er die Zeilen noch einmal laut und langsam für sich selbst vorlas.

»Das Bundesverfassungsgericht hat in ständiger Rechtsprechung festgestellt, dass das Völkerrechtssubjekt Deutsches Reich nicht untergegangen sei.«

»Ah, Sie haben endlich die richtige Stelle gefunden«, stellte Marleen trocken fest und blickte an ihrem Monitor vorbei in sein fassungsloses Gesicht.

»Aber das kann doch gar nicht sein!«, entfuhr es Eric erstaunt.

»Na ja, offenbar schon. Oder warum meinen Sie, dass wir hier sitzen?«

»Aber ich dachte, diese ganze Abteilung hier hätte einen vollkommen anderen Grund.« Eric versuchte noch immer, die Tatsache zu leugnen, dass das Reich fortbestand.

»Irgendwann müssen auch Sie begreifen, dass das alles Realität ist.«

»Hätten Sie mir das nicht schon von Anfang an sagen können?«, machte er Marleen Vorwürfe.

»Ich bin mir ziemlich sicher, dass ich das tatsächlich gemacht habe. Ich kann mich zwar nicht mehr an den genauen Wortlaut erinnern, meine mich aber zu entsinnen, dass Sie relativ unwirsch reagiert haben.«

Genervt davon, dass Marleen ihn ertappt hatte, zog Eric die Stirn kraus. Wenn er etwas nicht leiden konnte, dann war es der Umstand, dass ihn jemand auf seine Fehler hinwies.

»Schon gut, schon gut«, wiegelte Eric deswegen das Gespräch an diesem Punkt ab und richtete seinen Blick wieder auf seinen Monitor.

Egal, wie er es auch drehte und wendete: Wenn er den Text richtig interpretierte, ging selbst das Bundesverfassungsgericht davon aus, dass das Dritte Reich nicht untergegangen sei. Selbst wenn sich alles in ihm dagegen sträubte, blieb ihm keine andere Wahl, als diese Tatsache zu akzeptieren. Alles andere würde nur einer Vogel-Strauß-Mentalität entsprechen. Und diese galt für ihn auf gar keinen Fall. Dafür war er zu intelligent. Er konnte Dinge anerkennen, auch wenn sie nicht zwingend einen Sinn für ihn ergaben. Den tatsächlichen Hintergrund würde ihm bestimmt Meischberger erklären.

Interessiert widmete Eric sich noch dem restlichen Text, welcher der Kleinen Anfrage beigefügt war, und deren Erläuterungen. Die Bundesrepublik Deutschland war demnach nicht der Rechtsnachfolger des Dritten Reiches, sondern sie war vielmehr mit ihm als Völkerrechtssubjekt identisch. Allerdings ist die Bundesrepublik nur teilidentisch, was das Staatsgebiet betrifft.

Diese recht trocken gehaltene Aussage des Bundesverfassungsgerichts bedeutete für ihn, dass die Bundesrepublik Deutschland als Staat identisch mit dem Staat des Deutschen Reiches war. Nach der Wiedervereinigung bestand nun wieder ein Staatsvolk, eine Staatsmacht und ein gemeinsames Staatsterritorium. In gewisser Weise wurde sie wieder zu dem gleichen Rechtssubjekt. Allerdings verwehrt sich die Bundesregierung dem Text zufolge nach wie vor dagegen, der Rechtsnachfolger des Dritten Reiches zu sein.

Eric begriff, dass sich die Katze dabei selbst in den Schwanz biss. Auf der einen Seite postulierte die übliche Rechtsauffassung, dass Nazi-Deutschland nicht untergegangen sei. Andererseits wehrte man sich dagegen, der Rechtsnachfolger des Dritten Reiches zu sein. Wenn man es genau betrachtet, verschwand das Reich nur als Begriff. Als eigentliches Subjekt blieb es vor allem auch im internationalen Recht bestehen. Mehr und mehr rauchte Eric deswegen der Kopf. Er kam zu keiner sinnvollen Quintessenz, je weiter er den Erläuterungen folgte.

Wieder blickte er über den Schreibtisch zu seiner Kollegin rüber und kam nicht umhin, sie erneut in ihrer Arbeit zu unterbrechen. »Ich werde aus der ganzen Sache trotzdem nicht schlau. Ich meine, wir leben in der Bundesrepublik Deutschland, oder nicht?«

»Nimmt das Sie so sehr mit?« Er hörte förmlich den Spott aus ihrer Stimme.

»Ja. Nein. Um ehrlich zu sein: Ich weiß nicht.«

»Na, wenn Sie es selbst nicht einmal wissen.«

»Was soll das nun schon wieder heißen?«, begehrte Eric auf.

»Ich habe doch gar nichts gesagt.« Marleen schaute betont unschuldig zu Eric hinüber.

»Ach, kommen Sie. Seit der ersten Minute verhalten Sie sich mir gegenüber herablassend. Ich wüsste nicht, was ich Ihnen getan habe.«

»Das wissen Sie wirklich nicht?«

Ihre Augen verengten sich zu schmalen Schlitzen. Neben der deutschen Geschichte war ihm auch Marleens Verhalten ein Rätsel.

»Nun verraten Sie mir endlich, was ich angeblich angestellt haben soll!«

»SIE haben mir überhaupt nichts getan.«

»Sondern?«, presste Eric hervor.

»Es ist vielmehr Ihre Anwesenheit an sich.«

»Was soll das nun wieder bedeuten?«

»Wenn Sie das nicht einmal als Regierungsrat wissen – wie soll ich Ihnen als einfache Regierungsoberinspektorin die Frage beantworten?«

Ohne Eric eines weiteren Blickes zu würdigen, wendete sie sich erneut ihrem Monitor zu und hämmerte energisch auf ihre Tastatur ein. Er spürte förmlich, wie es in ihr zu kochen begann. Endlich wurde ihm langsam auch klar, woher der Wind wehte. Eric war sich sicher, dass sein Auftauchen etwas an der Hierarchie innerhalb der Abteilung 8 geändert hatte. Letztlich war er als Beamter im höheren Dienst um etliche Gehaltstufen höher als Marleen und wahrscheinlich der meisten anderen innerhalb des Büro-Bunkers. Er machte sich gedanklich eine Notiz, dass er Herrn Meischberger auf die hiesigen Verhältnisse ansprechen musste.

Das lautstarke Tippen auf der Tastatur holte ihn aus seinen Überlegungen zurück. Er begriff, dass seine Anwesenheit hier nicht besonders auf Gegenliebe stieß. Allerdings beschäftigten sich seine Gedanken in dem Moment mit ganz anderen Problemen. Entsprechend verlegte er diese Schlacht mit Marleen auf einen späteren Zeitpunkt.

Um die angespannte Situation zu lösen, verließ Eric das kleine Zwei-Mann-Büro. Sein Weg führte ihn direkt zum anderen Flügel des Bunkers. Ohne sich gänzlich über den Aufbau der Anlage im Klaren zu sein, fand er den Weg zum Büro seines Vorgesetzten, ohne sich zu verlaufen. Auf dem Weg dorthin grübelte er noch über den von ihm zuletzt gelesenen Bericht.

Nach dem Anklopfen trat Eric in den gemütlichen Vorraum ein. Wie schon am Vortag saß eine Frau in den mittleren Jahren hinter einem modernen Schreibtisch. Wohl wissend, dass in so einigen Chefetagen die Assistentinnen das eigentliche Zepter in den Händen hielten, schritt er mit seinem gewinnendsten Lächeln auf die Frau zu und hielt ihr die Hand zur Begrüßung hin. Erfreulicherweise schenkte sie ihm im Gegenzug ebenso ein zaghaftes

Schmunzeln, während sie Erics Hand ergriff. Erstaunlich weich fühlte sich der Händedruck für ihn an.

»Mein Name ist Eric Tschirnhaus. Ich glaube, bei dem ganzen Stress gestern habe ich es vollkommen versäumt, mich bei Ihnen vorzustellen.«

»Oh, angenehm. Ich weiß bereits über Sie Bescheid.«

Weil er nicht wusste, ob das ein gutes oder ein schlechtes Zeichen war, legte Eric seine Stirn in Falten. Mit einem flüchtigen Lächeln verwies die Sekretärin jedoch auf einige Papiere, die auf ihrem Schreibtisch lagen. Offenkundig hatte sie einen Blick in seine Akte geworfen.

»Ich bin Frau Sacher.«

»Angenehm.«

Er stellte fest, dass es ihm nur schwer möglich war, ihr Alter zu erraten. Anfänglich hätte er sie auf die frühen Vierziger geschätzt. Ganz aus der Nähe betrachtet, konnte es auch möglich sein, dass die Frau gute fünfzehn Jahre älter war. Vor allem die Augen sprachen davon, schon sehr viel gesehen und erlebt zu haben.

»Herr Meischberger erwartet Sie bereits.«

Mit einem knappen Nicken verwies Frau Sacher in Richtung der schweren Tür zu ihrer Rechten. Dahinter wusste Eric das große Büro des Abteilungsleiters. Während er den Weg zu diesem Büro mit viel Elan zurückgelegt hatte, wurden ihm nun die Knie schwach. Eric war klar, dass wahrscheinlich die einzige Möglichkeit, von hier fortzukommen, darin bestünde, sich mit dem Chef gut zu stellen.

»Darf ich Sie etwas fragen?«, richtete die Assistentin noch einmal das Wort an ihn.

Obwohl er sich bereits auf halben Weg zur Tür befand, wendete er ihr seinen Kopf zu und nickte nur stumm als Bestätigung.

»Haben Sie das bei der Kanzlerin tatsächlich gemacht?«

Nicht schon wieder! Wahrscheinlich würde ihm diese Frage die nächsten Monate über häufiger gestellt werden. Vielleicht würde er sich irgendwann daran gewöhnen. Im Augenblick ging ihm die ganze Sache jedoch nur gehörig auf die Nerven.

»Ja!«, gestand er ein. »Aber es war vielmehr so, dass es nicht nur an mir …«

Eric brach in seiner Erklärung ab. Er war sich sicher, dass es nichts bringen würde, sich zu verteidigen. Momentan war er wohl für alle der Typ, der seine Karriere in voller Fahrt gegen einen Baum gesetzt hatte. Niemand schien es zu interessieren, weshalb es zu den folgenschweren Ereignissen gekommen war. Keiner fragte nach, wie die Sicht der Dinge aus seiner Warte aussah. Alle glaubten nur die Geschichten, die sie von Kollegen, aus der Zeitung oder dem Fernsehen gehört hatten.

Da er auch in diesem Moment nicht in Laune war, sich zu erklären, bewegte sich Eric auf die schwere Holztür zu, die sich direkt vor ihm befand. Mit einem Klopfen machte er auf sich aufmerksam. Von drinnen vernahm er die dumpfe Antwort und trat ein.

»Ah, der junge Herr Tschirnhaus. Wie geht es Ihnen?«

Irritiert hielt Eric inne und schloss die Tür hinter sich. Er überlegte kurz, ob sein Vorgesetzter etwa von der gestrigen Zechtour wissen konnte. Noch war ihm unbekannt, wie der Buschfunk innerhalb des Bürokomplexes funktionierte.

»Den Umständen entsprechend.« Eric hielt es für das Beste, einfach bei der Wahrheit zu bleiben. »Letztlich hat sich seit gestern noch nicht viel geändert.«

»Sie haben doch aber bestimmt schon einige Ihrer neuen Kollegen und Kolleginnen kennengelernt?«, fragte Herr Meischberger interessiert nach, während Eric am Schreibtisch ankam.

125

»Das stimmt wohl. Es sind auf jeden Fall nette Menschen, die hier arbeiten. Ich bezog mich aber mehr auf die Ereignisse von vorgestern. Sie müssen verstehen, dass das alles für mich nur sehr schwer zu verdauen ist.«

»Natürlich. Das kann ich vollkommen nachvollziehen.«

Ein kurzer und fester Händedruck eröffnete das ungemein wichtige Personalgespräch für ihn. Noch war Eric sich unschlüssig darüber, wie er die ganze Angelegenheit ansprechen sollte. Direkt mit der Tür ins Haus zu fallen, hielt er in dem Moment allerdings nicht für die beste Idee.

»Ihnen geht es doch primär um das Thema, das wir gestern schon erörtert haben?«, erkundigte sich sein Vorgesetzter.

»Meinen Sie etwa, was es mit dieser Abteilung in Wahrheit auf sich hat?«, fragte Eric nach, ohne sich gleich in die Karten schauen zu lassen.

»Reden Sie doch kein Blech!« Herr Meischberger erhob seine Stimme. So entspannt der Ministerialrat noch vor Sekunden gewirkt hatte, schien er von einem Moment auf den anderen ganz der befehlsgewohnte leitende Beamte zu sein. »Mir ist vollkommen klar, dass Ihnen diese Abteilung extrem suspekt ist. Letztlich haben Sie bereits gestern zugegeben, dass Sie lieber heute statt morgen aus dem Bunker verschwinden würden.«

»Ich meinte eher, dass ...«

»Lassen Sie mich ausreden.« Der Chef der Abteilung spielte seine komplette Autorität aus. »Spielen Sie mir hier mit Ihrer vorgetäuschten Beliebigkeit nichts vor. Ich kenne solche Beamten wie Sie nur zur Genüge. Außerdem ist mir Ihre Akte bekannt. Ich weiß ganz genau, dass Sie ein ausgemachter Karriere-Typ sind.«

»Nun ja, also ... das habe ich nicht so gemeint.«

»Habe ich nicht gesagt, Sie sollen mich ausreden lassen?« Herr Meischberger schaute Eric scharf an. »Wenn ich Ihnen aber etwas verraten darf: Mit Ihrer Laufbahn ist es erst einmal vorbei. Nach dem Ding, was Sie sich geleistet haben, können Sie froh sein, dass Sie überhaupt noch einen Job haben. Die

Abteilung 8 ist der einzige Ort, an dem Sie wohl noch eine Anstellung finden. Natürlich ist mir Ihr Status als Beamter klar. Sie sollten aber nicht vergessen, dass sie durchaus auch als Sondergesandter des Kanzleramts nach Kabul, Bagdad oder Timbuktu geschickt werden könnten.«

Eric musste nach dieser Ansprache schwer schlucken. Dass seine Situation derart düster aussehen sollte, hätte er nie für möglich gehalten. Er war davon ausgegangen, dass nach spätestens einem Monat Gras über die verhängnisvollen Ereignisse gewachsen wäre. Irgendwann in näherer Zukunft wäre er dann wie Phönix aus der Asche entstiegen, um seine Karriere weiter fortzuführen. Er konnte sich nicht vorstellen, dass alles bereits zu Ende sein sollte, noch bevor es richtig begonnen hatte.

»Wollen Sie mir sagen, dass ich ihretwegen hier bin?«, fragte er zaghaft nach.

»Natürlich sind Sie das. Fällt Ihnen das erst jetzt auf?«

»Nun, um ehrlich zu sein: Ja.«

»Vielleicht sind Sie doch nicht so clever, wie ich angenommen habe«, bemerkte Meischberger mehr zu sich selbst als an ihn gerichtet.

»Sie behaupten also, ich wäre nur hier, weil Sie mich angefordert haben?«

»Wenn Sie es so wollen, ja«, bestätigte ihm Meischberger und sah ihn dabei direkt in die Augen. »Das Kanzleramt hatte Sie bereits auf der Abschussliste stehen. Ich denke nicht, dass Sie jemals wieder einen Job in Berlin bekommen hätten, vielleicht wären Sie noch als Bleistiftanspitzer in irgendeiner Außenstelle abgestraft worden. Ich weiß es nicht. Das ist mir auch egal. Ich habe einen neuen fähigen Mitarbeiter gebraucht und Sie schienen mir in dem Moment der Richtige.«

Nachdem er das Gespräch bislang vor dem großen Schreibtisch stehend verbracht hatte, setzte sich Eric getroffen in den großen Besuchersessel. Fast versank er in dem großzügigen Möbelstück.

»Ich versteh das alles nicht!«

»Jetzt kommen Sie mal wieder zur Vernunft, junger Mann. Ihnen hätte doch von Anfang an klar sein müssen, was Ihre Handlungen bewirken. So blauäugig können Sie ja gar nicht sein.«

»Natürlich nicht. Ich hatte jedoch angenommen ...«

»Vergessen Sie's.«

»Okay, aber jetzt Abteilung 8. Was kann ich für Sie hier tun?«, nahm Eric das Zepter wieder in die Hand.

»Wie kommen Sie darauf, dass wir Sie hier haben wollen?« Sein Vorgesetzter sah Eric scharf an, woraufhin er versuchte, seinen Blicken nicht auszuweichen.

»Weil Sie mich hierher versetzen haben lassen.«

»Vielleicht ist das hier nur eine Art Vorstellungsgespräch. Ich habe zu keiner Zeit behauptet, dass wir Sie übernehmen würden. Wie gesagt, eine Stelle in Kabul wäre auch für Sie frei.« Herr Meischberger spielte alle seine Trümpfe aus.

Mehr und mehr sah Eric seine Felle davonschwimmen. Natürlich hatte der Ministerialrat vollkommen recht. Als Beamter würde ihm schon nichts weiter Schlimmes zustoßen. Das Beamtenrecht sah in Deutschland eine große sanfte Hängematte für ihn vor. Allerdings würde er sich lieber den Strick nehmen, als auf einer unbedeutenden Position alt zu werden. Er hatte sich extra für diesen Weg entschieden, um etwas zu erreichen.

»Geehrter Herr Meischberger«, ging Eric in die Offensive, »Sie wissen genau, was ich mir alles in den Jahren erarbeitet habe.«

Schweigend sah ihn sein neuer Chef an. Kein Muskelzucken war in seinem Gesicht auszumachen. So wusste Eric nicht, ob er mit der Erwiderung zu weit gegangen war. Allerdings war er entschlossen, alles auf eine Karte zu setzen.

»Sie kennen meine Akte und wissen von meinem bisherigen Werdegang. Abgesehen von den Geschehnissen von vorgestern verfüge ich über eine

128

blütenweiße Weste. Nicht umsonst bin ich in so kurzer Zeit so weit aufgestiegen. Auf all meine zuvor absolvierten Praktika, Volontariate und Positionen habe ich die besten Empfehlungen erhalten. Mein Abschluss mit ›summa cum laude‹ spricht für sich. Ich bin definitiv der Richtige für Ihre Abteilung.«

»Meinen Sie?«

»Natürlich! Außerdem gehe ich davon aus, dass Sie sowieso Probleme haben werden, geeignete Beamten für Ihre Abteilung zu bekommen. Ich denke nicht, dass hier irgendwer freiwillig arbeiten möchte. So wie ich es gehört habe, arbeiten in dem Bunker ohnehin nur Menschen, die auf die eine oder andere Art als ›gefallen‹ gelten. Das dürfte daneben Ihre eigene Position mit einschließen.«

Ein kaum merkliches Nicken forderte Eric auf, weiter zu erzählen.

»Ich würde Sie also bitten, nicht so zu tun, als ständen die guten Leute Schlange für die verkannte Position hier. Mir ist durchaus bewusst, dass Sie genauso auf mich angewiesen sind wie ich auf Sie. Abgesehen davon wirkt die Abteilung auch nicht so, als wäre sie sonderlich mit Manpower ausgestattet. Ich denke deswegen, dass Sie gerade nach Angestellten wie mir Ausschau halten.«

Nun war es Herr Meischberger, der seine Stirn krauszog. Nachdenklich blickte er Eric eine Weile an und strich sich mehrfach über das Kinn.

»Gut, dann hätten wir das auch geklärt. Es gibt jedoch etwas viel Wichtigeres zu besprechen.«

»Okay, ich bin ganz Ohr.« Eric verbuchte diesen Punkt siegessicher für sich, ohne sich den Triumph anmerken zu lassen.

»Ich kann Sie hier nicht gebrauchen, wenn Sie das System nicht verstehen. Sie müssen begreifen, was es mit der Abteilung 8 auf sich hat.«

»Hier muss ich Ihnen gestehen, dass ich tatsächlich nicht weiß, was in Ihrer Abteilung vor sich geht«, teilte Eric ihm mit.

»Na gut, da sind Sie wenigstens ehrlich. Das ist immerhin ein Anfang. Mir ist klar, dass man die Vorgänge in Abteilung 8 nicht auf Anhieb in ihrer ganzen Tragweite durchblicken kann.«

Eric nickte.

»Dann fangen wir mal so an«, führte Herr Meischberger weiter aus. »Berichten Sie mir doch mit eigenen Worten, wofür diese Abteilung zuständig sein soll.«

»Also gut. Auf Grundlage unseres gestrigen Gesprächs habe ich mich mit den Geschehnissen von 1945 auseinandergesetzt. Mir ist nun klar, dass Nazi-Deutschland nie wirklich kapituliert hat. Ausschließlich die Teilstreitkräfte und die Wehrmacht an sich hatten sich ergeben. Allerdings war von keinem einzigen Politiker eine derartige Verlautbarung erfolgt. Es ist also davon auszugehen, dass der Staat mit der Verfassung von 1937 nie aufgehört hat, tatsächlich zu existieren.«

»Dies ist richtig. Erzählen Sie bitte weiter«, forderte sein Chef ihn auf.

»Mangels einer Führung und durch die Besetzung der Alliierten entstand nun für einige Jahre ein Machtvakuum. Dieses Vakuum wurde zuerst durch die Bildung der Länder und dann der beiden deutschen Staaten ausgefüllt. Dies stellte an und für sich keine sonderlich neuartige Situation dar.«

»Meinen Sie nicht?«, warf Meischberger ein und zog dabei seine rechte Augenbraue hoch.

»Nun ja, ich gehe davon aus, dass sich Nationen ständig neu bilden können. Sobald es ein Volk, ein Gebiet und eine Gewalt im Sinne einer Führung gibt, bildet sich ein Staat. Selbst wenn auf dem Areal zuvor ein anderes Staatsgebilde bestanden haben sollte, hat das erst einmal mit der Neugründung und ihrer Legitimität nichts zu tun.«

»Und auch hier gebe ich Ihnen soweit recht. Fahren Sie fort.« Herr Meischberger lehnte sich in seinem Bürostuhl zurück und zeigte sich erfreut darüber, Erics Ausführungen zu lauschen.

»Allerdings dürfte das Dritte Reich ein Sonderfall gewesen sein«, führte Eric dadurch bestärkt weiter aus. »Schon allein wegen der ungeheuren Verbrechen, seiner Sonderrolle in der Geschichte und der Vielzahl internationaler Verträge konnte man NS-Deutschland nicht einfach unter den Teppich kehren. Zudem wirkt hier eine zweite Besonderheit: Mit der Erschaffung der zwei deutschen Staaten war plötzlich unklar, wer für das regierungslose Dritte Reich sprechen und agieren sollte.«

»Jetzt kommen wir langsam zu des Pudels wahren Kern«, warf Meischberger ein und forderte ihn mit einer Handbewegung auf, auf den Punkt zu kommen.

»Weder die BRD noch die DDR hielten sich für den Rechtsnachfolger. Beide Staaten sahen sich zwar als teilidentisch mit Staatsvolk und Staatsgebiet an, aber das war es auch schon. Entsprechend bestand plötzlich eine große Lücke in der internationalen Gemeinschaft. Ich meine hier zum Beispiel vor allem die Feindstaatenklausel innerhalb der gerade gegründeten Vereinten Nationen. Allen Menschen war klar, dass Nazi-Deutschland nicht einfach über Nacht verschwunden sei.«

»Und was folgern Sie daraus?«

»Gute Frage: Ich kann daraus nichts folgern. Theoretisch besteht NS-Deutschland nach wie vor. Offensichtlich hat dies jedoch keinen nennenswerten Einfluss auf die heutige Politik.«

Kaum hatte er das gesagt, erkannte Eric die Enttäuschung im Gesicht des Ministerialrats. Offensichtlich hatte Herr Meischberger etwas anderes von ihm erwartet.

»Okay, vielleicht ist bei Ihnen noch nicht Hopfen und Malz verloren. Lassen Sie uns das Problem gemeinsam erörtern. Es mag möglicherweise daran liegen, dass Sie noch so jung sind.«

»Was hat mein Alter mit der ganzen Sache zu tun?«, wollte Eric erfahren.

»Für Sie ist die ganze Frage nach Holocaust, Verfolgung und Weltkrieg nur ein Thema aus dem Fernsehen und aus dem Schulunterricht. Für uns ältere Generation war es jedoch ein Leben lang omnipräsent.«

»Und was bedeutet das für die Staatenbildung?«

»Ganz einfach: Die internationale Gemeinschaft hat es nicht zugelassen, dass das Dritte Reich von der Bildfläche verschwindet. Nazi-Deutschland gilt als das schlimmste Übel überhaupt. Wir waren sozusagen der Endgegner. NS-Deutschland wurde von allen als derart böse angesehen, dass es auf immer bestehen bleiben musste. Letztlich wurde das auch in der Gründung der BRD mit eingearbeitet. Obwohl klar war, dass es mit Deutschland weitergehen musste, sollte die Vergangenheit immer präsent bleiben.«

»Ich verstehe immer noch nicht, worauf Sie eigentlich hinaus möchten«, warf Eric ein.

»Herr Tschirnhaus, jetzt denken Sie doch mal bitte selbst mit!«, forderte ihn Herr Meischberger ungeduldig auf. »Das Dritte Reich gibt es nicht nur noch auf dem Papier. Es hat eine eigene Verwaltung bekommen.«

»Eine Verwaltung? Sie meinen, es hat so etwas wie eine Regierung?«

»Ganz so weit möchte ich jetzt nicht gehen.« Abschätzend wiegte Meischberger seinen Kopf hin und her. »Zu einer Exekutive oder richtigen Staatsgewalt fehlt noch ein ganzes Stück. Allerdings geht es durchaus in diese Richtung.«

Eric verschlug es die Sprache. Er rekapitulierte in Gedanken noch einmal das zuvor Gehörte, wodurch sich ihm plötzlich einige Sachen erschlossen.

»Sie meinen also, diese Abteilung 8 hier begreift sich als eine Art Nachlassverwalter?«

»Nun ja. Nachlassverwalter wäre nicht unbedingt der Begriff, den ich dafür benutzen würde«, gestand ihm sein Vorgesetzter ein. »Von der Sache her sind wir schon das Dritte Reich, und nicht nur dessen Verwalter.«

»Wie kann das sein?«, entfuhr es Eric.

Als er den sich verändernden Gesichtsausdruck seines Gegenübers wahrnahm, wurde ihm klar, dass er mit derart einfältigen Fragen vorsichtig sein sollte. Der Ministerialrat hatte ihn wegen seiner Erfahrung und Fähigkeiten in diese Abteilung beordert. Eric wurde klar, dass sein neuer Chef einiges mit ihm vorhatte.

»Okay, okay. Also halte ich fest: Nazi-Deutschland ist 1945 nicht untergegangen. Die BRD ist identisch mit dem vorherigen Staat, ohne dass sie dessen Rechtsnachfolger oder Ähnliches ist. Was genau bedeutet dies im Einzelnen?«, fragte Eric deswegen zur Sicherheit nach.

»Stellen Sie sich ein Zwillingspaar vor. Im Prinzip sind die beiden Geschwister identisch. Trotzdem sind sie nicht dasselbe. Es sind jeweils andere Menschen mit einem eigenen Charakter, einer eigenen Entwicklung und Geschichte. So ähnlich verhält es sich mit dem Deutschland von 1937 und dem Deutschland ab 1948.«

»Also gibt es sozusagen einen bösen Zwilling?«

Über dieses Bild musste Meischberger herzhaft lachen und warf dabei den Kopf in den Nacken.

»Sie gefallen mir! Mit dieser Analogie treffen Sie genau ins Schwarze.«

»Die Regierung der frühen Bundesrepublik wurde also damals genötigt, eine Art Ansprechpartner für den bösen Zwilling zu schaffen. Ich gehe demnach davon aus, dass es sich dabei um diese Abteilung handelt«, schlussfolgerte Eric nachdenklich und schaute seinen Vorgesetzten direkt in die Augen, um seine Reaktion genau zu beobachten. »Wir sind also die Bösen?«

»Wenn Sie es so sagen: Ja, wir sind die Bösen. Leider gab es für diese Ansammlung verschiedener Sonderfälle keine andere Lösungsmöglichkeit. Das Dritte Reich durfte schlichtweg nicht untergehen. Später hat man sogar gemerkt, was es für eine praktikable Erklärung war, jegliche dahingehenden Probleme auf uns abzuwälzen.«

»Wieso habe ich aber noch nie davon gehört?«, zeigte sich Eric verwirrt.

»Das hat viele Gründe. Die meisten sind politischer Natur, wie Sie sich bestimmt denken können. Anfänglich war die Abteilung 8 nur ein Büro innerhalb des Kanzleramts. Es ging eher darum, dass es eine Postadresse für alle Anfragen bezüglich der Komplikationen um Hitler-Deutschland geben musste. Die tatsächliche Arbeit wurde ganz normal von den einzelnen Behörden erledigt. Je mehr jedoch die Zeit von vor 1945 im Dunkel der Geschichte verschwand, umso weniger wollten die Leute daran erinnert werden. Spätestens ab 1963 mit Ludwig Erhard an der Spitze der Regierung änderte sich der Umgang mit den Altlasten vollends. In dieser Zeit wurde eine autonome Abteilung geschaffen.«

Interessiert hörte Eric den Ausführungen zu. Mehr und mehr begriff er, auf was für eine wechselvolle Geschichte dieser Teil des Kanzleramtes zurückblickte. Nur zu gut konnte er sich vorstellen, dass es früher wie bei einem Tanz auf heißen Kohlen zugegangen sein musste. Auf der einen Seite wurde die junge Bundesrepublik vom Alliierten Kontrollrat bevormundet, andererseits galt es, eine starke, wehrhafte und gefestigte Demokratie aufzubauen. Gleichzeitig war es aber auch von der internationalen Gemeinschaft verboten, einen Schlussstrich unter die dunkle Vergangenheit zu ziehen. Hitler-Deutschland durfte nicht einfach so verschwinden. Als das ultimativ Böse musste es weiterhin existieren, um den anderen Völkern die Möglichkeit zu bieten, die Vergangenheit besser zu bewältigen.

»Während der Siebziger- und Achtzigerjahre bestand die Abteilung zwar, doch verfolgte sie keine nennenswerten Aufgaben. Nach und nach verschwanden sogar sämtliche Verweise in den offiziellen Dokumenten. Gewissermaßen entschwand die Abteilung 8 aus der Wahrnehmung Bonns.«

»Das lag bestimmt auch an der internationalen Anerkennung beider deutscher Staaten?«, warf Eric ein.

»Das ist absolut richtig. Letztlich war es noch nicht einmal klar, welcher Teil das echte Deutschland ist. Sowohl die DDR als auch die BRD beanspruchten anfangs für sich, das Alleinvertretungsrecht zu besitzen. Wie konnte da ein Land von sich behaupten, eine Vertretung für das vorherige Dritte Reich zu unterhalten?«

»Trotzdem befinden wir uns nun in diesem Bunker. Was hat sich also geändert?«, fragte Eric interessiert nach.

»Die Wiedervereinigung, was denn sonst?« Kurz räusperte sich Herr Meischberger. »Es war aber nicht nur der Akt des Zusammenschlusses, auf den ich mich beziehe. Vielmehr ist der sogenannte Zwei-plus-Vier-Vertrag wesentlich bedeutender, als es auf den ersten Blick wirkt. Konkret wurde darin ein deutscher Staat in seinen fest abgesteckten Grenzen definiert. Das heißt, dass die BRD nun nicht mehr nur teilidentisch mit dem Deutschen Reich war, sondern dass die Bundesrepublik als identisch mit dem Dritten Reich zu begreifen sei. Zudem bedrängten die vier Siegermächte Helmut Kohl damals dazu, eine endgültige Lösung für den immer noch existenten deutschen Staat von 1937 zu finden.«

»Ich gehe also davon aus, dass ich mich gerade in besagter Lösung aufhalte.«

»Das sehen Sie absolut richtig«, bestätigte ihm der Ministerialrat. »Nach dem Umzug von Bonn nach Berlin wurde diese Abteilung neu gegliedert, ausgerüstet und definiert.«

»Aber was bedeutet das im Klartext?«, wollte Eric endlich erfahren.

»Vereinfacht ausgedrückt heißt das, dass wir zwar ein Teil der Bundesregierung und als solcher dieser formal unterstellt sind. Andererseits sind wir aber die offizielle Verwaltungsstelle sämtlicher Anliegen bezüglich des Reiches auf ministerialer Ebene. Grundsätzlich sind wir absolut autonom.«

»Einen Reichskanzler oder Reichspräsidenten gibt es wohl …«

»Nun werden Sie nicht schon wieder kindisch!«, fuhr Meischberger plötzlich auf. »Natürlich gibt es weder einen Reichskanzler noch einen wie auch immer gearteten Präsidenten mehr. Auch jedwede einstigen Ministerien, Ämter, Institutionen und Behörden haben das Jahr 1945 nicht überlebt. Dafür haben die Siegermächte gesorgt. Im Zuge der Entnazifizierung blieb nicht mehr sonderlich viel übrig vom damaligen Tausendjährigen Reich. Das sollte Ihnen aber aus der Geschichtsstunde bereits zur Genüge bekannt sein.«

»Natürlich ist es das. Offenbar wurde im Geschichtsunterricht aber auch einiges ausgelassen«, versuchte Eric, sich zu verteidigen.

Meischberger huschte bei dem Einwurf ein Lächeln über die Lippen. »Da haben Sie wohl recht. De facto sind wir das Reich mit all seinen Rechten und Pflichten. Da aber weder eine Exekutive noch eine Legislative und auch keine Judikative existiert, sind wir als Ministerialbeamte die Ebene, die in dem Sinne noch handlungsfähig ist. In Ermangelung staatlicher Einnahmen – da ja kein Reichsfinanzministerium mehr vorhanden ist – unterstehen wir dem Kanzleramt in personeller und finanzieller Frage. Trotzdem sind wir vom Amt gänzlich abgelöst. Verwaltungstechnisch gehören wir also dazu. Praktisch sind wir vollkommen autark.«

»Deswegen haben Sie mich gestern in dieser historischen Uniform begrüßt. Die Abteilung 8 steht als Behörde auch außerhalb der Gesetze der Bundesrepublik.«

»Na bitte, endlich begreifen Sie«, zeigte sich Meischberger erfreut. »Genauso ist es. Als Einzelpersonen sind wir nach wie vor Beamte der BRD und durch den Diensteid an unser Vaterland gebunden. Als Dienststelle steht die Abteilung 8 jedoch jenseits des Deutschlands von 1949. Fast könnte man sagen, wir sind exterritorial.«

»Das ist aber ein ganz schöner Eiertanz, den sich das Kanzleramt ausgedacht hat.«

Nickend stimmte ihm Meischberger zu. »Natürlich. Da haben Sie vollkommen recht. Allerdings dürfen Sie nicht vergessen, dass das System seit vielen Jahren sehr gut funktioniert. Gerade dadurch ist die Bundesrepublik eben nicht Nazi-Deutschland. Unser Land ist ein komplett Neues, das nur in Lage, Ausdehnung und Volk annähernd identisch mit dem damaligen Staat ist. Deswegen war es der jungen Republik möglich, einen solchen Neuanfang zu wagen.«

»Trotzdem, es ist doch ...«

»Nichts trotzdem«, fiel Meischberger Eric ins Wort. »Es gibt kein Trotzdem. Die BRD ist ein Erfolgsmodell sondergleichen. Schauen Sie sich doch nur einmal um. Wir sind in etlichen Belangen das beste Land der Welt. Meinen Sie etwa, das hätte sich genauso entwickelt, wenn uns jeder für die Nachfolger der Nazis halten würde?«

»Okay, natürlich haben Sie recht.«

Eric versuchte erst gar nicht, ein Argument dagegen zu finden. Ihm war klar, dass das Thema seinem Chef sehr am Herzen lag. So alt wie Meischberger war, hatte er viele Jahrzehnte am Aufbau der Bundesrepublik mitgewirkt. Als hoher Beamter war er wahrscheinlich sogar für vieles selbst verantwortlich. Kritik daran ließ er sicher nicht gelten.

»Nun sind aber bereits über 70 Jahre vergangen. Ich verstehe nicht, wozu es die Abteilung überhaupt noch gibt. Eigentlich sollte doch längst schon alles abgehandelt, abgewickelt und bearbeitet worden sein. Woran arbeiten denn all die Leute hier den ganzen Tag?« Eric verwies mit seinem Kopf in die Richtung der Büros.

»Ah, nun kommen wir also zum tatsächlichen Kernproblem an der gesamten Konstellation. Ich freue mich, dass Sie das ansprechen.«

Interessiert beugte sich Eric daraufhin nach vorn. Überrascht stellte er fest, dass ihn das Thema fesselte.

137

»Also passen Sie auf, lieber Herr Tschirnhaus. Können Sie etwas mit dem sogenannten Reichskonkordat anfangen?«

Eric musste kurz nachdenken, was er darauf entgegnen sollte. Lieber wollte er sich deswegen die Antwort zweimal überlegen, als in ein Fettnäpfchen zu treten, das er nicht wiedergutmachen konnte.

»Meine Kenntnisse über diverse historische Ereignisse gehen leider nicht über das Allgemeinwissen hinaus. Sie müssen verzeihen, wenn mir viele Details nicht bekannt sind und ich die Zusammenhänge nur rudimentär wiedergeben kann. Mir ist aber bewusst, dass ich diesen Missstand baldigst beheben muss.«

»Nur die Ruhe«, entgegnete Meischberger. »Das hier ist keine Prüfung. Ich gehe nicht davon aus, dass Sie über alles Bescheid wissen. Mir reicht es vollkommen aus, dass meinen Mitarbeitern klar ist, wo sie im Zweifelsfall nachschlagen können.«

Aufmunternd forderte der Ministerialrat ihn nun auf, sein Wissen über die gestellte Frage kundzutun.

»Das Erste, was mir einfallen würde, wären die Verträge, die zwischen Hitler-Deutschland und dem Vatikan geschlossen wurden.«

»Ah, da haben Sie direkt das ideale Beispiel angebracht. Sie haben natürlich vollkommen recht. Das sogenannte Reichskonkordat ist zudem typisch für unser grundsätzliches Problem.«

»Was soll an einem alten Vertragswerk zwischen dem Heiligen Stuhl und NS-Deutschland typisch sein?«, fragte Eric interessiert nach.

»Zum einen, dass der Vertrag noch immer gültig ist«, entgegnete Meischberger.

»Wie bitte?«

»Sie haben vollkommen richtig gehört. Die Beziehungen zwischen dem Papst und der Bundesrepublik werden von einem Schriftstück umrahmt, das aus dem Jahr 1933 stammt.«

»Aber dann hat es doch sicherlich keine sonderlich großen Auswirkungen. Ich kann mir gut vorstellen, dass die Bundesregierung so einen Vertrag wegen Belanglosigkeit weiterlaufen lässt«, warf Eric ein.

»Könnte man meinen. Allerdings regelt das Reichskonkordat noch immer das Leben der Katholiken in Deutschland. Genau genommen findet es jeden Tag Anwendung.«

Eric blickte ungläubig auf. Er kramte in seinem Gedächtnis und fragte sich, ob es tatsächlich die Nazis gewesen waren, die den Vertrag abgeschlossen hatten.

»Ein immens wichtiger Punkt ist zum Beispiel der, dass die Bundesrepublik jedes Jahr eine erhebliche Summe an die katholische Kirche zahlt. Abgesehen davon werden in dem Vertrag sowohl die Rechte als auch die Pflichten von Priestern und der Kirche im Allgemeinen definiert. Es würde zu weit führen, all die hundert Absätze einzeln aufzuführen. Seien Sie sich jedoch darüber gewiss, dass das Reichskonkordat heutzutage so präsent ist wie auch schon vor achtzig Jahren.«

»Und weil auf dem Vertragswerk das Deutsche Reich als Unterzeichner und Adressat verzeichnet ist, ist die Bundesrepublik nicht zuständig dafür?«, fragte Eric vorsichtig nach.

»Autorisiert ist sie schon. Das Konkordat wurde 1954 vom Bundesverfassungsgericht in geltendes Bundesrecht transformiert. Es ist genauso bindend wie auch das Bürgerliche Gesetzbuch. Allerdings bedarf es bei einer Änderung, sei es eine Erweiterung oder auch nur ein Zusatz, der Zustimmung der ursprünglichen Vertragspartner.«

»Und das ist eben nicht die Bundesrepublik, sondern das damalige Deutsche Reich«, führte Eric den Gedanken weiter.

»Ganz genau.«

»Ich verstehe. Da ja die BRD nicht der Rechtsnachfolger Deutschlands von vor 1945 ist, kann sie auch nicht in dessen Namen handeln. Also übernimmt in diesem Fall die Abteilung 8 die Aufgabe, als Verwaltungsstruktur und Verhandlungspartner aufzutreten.«

»Das haben Sie sehr schön zusammengefasst«, bestätigte ihm Meischberger. »Dies ist jedoch ein eher offensichtlicher Fall, zumal es nur selten vorkommt, dass ein Zusatz an das Reichskonkordat angehängt wird. Wir beschäftigen uns viel mehr mit wesentlich banaleren Problemen, die sich allerdings alle ähnlich sind. Das Parkett der internationalen Beziehungen und ihrem Vertragsrecht ist weitaus komplexer, als es auf den ersten Blick erscheinen mag. Die Bundesrepublik hat schlichtweg keine Möglichkeit, für die vorherigen deutschen Staaten zu handeln.«

Eric gab mit einem Nicken zu verstehen, dass er den Erläuterungen folgen konnte.

»Nun gut. Ich denke, das war erst einmal genug fürs Erste. Ich will Sie ja auch nicht überfordern«, beendete Meischberger seine Ausführungen.

»Ich glaube nicht, dass Sie mich überfordert haben. Natürlich kommt hier ein vollkommen neuartiger Themenkomplex auf mich zu, in den ich mich erst einmal richtig einarbeiten muss. So etwas reizt mich aber eher, als dass es mich überfordert.«

»Gut, sehr gut! Ich hatte nicht vor, Sie zu beleidigen. Tut mir leid«, entschuldigte sich Meischberger bei ihm. »Was ich sagen wollte, ist, dass Sie nicht alles auf einmal nachvollziehen müssen. Wichtig ist mir, dass Sie die Sonderstellung von Abteilung 8 begriffen haben. Vor allem sollen Sie sich verinnerlichen, was für eine fundamentale Rolle wir im Gefüge des Kanzleramtes, der Bundesregierung und Deutschlands an sich spielen.«

»Sie meinen, weil wir eigentlich für die Öffentlichkeit und fast alle Mitarbeiter nicht existieren?«, fragte Eric nach, um sicherzugehen.

»Genau, das machen wir tatsächlich nicht. Trotzdem sind wir system-wichtig. Ohne die Abteilung 8 würde das fragile Gleichgewicht zwischen Ver-gangenheit, Gegenwart und internationaler Gemeinschaft zusammenbre-chen.«

»Das sehe ich nicht so«, äußerte Eric seine Zweifel. »Es ist mir jedoch klar, dass es auch gar nicht meine Aufgabe ist, diesen Umstand zu bewerten. Wir sind Beamte. Wir handeln im Rahmen der zur Verfügung stehenden Ge-setze und Verwaltungsvorschriften.«

Mit einem breiten Grinsen und einem leichten Nicken stimmte Meisch-berger Erics Ausführungen zu. Wie es schien, hatte er genau die richtigen Worte gewählt.

»Wie geht es jetzt weiter?«, fragte Eric.

»Na, wie schon? Sie gehen an die Arbeit und fertig.«

»Gerade deswegen stellen sich mir noch einige Fragen.«

»Das ist mir durchaus bewusst. Vergessen Sie bitte nicht: Das ist erst Ihr zweiter Arbeitstag«, erklärte der Abteilungsleiter. »Sie müssen nicht gleich in die Vollen gehen.«

»Aber was soll ich denn nun genau machen?«, wollte Eric konkret erfah-ren.

»Halten Sie sich bitte an Frau Beich. Ich habe Sie nicht ohne Grund zu-sammen in ein Büro gesteckt. Ich würde vorschlagen, dass Sie erst einmal die Fälle gemeinsam bearbeiten. Bekommen Sie ein Gefühl für unsere Arbeit und die ungewohnten Problemstellungen. Wie Sie vielleicht schon bemerkt haben, läuft hier unten alles ein wenig anders.«

Eric nickte gedankenverloren. Die ganzen neuen Informationen musste er erst einmal sacken lassen und für sich ordnen. Noch ein wenig abwesend, ergriff er die ihm entgegengestreckte Hand des Vorgesetzten und verließ das große Büro. Er bekam nicht einmal mit, dass die Vorzimmerdame etwas zu ihm sagte.

Erst im Gang fand er die Zeit, in aller Ruhe durchzuatmen. Eric schloss die Augen, um leise bis zehn zu zählen. Das war ein Trick, den er einem Popsong von Tina Dico entnommen hatte. Tatsächlich schaffte es die kleine Übung, seinen Geist wieder zu beruhigen. Er war überrascht, dass ihm das alles so sehr an die Nieren ging, auch wenn er selbst zufrieden mit sich war, wie er das Gespräch gemeistert hatte.

Allerdings war es gänzlich anders verlaufen, als er es sich noch gestern vorgestellt hatte. Wollte er gerade noch die Abteilung so schnell wie möglich verlassen, war er sich dessen mittlerweile nicht mehr ganz so sicher. Natürlich würde es für ihn innerhalb des Bunkers kaum zu einer nennenswerten Karriere kommen, im schlimmsten Fall geriet er hier sogar auf eine Art Abstellgleis. Trotzdem empfand er die mögliche Arbeit nun als durchaus interessant. Er hätte sich nie vorstellen können, dass es so etwas wie die Abteilung 8 überhaupt gäbe.

Das stellte ihn vor ganz neue Herausforderungen. Und neue Herausforderungen übten seit jeher einen großen Reiz auf ihn aus. Eric würde mit Dingen zu tun haben, die er sich nicht einmal im Ansatz vorstellen konnte. Langweilig würde ihm hier wohl kaum werden.

Während er vorbei an den Büros in die Halle zurücklief, bemerkte er, dass er mittlerweile ziemlich durstig und hungrig war. Überhaupt schien ihm nicht wirklich klar, wie spät es war. Sein Handy hatte er am Schreibtisch zurückgelassen. Außerdem hatte sich keine Uhr im Büro des Abteilungsleiters befunden.

Zuerst steuerte er die kleine Küchenzeile an. Zu seiner Freude entdeckte er Markus dort, der entspannt an die Arbeitsplatte gelehnt stand. Genüsslich kaute er an einer großen Stulle. Mit einem Nicken begrüßten sie sich.

»Na, hallo Eric. Du bist noch hier?«, fragte sein Trinkkumpan vom Vortag.

»Wo sollte ich denn sonst sein?«

»Keine Ahnung, aber ich habe dich den ganzen Tag noch nicht gesehen.«

Nachdem Eric sich ein großes Glas Wasser gegönnt hatte, füllte er sich eine nicht minder gigantische Tasse Kaffee ein. Erst nach einem langen Schluck des die Lebensgeister erweckenden Getränks richtete er seine Aufmerksamkeit erneut auf den Kollegen.

»Was meinst du damit? Ich bin doch schon seit einer reichlichen Weile hier. Wie spät ist es überhaupt?«

»Na, es ist schon kurz vor zwei. Wo hast du die komplette Zeit über gesteckt?«

»Ich war im Büro von Herrn Meischberger. Dass es jedoch ein so langes Gespräch geworden war, ist mir gar nicht aufgefallen. Ich bin bestimmt schon gegen zehn oder elf in sein Büro gegangen.«

»Und, haben sich jetzt alle Klarheiten beseitigt?«, wollte Markus von ihm erfahren.

»In gewissem Sinne schon. Bei dem Gespräch mit Herrn Meischberger habe ich wesentlich mehr erfahren, als ich mir zuvor auch nur hätte vorstellen können.«

»Und der Alte hat sich echt so viel Zeit für dich genommen? Den ganzen Vormittag?«

»Ist das so ungewöhnlich?«, fragte Eric erstaunt nach.

»Durchaus! Natürlich hat Meischberger immer ein offenes Ohr für seine Mitarbeiter. Allerdings kommen wir nie über einen kurzen Plausch hinaus. Selbst als ich hier angefangen habe, war es maximal eine Viertelstunde, die wir uns unterhalten haben. Das ist kaum mit deinem Gespräch zu vergleichen.«

»Das ist wirklich seltsam«, pflichtete ihm Eric bei.

»Ist jetzt eigentlich alles soweit klar?«, fragte Markus nach.

143

»Was meinst du genau?«

»Na ja, so wie ich dich gestern verstanden habe, wolltest du gar nicht in der Abteilung 8 bleiben. Du meintest sogar, heute deine Versetzung genehmigt zu bekommen.«

»Das hat sich erst einmal erledigt. So übel ist es hier nun auch wieder nicht. Eher im Gegenteil. Die ganze Abteilung und ihre Tätigkeit hat doch wesentlich mehr zu bieten, als ich anfangs für möglich gehalten habe.«

»Siehst du, was habe ich dir gestern gesagt? Ich hatte schon befürchtet, du würdest genauso schnell abhauen wie die anderen. Freut mich, dass dem nicht so ist. Aber lass uns später weiterreden, ich habe noch zu tun«, verabschiedete sich Markus von ihm und verschwand kurz darauf aus der Küchenzeile.

Gedankenverloren blickte Eric ihm hinterher. Er nahm sich vor, möglichst bald ein weiteres Mal mit Markus einen trinken zu gehen. Der Mann war ihm äußerst sympathisch. Wahrscheinlich wusste Markus außerdem etliche gute Geschichten aus der Abteilung 8 zu berichten. Gerade dadurch würde er womöglich erst die ganzen neuen Kollegen so richtig kennenlernen. Als Neuer die optimale Position in einem eingespielten Team zu finden, war nicht immer die leichteste Aufgabe. Noch einmal füllte er seine große Tasse mit dem schwarzen Lebenselixier auf, bevor er das Gespräch, wie von seinem Chef aufgetragen, mit Marleen suchte.

»Marleen, wir sollten uns unterhalten«, begrüßte Eric seine Büronachbarin, als er an seinen Arbeitsplatz zurückgekommen war.

Eine Augenbraue hebend blickte sie kurz über ihren Monitor hinweg auf. Offensichtlich schien sie auf weitergehende Informationen zu warten.

»So wie ich Herrn Meischberger verstanden habe, sollen Sie mich in die Abteilung einführen.«

»Tja, Herr Meischberger plant offenbar, ein Team aus uns zu machen.«
Nach wie vor war Marleen ihm gegenüber ausgesprochen kurz angebunden.

»Ja, das kann sein. Das ist im Moment aber eher nebensächlich. Er hat
mich gebeten, mir von Ihnen alles zeigen zu lassen.«

»Dann muss ich das wohl machen«, erwiderte sie hörbar genervt.

Nachdenklich blickte er Marleen ein paar Augenblicke lang an.

»Was ist Ihr Problem mit mir?«

Die Frage stellte Eric so freundlich, wie er nur konnte. Er begriff, dass es
nichts bringen würde, die Konfrontation mit ihr zu suchen. Weswegen
Marleen so sauer auf ihn war, wusste er nicht. Vielleicht bestand zwischen
ihnen auch nur ein großes Missverständnis.

»Ein Problem?«, fragte sie mit unterdrückter Wut nach.

In dem Moment steckte ein Mann, den Eric bis dato noch nicht getroffen hatte, seinen Kopf in das Büro hinein.

»Was ist eigentlich mit dem Fall Müller in Torgau?«, fragte der Mitarbeiter
nach.

»Jetzt nicht«, fuhr Marleen ihn scharf an.

Schon eine Sekunde später war der Kollege wieder verschwunden. Offensichtlich kannte er Marleens Stimmungslage nur zu gut und wusste, dass
es Momente gab, in denen man besser nicht nachfragt. Allein diese Situation
hätte Eric ausreichen sollen, augenblicklich den Rückzug anzutreten. Allerdings wollte er viel eher wissen, worin das Problem zwischen ihnen bestand.

»Sie sind mir im Weg«, entfuhr es Marleen. »Ursprünglich war es geplant,
dass ich eine eigene Unterabteilung bekomme. Vielleicht wäre auch eine Beförderung drin gewesen. Eine bestimmte Art von Fällen nimmt derzeit die
Überhand. Um diese hätte ich mich kümmern können. Stattdessen tauchen
Sie plötzlich auf. Seit gestern ist kaum mehr davon die Rede, dass ich …«

An dieser Stelle brach Marleen in ihrer Aussage ab. Eric vermutete, dass sie mehr preisgegeben hatte, als sie eigentlich wollte. Die kurze Erklärung reichte ihm aber schon, dass er die Verstimmung der Frau sehr gut nachvollziehen konnte.

»Ich glaube kaum, dass Herr Meischberger so mit einem Untergebenen umgeht. Ich kenne den Mann zwar erst seit vierundzwanzig Stunden, nichtsdestotrotz schätze ich den Herrn Ministerialrat komplett anders ein. Meinen Sie wirklich, dass er Sie derart auflaufen lässt?«

»Ach, und warum hat er sich dann den halben Tag Zeit genommen, um mit Ihnen zu plaudern?«, wollte Marleen von ihm erfahren.

»Nun, ich denke, weil er mir die Arbeit der Abteilung näherbringen wollte«, vermutete Eric.

»Ach, Sie verstehen überhaupt nichts!«, zischte Marleen in einem verächtlichen Ton, der Eric überhaupt nicht gefiel.

»Dann erklären Sie es mir doch.«

»Was soll ich Ihnen erklären?«, fragte Marleen zurück.

»Sie sollen mir die Abteilung und die Arbeitsabläufe erläutern. Zumindest hat Herr Meischberger dies angeordnet.«

»Ach, Gott verdammt!«

Eric sah Marleen verdutzt an, wie sie in diesem Moment aufsprang, um aus dem gemeinsamen Büro zu stürmen. Bevor die Tür krachend ins Schloss fiel, vernahm Eric noch ein: »Das klär ich lieber selbst.« Anscheinend hatte Marleen die Worte eher an sich selbst gerichtet als an ihn.

Damit saß Eric neuerlich allein mit sich und seinen Gedanken herum und konnte nur mit dem Kopf schütteln über das Verhalten seiner Kollegin.

Markus steckte seinen Kopf durch die Tür herein. »Alles okay bei euch?«

»Soweit schon. Allerdings haben Frau Beich und ich noch ein paar Abstimmungsprobleme.«

146

»So bezeichnest du das also?«, entgegnete Markus mit einem verschwörerischen Lächeln. Offenbar hielt der neue Kollege zu ihm, was Eric sehr erleichterte und ihn breit grinsen ließ.

»Aber jetzt mal im Ernst. Was hat Marleen gegen mich? Ich meine, ich habe ihr doch überhaupt gar nichts getan. Sie hat mich gestern und heute in den Bunker eingelassen. Das war es auch schon. Ich wüsste nicht, womit ich sie so verärgert haben könnte.«

»Hast du es immer noch nicht begriffen?«

»Nein, was meinst du?«, fragte er.

Markus legte einen Finger an die Lippen, um nachzudenken, wie er es am besten ausdrücken sollte. »Stell dir doch einmal vor, wie es ist, wenn man dir unmittelbar einen Vorgesetzten vor die Nase setzt.«

»Wieso Vorgesetzter?«, fragte Eric perplex nach.

»Eric, du hast doch eine vollkommen andere Gehaltsklasse als fast jeder hier. Oder bist du etwa nicht A13?«

»Schon. Aber was hat das damit zu tun?«

»Okay, dann erkläre ich es dir«, setzte Markus an. »Marleen reißt sich seit Jahren den Arsch auf, um die Karriereleiter wieder hochzukommen. Du musst wissen, sie hatte es früher nicht leicht. Auf ihrer vorherigen Stelle muss einiges vorgefallen sein. Nachdem sie hierher versetzt wurde, musste sie neuerlich bei null anfangen.«

»Und dann komm ich plötzlich daher und drängele mich direkt vor sie.«

»Ganz genau. Jetzt hast du es begriffen. Die Abteilung 8 wird neu strukturiert, und ich glaube, Marleen sollte ihr eigenes kleines Team bekommen. Offenbar war vorgesehen, ihr mehr Kompetenzen einzuräumen.«

»Aber wieso soll sich das mit meiner Versetzung ändern?«, wollte Eric von dem neuen Freund erfahren.

147

»Das weiß ich nicht. Marleen scheint das auf jeden Fall zu denken. Ich kann dir versichern, sie ist alles andere als gut auf dich zu sprechen. Deine Anwesenheit hat hier so einiges durcheinandergewirbelt.«

Nachdenklich blickte Eric den Kollegen an. Ihm fiel keine Entgegnung darauf ein. In gewisser Weise konnte er Marleens Ablehnung nun sogar verstehen. Andererseits war dies ein normaler Vorgang in deutschen Ministerien.

»Nimm es ihr bitte nicht übel. Marleen ist eine unglaublich nette, aufopferungsvolle und kollegiale Person. Jeder in der Abteilung kann sie gut leiden. Sie hat es einfach nicht verdient, so behandelt zu werden.«

»Alles klar, ich werde darauf achtgeben«, versprach Eric.

»Ich werde mich da nicht einmischen. So, jetzt muss ich aber weiter. Die Arbeit ruft.«

Eric nickte und verabschiedete sich.

Während er wieder an dem Schreibtisch Platz nahm, grübelte er, wie er das Problem lösen könnte. Es fiel ihm jedoch nichts auf Anhieb ein. Marleen musste einfach damit klarkommen, dass er vor ihre Nase gesetzt worden war. Das System funktionierte nun einmal so. Aufgrund seiner Ausbildung und seiner Einstellung als Regierungsrat war es seine Aufgabe, eine Unterabteilung zu leiten. Gerade deswegen wurde ja die Hierarchie innerhalb der Beamtenlaufbahn erfunden. Natürlich konnte er sich sehr gut ausmalen, wie das auf andere wirken musste.

Trotzdem fühlte er sich in dem Moment ein klein wenig verloren. Obwohl er akzeptiert hatte, dass er wahrscheinlich vorerst in der Abteilung 8 bleiben würde, wusste er noch nicht, was sein konkreter Aufgabenbereich war. Ein Blick in den E-Mail-Eingang brachte ihn auch nicht weiter. Der Schreibtisch war ansonsten leer. Einzig die üblichen Büroutensilien und die Mappe mit den Sicherheitsinformationen befanden sich in einem Hefter, den er sich jetzt vornahm. Diesmal ging er die Beschreibungen, Codes und

Erklärungen ganz genau durch. Es war das erste Mal, dass er die Zeit dafür fand. Dadurch erfuhr er, dass der Eingang, den er bereits zweimal benutzt hatte, eigentlich einen Notausgang darstellte. In dem Schriftstück wurde angeraten, aus Sicherheits- und Geheimhaltungsgründen stets den Fahrstuhl im Marstall zu benutzen.

Laut den Anweisungen war es ihm nicht generell verboten, außerhalb über die Behörde zu reden. Allerdings erlaubte es das Kanzleramt nur dann, wenn das Gespräch auf diese besondere Institution gelenkt wurde. Da er selbst bis zum Vortag noch nie von dieser Abteilung gehört hatte, begriff er, dass die hiesigen Beamten diese Anweisung sehr ernst nahmen. Er konnte sich nur zu gut vorstellen, dass hier ansonsten jede Menge Reporter herumlaufen würden. Es wäre ein gefundenes Fressen für die Presse, dass das Dritte Reich nicht untergegangen war.

Soweit Eric bekannt war, gingen allemal nur ein paar Verschwörungsspinner davon aus, dass Hitler-Deutschland noch immer existierte. Er konnte sich vor seinem geistigen Auge nur zu gut die Überschriften in den Boulevardzeitungen vorstellen, wenn es jemals im großen Umfang publik werden würde. Wahrscheinlich würden daraufhin sämtliche Neonazis, Rechte, Reichsbürger und Kreisläufer vor Glück fast wahnsinnig werden.

Während sich seine Gedanken im Kreis drehten, begann er damit, das Büro zu untersuchen, neugierig zu erfahren, wer Marleen Beich war und womit sie sich beschäftigte. Obgleich sie sich auf dem falschen Fuß kennengelernt hatten, wollte er eine bessere Arbeitsbeziehung zu ihr aufbauen. Was läge für ihn also näher, als sich ein wenig auf ihrem Schreibtisch umzusehen.

Entgegen seiner Erwartung fand er dort kaum private Dinge vor. Nur ein Familienbild, das mutmaßlich ihre Eltern und eine jüngere Schwester zeigte, stand auf der Schreibtischplatte. Selbst die Kugelschreiber waren die Standardvariante, die zur Grundausstattung eines Beamten gehörte. Normalerweise fand er die Arbeitsplätze von Beamtinnen mit allerlei persönlichem

Schnickschnack gespickt vor. In die Schubladen zu schauen, wagte er sich jedoch nicht aus Respekt vor ihrer Privatsphäre. Er würde es sich im Gegenzug genauso verbitten, dass jemand seine Fächer und Schränke antastete.

Da Eric noch immer keinen konkreten Arbeitsauftrag hatte, unternahm er einen weiteren Ausflug in die Küche. Zu seiner Freude entdeckte er mehrere der Beamten beieinanderstehen. Mit einem Nicken in die Runde grüßte er die neuen Kollegen und erkannte unter ihnen lediglich die Vorzimmerdame seines Chefs, Frau Sacher.

»Hallo, darf ich mich vorstellen. Mein Name ist Eric Tschirnhaus. Ich bin gerade hierher versetzt worden. Wir werden uns wohl jetzt jeden Tag sehen.«

Eric war baff, als ihm abgesehen von knappen Erwiderungen eher Ablehnung entgegenschlug. Irritiert nahm er wahr, dass bis auf Frau Sacher alle anderen Anwesenden wieder zurück in ihre Büros verschwanden. Niemand wollte offensichtlich länger als nötig bei ihm stehen. Eric fragte sich im Stillen, wie es dazu kam. Er konnte nur mutmaßen, dass dieses Verhalten mit dem Streit zwischen ihm und Marleen zusammenhing.

»Machen Sie sich nichts daraus. Sie sind der Neue«, erklärte ihm Frau Sacher die Situation und schenkte ihm ein aufmunterndes Lächeln.

»Ich glaube nicht, dass es nur daran liegt«, gestand Eric ihr ein.

»Nicht? Woran dann, wenn ich fragen darf?«

»Ich denke, dass es mit Frau Beich zu tun hat. Oder sehe ich die Sache falsch?«

»Nun, Sie könnten da vielleicht sogar ein wenig recht haben«, bestätigte ihm die Assistentin des Chefs.

»Stehe ich wirklich in einer solch schlechten Position da?«

»Nun, das eventuell nicht gerade. Sie müssen aber verstehen, dass Frau Beich eine unglaublich beliebte Mitarbeiterin ist. Es gibt niemanden in der Abteilung, der auch nur ein böses Wort über Marleen verliert. Sie ist praktisch die gute Seele der Abteilung 8.«

»Und dabei dachte ich, das wären Sie«, spielte Eric den Charmeur.

»Oh, Sie sind mir vielleicht einer.« Die Frau in den mittleren Jahren kicherte wie eine Jugendliche hinter ihrer vorgehaltenen Hand. »Wollen Sie womöglich mit mir flirten? Ich bitte Sie. Sie könnten locker mein Sohn sein.«

»Was? Nein, natürlich nicht«, versuchte er noch, die Kurve zu bekommen und wurde leicht rot. »So meinte ich das nicht. Entschuldigen Sie bitte.«

»Ach, ich habe Sie doch nur aufgezogen. Machen Sie sich keine Gedanken. Mir ist durchaus bewusst, wie Sie das gemeint haben. Ich glaube aber wirklich, dass Frau Beich so etwas wie das Herz dieser Abteilung ist. Allerdings muss man auch sagen, dass wir ein sehr harmonisches Team sind. Wahrscheinlich ist das dem Umstand geschuldet, dass wir hier unten gewissermaßen festhängen.«

»Sie meinen also, dass es immer zu Verwerfungen kommt, wenn jemand Neues in diesen Mikrokosmos eindringt?«, fasste Eric zusammen.

»Ich glaube, das trifft es sehr gut, ja. Vielleicht ist es aber auch nur der natürliche Lauf der Dinge. Entschuldigen Sie mich jetzt aber. Ich muss zurück an meinen Schreibtisch.«

Mit einer Tasse dampfenden Tee schwebte die Frau nahezu durch das große Büro. Anders konnte er den Gang der Dame kaum beschreiben. Überhaupt wirkte Frau Sacher viel eher wie eine Aristokratin als eine Vorzimmerdame in einem Bunker. Ihr hätte er die Leitung einer solchen Abteilung genauso zugetraut wie Herrn Meischberger.

Wieder befand Eric sich allein und ohne Aufgabe im Leerlauf. In seinem Kopf wirbelten tausende Gedanken umher. Er wusste schlichtweg nicht, was er in dem Moment genau machen sollte. Die Codes und Erklärungen hatte er sich längst eingeprägt. Vielleicht sollte er ein Gespräch mit Markus suchen, kam ihm in den Sinn. Er glaubte jedoch, dass sein neuer Freund gerade in irgendeinem Fall steckte und wollte ihn dabei lieber nicht stören.

Solange Marleen von ihrer Besprechung mit dem Ministerialrat noch nicht zurück war, konnte er nichts anderes machen, als Däumchen zu drehen. Über diese Zeitverschwendung ärgerte er sich. Ein Blick auf sein Handy sagte ihm, dass es bereits kurz vor vier war. Obgleich ihm klar war, dass er eigentlich noch länger arbeiten müsste, beschloss er, dass es sinnlos war, weiter zu warten.

Das dringend ausstehende Gespräch mit Marleen wollte er lieber auf den nächsten Tag verschieben. Tatsächlich spürte er in dem Moment eine bleierne Müdigkeit in seinen Gliedern. Die lange Diskussion mit Meischberger hatte ihm jede Menge Kraft geraubt. Auch in Anbetracht des Umstands, dass er die vergangene Nacht nur wenig Schlaf bekommen, dafür umso mehr Alkohol getrunken hatte, beschloss er, den Bunker zu verlassen. Die paar Minusstunden würde er in Nullkommanichts wieder ausgleichen, wenn er erst einmal richtig mit der Arbeit begonnen hätte.

Unsicher blickte er sich um, ob nicht doch jemand da war, mit dem er sich unterhalten konnte. Er konnte aber niemanden ausmachen. Kurzentschlossen packte er seine Sachen zusammen, warf lieber noch einmal einen Blick auf die Codes und verließ grüblerisch das Büro. Diesmal wusste er den Fahrstuhl zu benutzen.

Woran er sich erst gewöhnen musste, war der Umstand, aus dem Untergrund ins richtige Leben zurückzukehren. Keiner der in dem Gang anwesenden Menschen schenkte ihm auch nur den Hauch einer Aufmerksamkeit. Niemand schien sich für ihn zu interessieren, ganz als wäre es das Normalste auf der Welt, aus einer geheimen unterirdischen Festung mit dem Fahrstuhl aufzufahren.

So seltsam sich das für ihn anfühlte, empfand er die Situation schon als einzigartig. Es war durchaus etwas Besonderes, für diese ominöse Abteilung 8 zu arbeiten, von der keiner außerhalb dieses Bunkers zu wissen schien, dass sie überhaupt existierte. Beinahe heftete der Geschichte ein Hauch von James Bond an. Eric war sich sicher, dass diese Empfindung im Laufe der Zeit verfliegen würde. Im Moment jedoch genoss er diesen Gedanken in vollen Zügen.

Als er durch die Tür nach draußen auf den Schloßplatz trat, schlug ihm eine wahre Hitzewand entgegen. Schon am Morgen war es bereits außerordentlich warm gewesen. Augenblicklich rann ihm der Schweiß aus allen Poren. Hektisch riss er sich sein Jackett vom Leib. Dies brachte ihm jedoch nur eine geringe Linderung. Die lange Hose, Hemd und Schlips waren für einen derartig heißen Nachmittag schlichtweg zu viel. Wie so oft in solchen Situationen wünschte er sich ein nahes Freibad, um sich im kühlen Nass zu erfrischen.

Leider war dies in Berlin nicht so leicht möglich. Es gab viel zu wenige Bäder für viel zu viele Menschen. Und die, die vorhanden waren, würden bestimmt schon längst wegen Überfüllung geschlossen sein. Einzig etliche Kilometer außerhalb der Stadt lagen einige Seen, die nicht ganz so überrannt waren. Allerdings war es dafür bereits zu spät. Bevor er es auch nur bis in den Randbereich Berlins geschafft hätte, wäre längst die Dämmerung über die Stadt gekommen. Es gab Situationen, in denen hasste er es, nicht mehr in Thüringen zu leben.

Wie schon am Vortag lief Eric zu Fuß zum Alex, um von dort mit der S-Bahn auf dem schnellsten Wege nach Hause zu kommen. Der kurze Spaziergang brachte ihn zwar gehörig ins Schwitzen, doch es tat ihm auch gut, sich ein wenig an der frischen Luft zu bewegen. Der anstrengende Tag steckte ihm tief in den Knochen. Er hoffte, dass der Sauerstoff seine Müdigkeit verscheuchen würde.

Auf dem Alex befanden sich derweil Unmengen von Menschen. Manchmal glaubte er, dass viele von ihnen gar kein richtiges Zuhause besaßen. Vor allem an, in und um den Brunnen tummelten sie sich, viele hielten ihre Füße ins Wasser und genossen den Tag. Einer spontanen Idee folgend, beschloss Eric, es ihnen gleichzutun.

Zuvor holte er sich bei einem nahen Verkaufsstand allerdings noch ein Eis. Allein schon der Gedanke daran ließ ihn die Müdigkeit vergessen. Zwischen einem jungen Pärchen und mehreren Touristen fand er eine freie Stelle, um seine fast qualmenden Füße in das eher lauwarme Nass zu stecken. Trotz allem war es eine wahre Wohltat für ihn. Mit geschlossenen Augen genoss er die Abkühlung.

Es störte ihn noch nicht einmal, dass auf dem Alex der übliche Trubel herrschte. Überall um ihn herum brüllten Menschen. In einiger Entfernung sang eine Straßenmusikergruppe einen unbekannten Song. Gegenüber drehte ein Leierkastenmann an seiner Drehorgel ein uraltes Lied. Es war warm, es war stickig, aber es war auch sein Berlin.

Nachdem Eric sein Eis aufgegessen hatte, beschloss er, endlich nach Hause zu fahren. Der magische Moment war für ihn vorbei. Allerdings hatte er die Zeit gefunden, sich über seine berufliche Situation Gedanken zu machen. Zumindest in einem gewissen Rahmen war er zu einer endgültigen Einsicht gekommen: Er würde in der neuen Abteilung bleiben und versuchen, seine Karriere dort weiter voranzubringen.

Gerade auch dem Umstand geschuldet, dass er weiterhin im Kanzleramt arbeiten würde, sah er eine Zukunft für sich. Spätestens mit dem nächsten Kanzler oder der nächsten Kanzlerin würden sich die Begebenheiten im Amt verändern. Neue Menschen würden in den Ressorts arbeiten. Vielleicht schon in drei Jahren würde er die Chance erhalten, in das eigentliche Machtzentrum zurückzukehren. Bis dahin hatte Eric vor, erstklassige Arbeit zu leisten. Vor allem schielte er darauf, die Beförderung als Oberregierungsrat abzugreifen. Seine jetzige Position war letztlich nichts anderes als ein Eingangsamt.

Auf dem Heimweg überlegte Eric noch, ob er in der Besenkammer einkehren sollte. Vielleicht würde er Markus erneut darin vorfinden. Er verwarf den Gedanken aber gleich wieder, denn sollte er dort nicht seinen neuen Kollegen treffen, käme er sich sicherlich ziemlich blöd vor. Allein eine Schwulenbar zu betreten, war bestimmt keine gute Idee.

Als er in der Bahn saß, beglückwünschte er sich zu der Entscheidung, denn er war todmüde. Durch das monotone Rattern und Schaukeln fielen ihm immer wieder die Augen zu. Zwischenzeitlich erwachte er nur, wenn die Bahn an einem Haltepunkt stoppte. Zum Ende hin musste er sich sogar dazu zwingen, wach zu bleiben. Offensichtlich hatte ihm die gestrige Zechtour eine vernünftige Tiefschlafphase verdorben. Zusammen mit den ganzen vergangenen Geschehnissen dieses Tages erklärte das nur zu gut, warum er auf der Stelle einschlafen könnte.

Die restlichen fünfhundert Meter bis zu seiner Wohnung schleppte er sich förmlich nur noch dahin. Kaum war er in der Lage, einen Fuß vor den anderen zu setzen. Das brutal warme Wetter tat sein Übriges, ihm den Heimweg schwerer zu gestalten. Allein das kalte Treppenhaus sorgte bei ihm für ein wenig Linderung. Für etliche Sekunden presste er seinen Kopf gegen die kühle Steinwand in seinem Wohnhaus. Wäre in dem Moment einer seiner Nachbarn ins Haus gekommen, hätte er sich sicherlich über Erics seltsames Verhalten gewundert.

In der Wohnung angekommen musste er sich erst einmal einen ordentlichen Drink machen, um wieder runter zu kommen. In einem Zug stürzte er sein Getränk hinunter. Ohnehin brummte ihm gehörig sein Schädel. Ob es wegen der Müdigkeit war oder weil ihm der Tag so sehr auf das Gemüt geschlagen hatte, wusste Eric nicht. Bevor er unter der Dusche verschwand, wollte er sich nur noch kurz auszuruhen. Wenigstens für ein paar Sekunden die Augen schließen, um wieder zu Kräften zu kommen. Eric hoffte, dass es ihm danach besser gehen würde. Ihm war klar, dass er ohne Probleme die nächsten zehn oder zwölf Stunden durchschlafen könnte. Entnervt von dem Pochen unter seiner Schädeldecke warf er noch schnell zwei Schmerztabletten ein.

Als er sich gerade erschöpft auf sein Bett gelegt hatte, vibrierte sein Handy auf dem Nachttischchen. Obwohl er sein Mobiltelefon bereits lautlos gestellt hatte, nervte ihn das Geräusch ungemein. Müde warf er einen Blick auf das Display, um zu sehen, wer ihn jetzt erreichen wollte. Die wichtigsten Nummern hatte er in seinem Telefonbuch gespeichert. Und das waren im politischen Berlin über 600 Stück.

Allerdings sah er auf der Anzeige einen unbekannten Anrufer. Achselzuckend beschloss er, den Rückruf auf den nächsten Tag zu verlegen. In seiner Verfassung war Eric zu nichts mehr zu gebrauchen. Er wollte nur noch schlafen. Endlos lang und friedlich schlafen. Ihm fielen die Augen zu, als er auch die Vibrationsfunktion seines Smartphones ausstellte und sich umdrehte. Sekunden später befand er sich bereits im Land der Träume.

Donnerstag

Ein schrilles Klingeln riss ihn unvermittelt aus einer Tiefschlafphase heraus. Benommen, desorientiert und kaum Herr seiner Sinne versuchte Eric, die Augen zu öffnen. Als ihm das endlich gelang, musste er die Lider sofort wieder schließen. Zu stark blendete ihn die Sonne, die mit voller Intensität in sein Wohnzimmer strahlte.

Der erste klare Gedanke, den er fassen konnte, machte ihm bewusst, dass er in Klamotten in seinem Bett geschlafen hatte. Die zweite Überlegung war, dass längst ein neuer Tag angefangen haben musste, wenn die Sonne derart grell in sein Zimmer schien.

Das neuerliche nervende Klingeln an der Wohnungstür brachte ihm den Grund für sein Aufwecken zurück in seine trägen Gedanken. Offensichtlich versuchte jemand verzweifelt, ihn zu erreichen. Allerdings war es Eric schleierhaft, wer ihn derart penetrant nervte. Die Post oder der Paketdienst konnten es kaum sein, die versuchten es in der Regel ein- oder maximal zweimal. Das wiederholte Sturmklingeln führte bei ihm zu der Erkenntnis, dass es womöglich wichtig sein könnte.

Erschlagen schleppte er sich daraufhin in Richtung seiner Wohnungstür. Ein weiteres Klingeln ließ ihn zusammenzucken und beschleunigte seine Schritte.

»Ja, verdammt!«, giftete er entnervt in die Gegensprechanlage.

»Oh, Sie sind ja doch da«, hörte er eine Frauenstimme.

Er benötigte etliche Sekunden, um einen klaren Gedanken zu fassen. Natürlich war er da. Er verstand nicht, was diese Feststellung zu bedeuten hatte. Zugleich überlegte er, woher er die weibliche Stimme kannte.

»Hallo? Herr Tschirnhaus?«

»Ja, was ist? Wer ist denn da?«

Unverhohlen brachte er seine ganze Verärgerung in den zwei Fragen unter. Wenn es sich um eine dieser Zeugen Jehovas oder einen Vertreter irgendeines sinnlosen Produktes handelte, würde er wohl an diesem Morgen ein Exempel statuieren müssen.

»Ich versuche, Sie schon die ganze Zeit über zu erreichen. Was ist denn los mit Ihnen?«

»Wieso? Was soll mit mir los sein? Wer sind Sie überhaupt?«

Eric schaffte es immer noch nicht, einen klaren Gedanken zu fassen. Vielmehr versuchte er, fieberhaft zu rekapitulieren, was gestern geschehen war.

»Lieber Herr Tschirnhaus, entweder Sie kommen jetzt runter oder Sie bitten mich wenigstens herein. Finden Sie es etwa höflich, über den Lautsprecher mit mir zu reden? Hier ist Marleen Beich. Ich habe Ihnen doch unzählige Nachrichten hinterlassen.«

Kurz brauchte Eric, um zu überlegen, wer diese Marleen Beich eigentlich war. Was um alles in der Welt machte seine Kollegin vor seiner Wohnungstür? Verzweifelt überlegte er sich, ob er eine gemeinsame Verabredung vergessen hatte. Erst hinterher fielen ihm die Ereignisse vom Vortag wieder ein und dass sie im Streit auseinandergegangen waren.

Automatisch betätigte er den Türsummer. Erst danach fiel ihm auf, in welchem Zustand sich seine Wohnung und er befanden. Eigentlich war Eric kein unordentlicher Mensch, dennoch sahen seine vier Wände im Moment alles andere als vorzeigbar aus. Geschuldet der Ereignisse der vergangenen Tage hatte er sich wohl ein wenig gehen lassen. Als er sich umblickte, sah er zu seinem Schrecken neben einigen Flaschen Alkohol auch etliche Verpackungen von Fertigessen und anderen Unrat herumliegen.

Prüfend zog er die Luft durch seine Nase ein und selbst er merkte, dass sowohl seine Behausung als auch er deutlich müffelten. Natürlich war er gestern ohne zu duschen eingeschlafen. Nach Rosen roch er jetzt wahrlich nicht.

Bevor er irgendetwas an der Situation zu ändern vermochte, klopfte es bereits an der Wohnungstür. Dass er wie in Schockstarre herumgestanden hatte, ohne wenigstens schnell die offensichtlichsten Baustellen zu beheben, machte ihn wütend auf sich selbst. Marleen jedoch erneut vor der Tür warten zu lassen, hielt er ebenso für eine schlechte Idee. Mit einem mulmigen Gefühl öffnete er die Tür.

»Sie müssen entschuldigen. Ich war nicht auf Besuch vorbereitet«, verteidigte er sich schon im Vorfeld.

Mit einem zaghaften Lächeln trat Marleen in seine Wohnung. Im Vorbeigehen ergriff sie Erics ausgestreckte Hand, um ihn zu begrüßen. Als sie schließlich in dem kleinen Flur stand, blickte sie sich um.

»Guten Morgen.«

»Ihnen auch«, erwiderte er etwas kleinlaut.

»Sie sehen echt beschissen aus.«

»Oh, danke. Das kann ich von Ihnen nicht behaupten.«

Seine Entgegnung ließ ihn in dem Moment auch nicht sonderlich intelligenter erscheinen. Nach allem, was bereits zwischen Marleen und ihm vorgefallen war, benahm er sich wie der letzte Idiot.

»Ich glaube, Sie sollten erst einmal unter der Dusche verschwinden, bevor wir uns weiter unterhalten.«

»Da könnten Sie recht haben«, antwortete Eric zerknirscht.

Er wäre am liebsten im Boden versunken, als er in Richtung Bad verschwand. Noch durch die Tür fragte er seine Kollegin nach dem Grund ihres Erscheinens.

»Werden Sie erst einmal wach. Ich erkläre es Ihnen, wenn Sie wieder aus der Dusche gekommen sind. Für unser Gespräch sollten Sie wenigstens bei einigermaßen klarem Verstand sein.«

Während Eric sich der unangenehm riechenden Kleider entledigte, hörte er, wie es im Wohnzimmer rumpelte. Was machte sie dort bloß, fragte er sich. Kurz überlegte er, ob irgendetwas Verfängliches von ihm herumliegen könnte. Ändern konnte er an dem Umstand ohnehin nichts mehr. Also beschloss er, dies als gegeben hinzunehmen.

Unter der Dusche wechselte er absichtlich zwischen heiß und kalt, um wieder fit werden. Schnell rasierte er sich dort auch gleich, um Zeit zu sparen. Fieberhaft überlegte Eric dabei, worüber Marleen mit ihm sprechen wollte. Je mehr er nachdachte, desto deutlicher wurde ihm bewusst, dass sich Marleen komplett anders als am Vortag verhalten hatte. Gerade das machte ihn überaus hellhörig. Wenn eine Person ihr Benehmen innerhalb von 24 Stunden gänzlich änderte, musste etwas dahinterstecken.

Nach dem Duschen fühlte Eric sich gleich viel besser. Jetzt war er bereit für diesen neuen Tag. Leider war ihm noch immer unklar, wie spät es eigentlich war. Er hoffte nicht, dass er erneut verschlafen hatte. Wenn Herr Meischberger Marleen zu ihm geschickt hatte, um ihn zu wecken, würde er sich später im Bunker bestimmt eine gehörige Standpauke anhören dürfen.

Als er bereits die Türklinke in der Hand hatte, wurde ihm ein Dilemma bewusst, an das er so ganz und gar nicht gedacht hatte. Als Single war Eric es gewohnt, nach dem Duschen nackt durch die Wohnung zu laufen. Fast alle seine Sachen befanden sich im Schlafzimmer in einem übergroßen Kleiderschrank. Einzig die Schmutzwäsche und ein paar Handtücher lagen im Bad verstreut herum.

Etwas angeekelt zog er seine zuvor schon getragenen Klamotten aus dem Wäschekorb heraus. Die Minuten in dem Korb hatten den Kleidungsstücken jedoch auch nicht geholfen, um sauber zu werden, wie er nach einer kurzen Geruchsprobe erfahren musste. Angewidert zuckte er zurück. Die Sachen konnte er definitiv nicht mehr tragen.

160

Verärgert darüber, dass Marleen ihn so überfallen hatte und er deswegen in dieser peinlichen Situation steckte, schlang er sich das Handtuch um seine Hüften und stapfte noch immer etwas nass und tropfend aus dem Bad. Dies war nach wie vor seine Wohnung. Wo, wenn nicht hier, konnte er so herumlaufen, wie er wollte.

»Sind Sie endlich ferti…?« Marleen brach plötzlich in ihrem Satz ab, als er in das Wohnzimmer getreten kam.

Er musste durch die Stube laufen, da die anderen Zimmer davon abgingen. Deutlich nahm er Marleens Blick wahr, der auf seinem nassen und nackten Oberkörper geheftet war. Ohne ihre Frage zu vollenden, verfolgte die junge Frau Eric mit ihren Augen. Auch er sparte sich jegliche Erwiderung oder Entgegnung und lief demonstrativ schweigend an Marleen vorbei.

Im Stillen freute Eric sich jedoch diebisch. Damit war zumindest erst einmal der Ausgleich erzielt. Nach der peinlichen Begrüßung an der Wohnungstür stand es nun eins zu eins. Wenigstens war er an diesem Morgen nicht der Einzige, der sich wie ein Idiot benahm. Allein das reichte aus, dass er wieder ein wenig bessere Laune bekam.

Spontan entschied er sich, einen normalen Anzug zu tragen. Auch das Hemd war ein beliebiges, das er in irgendeinem Outlet erworben hatte. Ihm war klar, dass nunmehr der Arbeitsalltag für ihn losging. Ab jetzt würde er stets an demselben Schreibtisch sitzen und vorerst immer der gleichen Tätigkeit nachgehen. Gerade dafür reichte die Nullachtfünfzehn-Garderobe vollkommen aus. Schnell schnappte er sich noch die dunkle Krawatte und einen ebenso dunklen Gürtel.

Zumindest ein wenig zurechtgemacht, verließ er sein Schlafzimmer. Im Wohnzimmer traf er Marleen dabei an, wie sie das herumliegende Geschirr zusammensuchte. Beide Fenster waren zudem sperrangelweit geöffnet, um den muffigen Geruch zu vertreiben. Der Müll und die Verpackungsreste befanden sich bereits schon nicht mehr auf dem Boden und den Tischen verstreut. In der Zeit, die er gebraucht hatte, um sich frisch zu machen, war es Marleen gelungen, seine Wohnung halbwegs auf Vordermann zu bringen. Obwohl Eric ihr dafür dankbar war, hatte sie ihn dadurch in eine ziemlich peinliche Situation gebracht.

»Das hätten Sie wirklich nicht machen brauchen.«

»Was hätte ich sonst die ganze Zeit über tun sollen?«, fragte seine Kollegin ihn zurück.

»Entschuldigung, aber Sie machen mich mehr als nur ein wenig verlegen, wenn Sie meine Wohnung und mich so erleben.«

»Ach, ist schon okay.«

»Sie müssen bitte verzeihen. Normalerweise sieht es bei mir nicht so aus. Die vergangenen Tage waren aber eine Ausnahmesituation. Es ist sonst nicht meine Art, mich derart gehen zu lassen.«

»Jetzt vergessen wir das einfach einmal. Es reicht, wenn Sie wieder ansprechbar sind. Ich hoffe aber nicht, dass Sie jeden Morgen in solche einem Zustand sind.«

»Was? Nein! Auf gar keinen Fall. Wie schon gesagt. Die letzten Tage …«

Mit einem aufrichtigen Lächeln zeigte Marleen ihm, dass sie verstanden hatte.

»Also, was kann ich für Sie tun?«, fragte er neugierig.

»Wie wäre es zuerst, einfach mal auf die Telefonate zu reagieren. Mir würde es auch ausreichen, wenn Sie mir auf meine Nachrichten antworteten.«

Eric nahm wahr, dass die Nettigkeit aus Marleens Antlitz rapide verschwand, genauso wie sich plötzlich ihre ganze Statur straffte. Da Marleen kleiner war als Eric, erweckte es den Anschein, als würde sie sich extra seinetwegen größer machen. Mit durchgestrecktem Rücken wirkte seine Kollegin wie eine zu allem bereite Amazone.

162

»Oh, Sie müssen verzeihen. Ich war gestern so fertig, dass ich mich direkt schlafen gelegt habe. Normalerweise schalte ich mein Handy dabei immer aus. Einzig wenn etwas Wichtiges ansteht, lasse ich das Smartphone an.«

Schnell griff er nach dem Mobiltelefon, das noch immer auf dem Wohnzimmertisch lag, und erschrak: Zehn verpasste Anrufe und etliche Nachrichten waren über Nacht eingegangen. Der Großteil stammte von ein und derselben Nummer. Eric nahm an, dass es sich dabei um Anrufe von Marleen handelte. Allerdings hatte auch Herr Meischberger versucht, ihn zu erreichen. Mehr und mehr bekam er deswegen ein schlechtes Gewissen. Was war das bitte für ein peinlicher Start in der Abteilung 8, dachte er bei sich. Bis jetzt war er zweimal zu spät gekommen und hatte am dritten Tag auf keinerlei Anrufe reagiert. Ein Blick auf die Uhr brachte ihm die Gewissheit, dass es gerade einmal halb neun war. Dies legte schon ein wenig sein schlechtes Gewissen. Wäre es bereits zehn oder elf, würde er diesen Stress verstehen. So jedoch …

»Okay, mea culpa«, gab sich Eric daraufhin zerknirscht. »Es tut mir leid. Die letzten drei Tage waren derart anstrengend. Mein Körper hat sich wahrscheinlich den Schlaf geholt, den er benötigte. Ich hoffe, Sie können das verstehen und mir verzeihen.«

»Das werden wir noch sehen.«

Kurz zuckte er wegen dieser spitzen Bemerkung zusammen. »Sie haben mir immer noch nicht verraten, was das alles zu bedeuten hat. Ich meine, Sie machen hier ja schon eine ganz schön große Welle. Wenn es nur darum geht, mich bloßzustellen, hätten Sie das auch viel einfacher haben können.«

»Jetzt nehmen Sie sich mal bitte nicht so wichtig! Glauben Sie etwa, die komplette Welt würde sich nur um Sie drehen?«

Kurz blitzten sie sich daraufhin aggressiv gegenseitig mit den Augen an. In der Sekunde sah er die Marleen, wie er sie in den letzten beiden Tagen kennengelernt hatte. Offensichtlich war die zuvor gezeigte Freundlichkeit eher gespielt als tatsächlich existent.

163

»Hat Ihnen Herr Meischberger nicht erzählt, dass ich Ihnen den Job erklären soll?«

»Doch, ja schon«, entgegnete Eric.

»Na sehen Sie. Und genau aus diesem Grund bin ich heute hier.«

»Dafür kommen Sie zu mir nach Hause und rufen mich nachts an?«, fragte er zweifelnd nach.

»Reden Sie doch keinen Unsinn! Natürlich nicht. Eigentlich wollte ich mich mit Ihnen verabreden. Da Sie aber meine Anrufe nicht entgegennehmen, war ich gezwungen, zu Ihnen nach Hause zu kommen. Und glauben Sie mir bitte: Das habe ich nur sehr ungern getan.«

»So so. Und nun?«

»Wir haben einen Außentermin, schließlich sitzen wir nicht immer nur in den Büros herum. Ich gehe davon aus, Sie wissen davon, dass Herr Meischberger ein neues Team aufzustellen plant.«

Nach wie vor begriff er nicht recht, worum es in dem Gespräch ging, schließlich wurde er erst vor zehn Minuten sehr unsanft aus seinem Schlaf gerissen.

»Okay, alles klar. Wir haben also einen Termin außerhalb des Bunkers.«

»Sie sind ja ein richtiger Blitzmerker«, stichelte Marleen abermals.

»Ich bitte Sie! Aus Ihren bruchstückhaften Beschreibungen konnte man das ja wohl kaum heraushören«, giftete Eric zurück.

Kurzzeitig flogen erneut vielsagende Blicke durch den Raum. Allerdings waren sie beide Profi genug, um die Probleme hintanzustellen. Eric akzeptierte außerdem, dass er von Marleen eingearbeitet werden sollte. Offenkundig war dieser Außeneinsatz dazu gedacht, sich mit der Arbeitsweise der Abteilung 8 vertraut zu machen.

»Verschieben wir diese Diskussion auf ein anderes Mal«, schlug er versöhnlich vor.

Nickend gab Marleen ihr Einverständnis.

»Also, ich bin hier, um Sie abzuholen«, erklärte seine Kollegin ihm ein weiteres Mal.

»Alles klar. Soweit habe ich das verstanden. Darf ich fragen, wo es hingeht?«

»Wie müssen nach Kaltenbruch.«

»Bitte wohin?«

»Nach Kaltenbruch! Ich habe heute irgendwie das Gefühl, alles zweimal sagen zu müssen«, fügte Marleen hinzu.

»Oh, tut mir leid, dass ich nachfrage. Ich habe absolut keine Ahnung, wo dieses Kaltenbruch liegen soll.«

»Kaltenbruch liegt im wunderschönen Erzgebirge. Ich weiß nicht, ob Sie die Gegend kennen.«

»Sachsen?«, platzte es aus Eric heraus. »Sie wollen mit mir allen Ernstes heute bis nach Sachsen fahren?«

»Natürlich! Deswegen habe ich auch versucht, Sie zu erreichen. Leider waren Sie ja gestern unpässlich. Was hätte ich also sonst machen sollen?«

»Ist schon okay. Es war ja letztlich meine eigene Schuld. Darf ich fragen, wie lang der Ausflug dauern wird?«

»Ich gehe von nicht mehr als zwei Tagen aus«, erklärte Marleen trocken.

Eric musste schwer schlucken. Mit so einer Entwicklung hatte er ganz und gar nicht gerechnet. Als Einarbeitung hatte er sich einige entspannte Tage vor dem Computer vorgestellt. Vielleicht wäre auch der eine oder andere Abstecher in ein Magazin oder eine Bibliothek denkbar gewesen. Dass er stattdessen ins tiefste Sachsen musste, hätte er nicht erwartet.

»Dann müssen Sie mir noch ein paar Minuten geben. Darauf war ich nicht vorbereitet.«

»Sehen Sie, und das ist schon die erste Lektion«, brachte Marleen heraus.

»Bitte wie?«

165

»Sie sollten immer eine gepackte Reisetasche parat haben. Ideal wäre auch, eine kleine Tasche mit ins Büro zu nehmen. Manchmal müssen wir innerhalb von ein paar Minuten losmachen. Da bleibt wenig Zeit, um erst noch nach Hause zum Packen zu fahren«, gab sich Marleen oberlehrerhaft.

»Alles klar. Ich habe es verstanden. Ich werde mich entsprechend vorbereiten. Nur keine Sorge, dies wird mir nicht noch einmal passieren.«

»Dann ist ja gut. So hat dieser Morgen wenigstens etwas Gutes.«

Planlos stolperte Eric in seiner Wohnung herum. Er benötigte einige Momente, um sich zu konzentrieren. Die Anwesenheit von Marleen tat ihr Übriges, um ihn aus dem Konzept zu bringen.

»Wären Sie wohl so nett, zwischenzeitlich in der Küche einen Kaffee aufzusetzen? Ich brauche jetzt definitiv eine Tasse. Außerdem könnten wir eine Thermoskanne mitnehmen. Die Fahrt dürfte bestimmt eine Weile dauern.«

Entgegen seiner Erwartung schenkte ihm Marleen daraufhin ein Lächeln. Vielleicht bestand doch noch Hoffnung darauf, dass sie einen Waffenstillstand schließen konnten. Solange sie sich zudem mit der Arbeit beschäftigten, würden sie womöglich halbwegs miteinander auskommen.

Während Marleen in der Küche verschwand, suchte er seine Sachen zusammen. Neben allerlei technischem Equipment packte er Wechselklamotten für zwei Tage ein.

Anschließend lief er ins Bad, um sämtliche Hygieneartikel zusammenzutragen. Nachdem er sich erst einmal gefangen hatte, brauchte er nur fünf Minuten, um alle benötigten Dinge in eine Tasche zu packen. Zwischenzeitlich wehte der Duft von frisch aufgebrühtem Kaffee verführerisch aus der Küche zu ihm hinüber.

Getragen vom Drang nach Koffein suchte er Marleen auf. Zum Glück sah seine Küche ein wenig besser aus als das Wohnzimmer zuvor. Zumindest in dem Raum achtete er darauf, dass kein allzu großes Chaos entstand. Sehr zu seiner Verblüffung hatte Marleen alles gefunden. Thermobecher als auch eine Thermoskanne standen bereit, um befüllt zu werden. Offensichtlich nutzte sie die Gelegenheit, um sich ebenso ein Heißgetränk zuzubereiten.

»Ich wäre dann so weit«, teilte Eric ihr mit.

»Der Kaffee ist gleich durch.«

»Fahren wir eigentlich mit meinem oder mit Ihrem Auto«, wollte er erfahren.

»Weder noch. Wir haben ein Auto des Amts zu unserer Verfügung. Das ist bei solchen Außenterminen üblich. Die Abrechnung eines Privatfahrzeugs gestaltet sich für die Buchhaltung immer ein wenig kompliziert. Deswegen sind wir dazu angehalten, stattdessen ein Auto aus dem Fuhrpark zu nutzen.«

Wohlwollend bemerkte Eric, dass der Kaffee durchgelaufen war. Bevor es losging, drückte ihm Marleen eine Thermotasse in die Hand. Vorsichtig nahm er einen Schluck. Überrascht weiteten sich daraufhin seine Augen. Anerkennend nickte er und dankte Marleen für das Zubereiten.

»Wo haben Sie nur diesen Kaffee her? Haben Sie den etwa mitgebracht?«, fragte er ungläubig nach.

»Nein, wie kommen Sie darauf? Das ist das Pulver, das ich in Ihrem Schrank gefunden habe.«

»Das soll mein Kaffee sein?«, zeigte sich Eric argwöhnisch.

»Natürlich! Ich habe nur noch ein paar Ingredienzen hinzugefügt, die ich in Ihrer Küche finden konnte.«

»Ernsthaft? Das hätte ich nie für möglich gehalten. Ich trinke zwar gerne Kaffee, aber ein derart exzellentes Schälchen Heeßes habe ich schon lange nicht mehr genossen«, machte er Marleen ein Kompliment.

Die wiederum hob eine Augenbraue. »War das gerade Sächsisch?«

167

»Nu glor. Ich dachte, es würde zu unserem geplanten Trip ganz gut passen. Wir sollten uns doch den Gepflogenheiten der einheimischen Bevölkerung anpassen. Oder etwa nicht?«

»Da haben Sie vollkommen recht«, bekräftigte Marleen seinen zuvor gemachten Scherz. »Machen Sie diese Art von Albereien nur bitte nicht, wenn wir uns vor Ort befinden. Es gibt Menschen im ländlichen Raum, die sind nicht sehr gut auf die Regierung in Berlin zu sprechen. Da wir auch noch direkt für das Kanzleramt arbeiten, stellen wir sozusagen so eine Art Teufel in persona dar.«

»Na, da werde ich mich wohl zusammenreißen müssen.«

Beide schmunzelten sie sich daraufhin gegenseitig an. Zumindest hatte sich durch die Herumflachserei die Grundstimmung erheblich verbessert. Wenn er gezwungen gewesen wäre, die ganze Fahrt über neben einer schweigenden und mies gelaunten Frau zu sitzen, hätte der Ausflug womöglich unglaublich anstrengend werden können. Nun hoffte Eric wenigstens, dass es nicht ganz so schlimm enden würde.

»Sie haben mir immer noch nicht verraten, worum es eigentlich geht.«

»Das habe ich bewusst noch nicht getan. Ich glaube, es ist ganz okay, wenn Sie sich selbst vor Ort einen Eindruck machen. Sie werden feststellen, dass wir durchaus auf die verrücktesten Gestalten treffen. Machen Sie sich gefasst darauf, dass zu jeder Zeit das Unvorhersehbare eintreten könnte.«

»Sie wollen mich also komplett im Dunkeln tappen lassen?«, fragte Eric schelmisch nach und unterstrich sein Anliegen mit einem breiten Grinsen.

Er hegte die leise Hoffnung, dass nun doch das Eis gebrochen wäre. Letztlich hatte Marleen ein Problem mit ihm und er nicht mit ihr. Um des lieben Friedens willen war er unbedingt darauf aus, das Verhältnis zu der Kollegin zu verbessern.

»Dann akzeptiere ich das so«, schob er hinterher. »Ich denke, es gibt mit Sicherheit eine Menge zu lernen. Ich bin mir noch immer nicht gänzlich im Klaren, was alles zu den Verantwortungsfeldern der Behörde gehört. Herr Meischberger hat mir zwar einen ungefähren Überblick gegeben, was wir jetzt aber in der sächsischen Provinz zu suchen haben, kann ich mir nicht erklären.«

»Lassen Sie sich einfach überraschen. Können wir jetzt?«

»Absolut! Sobald er Kaffee umgefüllt ist, geht es los.«

Mit der Thermoskanne bewaffnet und sowohl Reise- als auch der Notebooktasche auf den Schultern folgte Eric Marleen nach draußen. Mittlerweile war es bereits halb zehn. Die Sonne stand schon hoch am Firmament. Er war sich sicher, dass es erneut ein brütend heißer Tag werden würde. Vielleicht war es tatsächlich besser, Berlin zu verlassen. Er ging davon aus, dass es im Erzgebirge um einiges angenehmer sein würde als in der Hauptstadt.

Wie angewurzelt blieb er plötzlich stehen. Marleen ließ die Lichter eines nigelnagelneuen Audi A8 mittels einer Fernbedienung aufleuchten. Natürlich hatte er mit einem vernünftigen Fahrzeug gerechnet. Dass er es allerdings mit der Oberklasse von Audi zu tun bekommen würde, überstieg seine Erwartungen um Längen. Eric war schon das eine oder andere Mal bei einem seiner Chefs mitgefahren. Nichtsdestoweniger war es ihm nie vergönnt gewesen, selbst hinter dem Steuer eines solchen 100.000 Euro teuren Autos zu sitzen.

Beeindruckt umrundete er die Nobelkarosse. »Ernsthaft? Wir bekommen so ein Auto von Y-Tours? Damit hätte ich nicht gerechnet.«

»Woher sollen wir sonst unsere Dienstfahrzeuge nehmen?«, fragte sie ihn, und schaute ihn direkt an.

»Ja, aber gleich so ein Fahrzeug aus dem Fuhrpark der Bundeswehr?«

»Freuen Sie sich doch, dass wir so angenehm nach Sachsen kommen. Würden Sie lieber mit der Bahn oder dem Bus fahren? Meines Wissens ist das auch möglich.«

»Nein, nein. Es ist schon okay. Ich wollte nicht ...« Eric winkte ab, was sollte er da auch weiter diskutieren.

»Wo wollen Sie bitte hin?«, hielt ihn plötzlich Marleen auf.

Automatisch war Eric auf die Fahrerseite zugesteuert. Er hatte angenommen, dass er den Wagen fahren würde. Marleen hielt jedoch noch immer die Fernbedienung in der Hand und steuerte selbstbewusst ebenso auf die linke Seite des PKWs zu. Offenkundig sah sie keine Veranlassung, das Privileg des Fahrens abzugeben.

»Sie fahren?«

»Natürlich! Sie sollen doch zuschauen und lernen«, belehrte ihn Marleen mit einem nicht unüberhörbaren Sarkasmus in der Stimme. »Schon vergessen?«

Eric blieb keine andere Wahl, als sich mit der Beifahrerseite zufriedenzugeben. Innerlich wurmte ihn dieser Umstand schon ein wenig. Zum einen verfügte er über eine höhere Einstufung als Marleen. Allerdings war es nicht so wie bei der Bundeswehr, bei der strikt auf eine Rangordnung geachtet wurde. Vielmehr bestanden die Ränge in den Ministerien formal in Gehaltsklassen und als Zeichen der Ausbildung. Selbstverständlich waren diverse Positionen erst ab einer gewissen Gehaltsstufe vorgesehen. Dies war jedoch auch eher nur ein ungefähres Gerüst, an das sich die jeweiligen Leiter und Institutionen halten sollten.

Erstaunlich weich und angenehm kamen ihm die hellen Ledersitze vor. Fast versank er in seinem Beifahrersitz. Neugierig inspizierte er die vielfältigen Funktionen des Audis und entdeckte drei Displays im Wageninneren. Ein großes Panel in der Mitte hatte fast die Ausmaße eines Laptop-Bildschirms. Mit dem Starten des Autos flackerten alle möglichen kleinen Lichter auf.

Erst in dem Augenblick wurde ihm gewahr, dass in dem PKW weder Schalter noch Tasten existierten. Offensichtlich konnte man das ganze Auto über den Touchscreen bedienen. Fasziniert probierte er in der Folge einige

Einstellungen aus. Als es schlagartig sehr heiß in dem Wagen wurde, schlug ihm Marleen leicht mit einer Hand auf seine Finger.

»Ich fahre! Deswegen darf auch nur ich das Display bedienen«, maßregelte sie ihn oberlehrerhaft.

»Schon gut, es tut mir leid. Ich finde das alles nur sehr faszinierend«, entschuldigte er sich fast schon unterwürfig.

Da es noch relativ früh war, schafften sie es problemlos aus der Stadt hinaus. Keine dreißig Minuten später befanden sie sich auf der Autobahn. Plötzlich begriff Eric, warum Marleen so versessen darauf war, den Audi selbst zu fahren. Mit Bleifuß beschleunigte sie innerhalb von ein paar Sekunden auf Tempo 250. Eric drückte es währenddessen förmlich in den Sitz.

»Nur die Ruhe. Ich würde sehr gern in einem Stück ankommen«, scherzte er, obwohl ihm gerade eher nicht nach Späßen zumute war.

»Ach, lassen Sie mir doch meinen Spaß. Es kommt selten genug vor, dass ich mal aus dem Bunker herauskomme. Und dazu noch in diesem Wagen!«, entgegnete Marleen daraufhin.

Diese Bemerkung ließ Eric trotz kleiner Anspannung in sich hinein lächeln. Zum ersten Mal hatte seine Kollegin die Maske fallen lassen. Ihren Worten war zu entnehmen, dass es doch nicht so selbstverständlich war, auf eine Dienstreise zu gehen. Zudem schien sie ebenso nicht allzu oft in den Genuss gekommen zu sein, ein derartiges Oberklassen-Fahrzeug zu führen. Er ahnte bereits, dass sie offenkundig die taffe Beamtin nur spielte.

Sehr zu seiner Beruhigung verringerte Marleen die Geschwindigkeit auf ein verträgliches Maß. Letztlich kannte Eric sie noch nicht allzu lange, als dass er ihre Fähigkeiten im Umgang mit einem Auto vollends einzuschätzen wusste. Bei einem Tempo jenseits der zweihundert legte er schließlich sein Leben in ihre Hände.

Nachdem sie sich beide im Reise-Modus befanden, entschied Eric sich dafür, sie ein wenig auszuquetschen. Die Klimaanlage lieferte eine angenehme Raumtemperatur und im Fahrzeug lief beruhigender Rock aus den Achtzigerjahren.

»Etwas müssen Sie mir aber noch erklären.«

»Ja, gern. Was denn?«

»Was sollte das vorgestern mit den Nazi-Uniformen? Ich begreife das noch nicht richtig«, brachte er die Frage an, die ihm unter den Nägeln brannte.

»Wieso? Was ist daran nicht zu verstehen?«

»Na ja, selbst Frau Sacher hatte sich kostümiert. So im Nachgang mutet es schon recht seltsam an, wenn man die Frau erst einmal ein wenig besser kennengelernt hat.«

»Sehen Sie es einfach als eine Art Initiationsritus durch unseren Abteilungsleiter.«

»Die Antwort ist mir jetzt aber zu banal. Niemand zieht freiwillig so eine Uniform an, der auch nur ein bisschen in Geschichte aufgepasst hat.«

»Natürlich haben Sie da recht«, pflichtete ihm Marleen bei. »Allerdings ist es etwas komplizierter.«

»Ich mag komplizierte Sachen. Außerdem befinden wir uns gerade auf einer Autobahn und haben Zeit. Also erklären Sie es mir bitte.«

Unruhig rutschte Marleen auf ihrem Platz hin und her. Eric merkte, dass ihr das Gespräch ein wenig unangenehm war. Offenkundig hatte er einen wunden Punkt erwischt.

»Ich finde es auch nicht allzu ideal, in alten NS-Uniformen herumlaufen zu müssen. Herr Meischberger meint allerdings immer, dass es eben zu uns gehört.«

»Sie wollen sagen, weil wir das Dritte Reich darstellen«, versuchte er, ihr eine Brücke zu bauen.

172

»Zum Teil auch das. Aber es ist ebenso viel mehr. Es geht um die Sonderstellung der Abteilung 8. Ich weiß nicht, ob Sie die ganze Geschichte in allen Einzelheiten voll begriffen haben. Was sich die ehemaligen Bundeskanzler da ausgedacht haben, ist ein ziemlich verworrenes Geflecht.«

»Ich habe mich dahingehend schon ein wenig belesen«, gestand er ihr ein. »Mir ist die Tragweite durchaus bewusst. Allerdings kann man so etwas auch sehr gut ohne die alten Uniformen durchführen.«

»Da haben Sie absolut recht. Ich glaube aber, es geht Herrn Meischberger viel eher um eine Art Test.«

»Ein Test?«, wiederholte Eric.

»Ja! Sie müssen verstehen, dass wir relativ viele Abbrecher in den ersten Tagen und Wochen haben. Die meisten begreifen das schlichtweg nicht. Manche sind auch einfach nur zu dumm, um die Zusammenhänge nachzuvollziehen. Einige wollen es sogar nicht einmal wahrhaben. Ich denke, die ganze Show mit den alten Uniformen dient dazu, die Unfähigen von vornherein auszusieben.«

»Ich kann mir nicht vorstellen, dass der Job derart anspruchsvoll ist«, warf er ein.

»Anspruchsvoll vielleicht nicht. Auf jeden Fall ist er besonders. Es geht vor allem darum zu begreifen, dass man eben nicht im Namen der Bundesrepublik agiert.«

»Aber das ist doch …«, fuhr Eric dazwischen.

»Ja, ja. Natürlich sind wir Bürger und Beamte von Deutschland. Selbstverständlich halten wir uns an unseren Eid. Es ist jedoch mehr als das. Gerade wegen dieses Eids müssen wir im Namen eines vollkommen anderen Landes handeln.«

»Heißt das im Endeffekt etwa auch, dass wir nicht zwingend zum Wohl der Bundesrepublik agieren müssen?«, hakte Eric nach.

173

»Genau das meinte ich. Wenn Sie in der Abteilung 8 arbeiten wollen, müssen Sie begreifen, dass diese Institution eben nicht identisch mit der BRD ist. Bei der Gründung wurde extra die Rechtsnachfolge ausgeschlossen. Deswegen darf auch niemand aus der Bundesrepublik im Namen des Dritten Reiches sprechen.«

»Aber wir sind doch Teil von Deutschland. Ich fühle mich zumindest als Teil dessen. Wollen Sie mir das hier absprechen?«

»Nein, selbstverständlich nicht. Gewissenmaßen sind Sie während der Arbeit aber beides. Sie sind sowohl ein Bürger der BRD als auch ein Beamter des Deutschlands von vor 1945.«

»Das ist aber rechtlich verwirrend.« Eric verstand nicht so recht und kratzte sich am Kopf.

»Natürlich ist es das. Wenn es nicht so wäre, bräuchte niemand die Abteilung 8. Irgendwer hat sich dies alles vor vielen Jahren einmal einfallen lassen. Seitdem funktioniert es einigermaßen passabel. Ich meine, die Realität gibt uns doch recht. Oder etwa nicht?«

»Inwieweit gibt sie uns recht?«, wollte es Eric genauer wissen.

»Na, nehmen Sie doch nur die ganzen alten Verträge. Ohne uns wären diese nicht mehr gültig.«

»Aber dann könnte man diese doch einfach neu verhandeln«, warf Eric ein.

»Ich bin mir nicht sicher, ob das alle Vertragsparteien so auch wollen. Ich gehe davon aus, dass es bei der Gründung der BRD 1945 wichtig war, dass das Reich nicht untergegangen ist. Es musste einfach weiter fortbestehen. Zudem ist es meine These, dass genau diese Gedanken bei den Verhandlungen zum Beitritt der DDR zur Bundesrepublik ebenso eine Rolle gespielt haben. Zu keiner Zeit war das Deutschland von 1990 das Deutschland von 1937.«

»Sie meinen hier die Einzelverträge zum Abzug der Armeen der Siegermächte.«

»Ja, ganz genau darauf wollte ich hinaus«, bestätigte ihm Marleen.

»Das würde ja bedeuten, dass die Abteilung 8 systemwichtig für die gesamte Bundesrepublik wäre.«

»Exakt das ist der Knackpunkt an der kompletten Geschichte. Das haben Sie sehr gut erkannt.«

»Aber wieso ist die Behörde dann so klein, so unbedeutend und so unbekannt?«

»Ich glaube, das hat nun wieder etwas mit den vorherigen Bundeskanzlern zu tun.«

»Sie meinen, weil der Öffentlichkeit die Weiterexistenz des Reiches nicht bewusstwerden sollte?«

»Selbstverständlich!«, bestätigte ihm Marleen. »Aber nicht nur das. Zu jeder Zeit gab es eine gewisse Menge von Ewig-Gestrigen. Das ist ja nicht gerade ein Phänomen der Moderne. Ich gehe davon aus, in den Fünfzigern und Sechzigern gab es mehr als genug Alt-Nazis, welche das Reich sehr gern wieder auferstehen lassen hätten. Vor allem aus diesem Grund wurde die Abteilung 8 so klein und so versteckt gehalten.«

Nachdenklich rutschte Eric in den Sitz hinein. Was Marleen ausführte, ergab einen Sinn für ihn. Je mehr er sich mit seiner neuen Arbeitsstelle beschäftigte, umso mehr wurde ihm klar, dass sie ihre Funktion zurecht hatte. Allerdings war es schon recht seltsam, dass der Abteilungsleiter so ein Aufheben darum machte.

»Das erklärte aber immer noch nicht die Sache mit den Uniformen«, kam er auf das ursprüngliche Thema zurück.

»Dann wiederhole ich mich: Ich glaube, Herr Meischberger will tatsächlich dadurch die falschen Leute abschrecken. Verstehen Sie denn nicht? Die wenigsten können akzeptieren, dass sie plötzlich für das Dritte Reich arbeiten sollen. Kaum jemand begreift, wie bedeutsam unsere Aufgabe ist. Gerade aus diesem Grund ist es wichtig, die Unfähigen von vornherein auszusieben.

Wenn jemand den Umstand nicht anerkennen kann, dass das Reich noch immer existent ist, befindet er sich bei uns an der falschen Adresse.«

Die letzten Sätze hatte Marleen mit einer gewissen Vehemenz von sich gegeben. Eric wusste nur noch nicht, ob es an ihrer Einstellung oder an etwaigen Zweifeln liegen könnte. Allerdings arbeitete sie auch schon seit einigen Jahren in der Behörde. Zweifel waren nach einer so langen Zeit eher unwahrscheinlich.

»Na gut, das kann ich nachvollziehen. Zwar ist es keine befriedigende Erklärung, doch gebe ich mich damit fürs Erste zufrieden. Letztlich ist das auch erst mein dritter Tag. Niemand kann von mir erwarten, dass ich all dies in Nullkommanichts akzeptiere.«

»Machen Sie es so, wie Sie denken. Alles, was ich von Ihnen erwarte, ist, dass Sie in den nächsten zwei Tagen gut aufpassen. Sie sollen lernen, wie die Behörde arbeitet und was unsere Aufgaben im Speziellen sind.«

»Das verraten Sie mir aber ja noch nicht einmal«, warf Eric daraufhin ein.

»Ich habe es Ihnen doch schon erklärt. Es bringt Ihnen viel mehr, wenn Sie das selbst herausfinden und infolgedessen Ihre ganz eigenen Schlüsse ziehen.«

Während die Fahrbahnbegrünung in einem wilden Reigen an ihnen vorbeizog, saßen sie beide schweigend nebeneinander. Mittlerweile hatte er sich an die hohe Geschwindigkeit gewöhnt. Zudem musste er Marleen zugestehen, dass sie eine ausgesprochen gute Autofahrerin war. Trotzdem ärgerte es ihn, dass er nicht selbst ans Steuer durfte. Zu gern hätte er die 326 Pferdestärken einmal voll ausgefahren.

Nach einer kurzen Pause passierten sie die Landesgrenze zu Sachsen. Eric war allerdings klar, dass die Fahrt noch eine ganze Weile lang dauern würde. Das Erzgebirge war verkehrstechnisch schlecht an die großen Straßen angebunden. Ab der Autobahnabfahrt würden sie noch locker fünfzig

Kilometer weit fahren müssen. Zum Glück verfügte das Auto über ein exzellentes Navigationssystem. Zwischen kleinen Bergstraßen und schmalen Dorfwegen war es mitunter nicht allzu leicht, den richtigen Weg zu finden.

Als sie schließlich Dresden erreichten, zeigte sich Sachsen von seiner schönsten Seite. Eric hatte mittlerweile jede Menge Ecken von Deutschland zu Gesicht bekommen. In vielen sah es wesentlich übler aus als in dem östlichen Bundesland. Vor allem entlang der Autobahn präsentierten sich die Gemeinden von ihrer besten Seite. Neue Häuser und imposante Fabriken ragten links und rechts auf.

Als Beifahrer hatte Eric zum ersten Mal die Möglichkeit, sich alles genau anzuschauen. Normalerweise preschte er mit seinem eigenen Wagen in Tempo 180 an allem vorbei. Die Konzentration auf den Verkehr und die Straße gerichtet, war es unmöglich, den Dingen neben der Fahrbahn Beachtung zu schenken. Nichts wies mehr auf das Land hin, das sich hier noch vor ein paar Jahren befunden hatte. Wenn er ehrlich war, hatte er sich das alles viel schlimmer vorgestellt.

Leider waren sie gezwungen, die Metropole an der Elbe hinter sich zu lassen. Zu gern hätte er die Dienstreise in Dresden verbringen wollen. Vor allem an so einem schönen Tag musste die Stadt unglaublich anziehend sein.

Keine dreißig Kilometer nach der Landeshauptstadt verließen sie schließlich die Autobahn. Die Fahrt hierher hatte erstaunlicherweise gerade einmal zweieinhalb Stunden gedauert. Allerdings wusste Eric auch, dass der anstrengende Teil erst ab hier beginnen würde. Mit der Ausfahrt Siebenlehn ging es für sie zuerst eine entspannte Bundesstraße in Richtung Freiberg entlang.

Hier befanden sie sich bereits im Erzgebirge. Freiberg war einer der wenigen kleineren Orte, den er vom Hörensagen her kannte. Als Zentrum der mittelalterlichen Erzbergwerkregion war die Kreisstadt weit über die Grenzen Sachsens bekannt.

177

Er hatte schon viele Berichte über diese Region und ihre Bewohner gelesen und etliche Videos im Internet gesehen. Erzgebirger waren auf ihre Art etwas ganz Außergewöhnliches. Am ehesten konnte man die Menschen dieser Bergregion mit einem Bayern oder Kölner vergleichen. Tief verwurzelt, mit allerlei eigenartigen Bräuchen behaftet und meist unter sich hatte sich ein ganz besonderer Schlag von Menschen entwickelt. Diesen konnte man kaum bis gar nicht mit den Einwohnern Dresdens oder Leipzigs vergleichen.

Von einer Gegenüberstellung zu einem Berliner wollte er lieber gar nicht erst anfangen. In der Hauptstadt als internationalem Schmelztiegel herrschte ein komplett anderes Klima. Berlin war kosmopolitisch, weltoffen und avantgardistisch – einfach anders. Es gab nun einmal solche und solche Menschen, wie nun mal auch andere Kulturen oder Regionen existierten.

Hinter Freiberg begann sich das eigentliche Gebirge abzuzeichnen. Die Dörfer wurden zunehmend schmaler, die Straßen immer kleiner. Außerdem ging es beständig bergauf und bergab. Schließlich waren sie bald gezwungen, auf mickrige Land- und Dorfstraßen auszuweichen.

Mit dem Wechsel in die Mittelgebirgsregion veränderte sich das Wetter. Wie Eric vorausgesehen hatte, war es in höheren Lagen wesentlich kühler als in Berlin. Zugleich schoben sich immer mehr Wolken vor die Sonne. Dreißig Minuten nach Verlassen der Autobahn hatte sich beinahe eine geschlossene Wolkendecke gebildet. Die Luft roch nach einem Wärmegewitter.

Kaum fehlte das Licht der Sonne, erschien die Gegend auch um einiges düsterer. Zumindest kam es Eric so vor. Besonders in die tiefen Täler, die sie durchfuhren, drang kein Sonnenstrahl. Er fragte sich, wie die Leute damit zurechtkamen, im Schatten der Berge und mit so wenig Licht zu leben. Für ihn war das absolut unvorstellbar. Er benötigte das Sonnenlicht, damit es ihm gut ging. Dies war einer der Gründe, weswegen er den Winter so wenig leiden konnte. Vor allem die Zeit der kürzesten Tage schlug ihm alljährlich aufs

Gemüt. Meistens war er da besonders mies gelaunt. Selbst Tageslichtlampen halfen ihm nicht, sein inneres Gleichgewicht wiederzufinden.

Hier jedoch mussten die Menschen das ganze Jahr über in einem bedrückenden Halbdunkel leben. Die Bäume taten ihr Übriges dazu, die Düsternis noch zu unterstreichen. Aus Brandenburg oder Thüringen war er helle, lichte und offene Wälder gewohnt. Im tiefen Erzgebirge allerdings herrschte fast durchgängig ein dunkelgrüner bis beinahe schwarzer Grundton vor. Außerdem stand das Blattwerk dermaßen dicht beieinander, dass kein Lichtstrahl es durchdrang.

»Ist es noch sehr weit?«, durchbrach Eric nach dreißig Minuten die Stille.

Marleen räusperte sich kurz, bevor sie antwortete. »Ich glaube nicht.«

»Sie glauben?«

»Das Navi, es verändert ständig die Ankunftszeit. Es ist, als würde sich immer wieder ein neues Stück Straße vor uns auftun.«

»Ernsthaft?«

»Ja, schauen Sie doch selbst!«, erwiderte Marleen leicht erbost.

»Schon gut, ich wollte nichts sagen.«

»Tut mir leid. Das Fahren hier ist um einiges anstrengender, als ich gedacht habe. Die ständigen Kurven treiben mich noch in den Wahnsinn. Nie weiß man, was nach hundert Metern kommt. Da ist es wesentlich einfacher und angenehmer, durch Berlin zu kutschen.«

»Soll ich übernehmen?«, bot ihr Eric an.

»Nein, das geht schon, danke. Wir werden unser Ziel bestimmt bald erreicht haben.«

»Okay, alles klar. Wenn Sie aber müde werden, dann lassen Sie mich bitte ans Steuer. Bei einigen Kurven hier geht es sehr weit hinab.«

»Nein, ich sagte doch: Es passt!«

Brummend versank Eric daraufhin erneut in seinem Sitz. Er spürte, dass Marleen angespannt war. Aufgrund der langen Fahrt konnte er dies nur zu gut verstehen. Eric begriff allerdings nicht, warum sie derart darauf versessen war, sich ihm ständig beweisen zu müssen.

Da das Gespräch ins Stocken gekommen war, schaute er durch das Fenster die vorbeiziehende Landschaft an. Es war schon überraschend, wie viel sich in den neuen Bundesländern innerhalb der letzten Jahren verändert hatte. Hier aber, mitten im Erzgebirge, schien die Zeit stehen geblieben zu sein. An manchen Ecken, an denen sie vorbeikamen, wirkte es gar so, als wäre 1989 nie geschehen.

Als sie keine fünf Kilometer mehr von ihrem Ziel entfernt waren, geschah dann doch noch etwas, mit dem keiner gerechnet hatte. Nach einer langgezogenen Rechtskurve senkte sich die Straße über einer kleinen Erhebung hinweg in Richtung eines dahinter liegenden Tals hinab. Direkt nach der Kuppe stand plötzlich eine große Kuh mitten auf der Fahrbahn. Während Eric eine Hand gegen das Dach presste und sich mit der anderen am Armaturenbrett festhielt, reagierte Marleen zum Glück instinktiv und rettete ihnen beiden damit das Leben.

Sie schaffte es in letzter Sekunde, den Wagen nach links zu steuern. Dank der elektronischen Hilfen brach der Audi nicht aus. Stattdessen steuerte er direkt über die Fahrbahnmarkierung hinaus. Vom Schwung getragen, überflogen sie den kleinen Straßengraben.

Der anschließende Aufprall auf einem abschüssigen Feld war dafür umso heftiger. Zum Glück überschlug sich das Auto nicht, sondern grub sich tief in den lockeren Feldboden. Das abrupte Stoppen ließ Erics Körper augenblicklich nach vorne schnellen. Innerhalb eines winzigen Moments entfalteten sich glücklicherweise die Airbags. Auf der Beifahrerseite existierte sogar eine

180

extra große Ausführung. Gleichzeitig ploppten auch die kleineren Luftkissen an der A- und B-Säule auf.

Überraschend weich federte sein Gesicht in das fertig aufgeblasene Luftpolster. In der Sekunde, als ihm die volle Trageweite der Ereignisse bewusstwurde, faltete sich der Sack auch schon wieder zusammen und hing schlaff am Armaturenbrett herunter.

Als er nach dem Schreck wieder zu sich kam, bemerkte Eric einen immensen Druck in den Ohren. Durch das Entfalten der vielen Airbags innerhalb weniger Millisekunden war die Luft im Inneren des Fahrzeugs komprimiert worden. Das Ergebnis davon spürte er nun unangenehm auf dem Trommelfell. Zugleich roch es im Audi widerlich nach Ozon. Eric führte dies auf die vielen kleinen Explosionen zurück, die nötig waren, um die Luftkissen in so kurzer Zeit aufgeblasen zu bekommen.

»Alles okay?«, wandte er sich geschockt an Marleen. Seine Worte verließen unbeholfen krächzend seinen Mund.

Ein etwas unartikuliertes Brummen vernahm er daraufhin von seiner linken Seite. Eric drehte den Kopf zu Marleen, stockte aber mit schmerzverzerrtem Gesicht in der Bewegung, als er ein scharfes Ziehen in seinem Nacken spürte. Jäh wurde ihm bewusst, dass er aller Voraussicht nach ein Schleudertrauma davongetragen hatte. Hoffentlich wird das keine langwierige Verletzung, schoss es ihm durch den Kopf. Er hatte bereits schon einmal einen heftigen Auffahrunfall miterlebt. Damals waren die Beschwerden beinahe vierzehn Tage lange geblieben. Gerade jetzt in seinem neuen Job konnte er sich so einen Ausfall kaum leisten.

Steif wendete er sich mit dem Oberkörper in Richtung Marleen. Zu seiner Beruhigung stellte Eric an ihr keine augenscheinlichen Verletzungen fest, sie schien nur etwas benommen. Mehrfach schüttelte sie leicht ihren Kopf, um dadurch offenbar wieder klarer denken zu können. Zugleich steckte sie sich einen Finger ins Ohr. Offensichtlich spürte sie wie er den unangenehmen Druck auf den Ohren.

»Marleen? Ist alles in Ordnung?«, fragte er besorgt nach.

»Was?«, brüllte sie zurück.

Wie es schien, hatte sie noch weitaus mehr Probleme mit ihren Ohren als er. Statt Marleen ein weiteres Mal zu fragen, nahm er einfach ihre Hand, um sie fest zu drücken. Diese kleine Geste reichte aus, um ein schmales Lächeln auf die Lippen der Kollegin zu zaubern. Dies wiederum beruhigte auch ihn.

Mühsam versuchte Eric, sich aus dem Fahrzeug zu befreien. Durch die Landung auf dem Feld lag jede Menge Ackerboden aufgetürmt um sie herum, welcher die Beifahrertür blockierte. Mit aller Kraft warf Eric sich gegen die Tür, um sie wenigstens ein Stück weit aufzudrücken.

Als sie schließlich mit einem unvermittelten Ruck doch aufschwang, wäre er beinahe in den Dreck gestürzt. Mühsam kletterte er aus dem Wagen und atmete erstmal tief durch. Die Hände in die Hüften gestemmt, bog er seinen Rücken so weit durch, wie es ihm möglich war. Nacheinander überzeugte er sich anschließend davon, dass er sich sonst nichts weiter getan hatte und stellte beruhigt fest, dass einzig sein Hals durch die schnelle Bewegung beim Aufprall auf den Airbag schmerzte. Halbwegs entspannt atmete er auf.

Ein Blick zum Auto überzeugte ihn zudem davon, dass nicht allzu viel kaputt gegangen war. Allerdings konnte man das bei einem 100.000 Euro teuren Fahrzeug auch leichthin sagen. Wahrscheinlich aber würden selbst die Seitenspiegel ein Vermögen kosten. Äußerlich aber, abgesehen von jeder Menge Dreck und Erdklumpen, wirkte der Audi relativ unversehrt. Es war jedoch ziemlich unwahrscheinlich, dass sie ihn ohne Hilfe aus dem Feld herausbekommen würden.

Während Eric den Wagen umrundete, blickte er sich um. Sehr zu seinem Erstaunen war die Kuh nirgendwo zu entdecken. So unverhofft, wie sie vor ihnen aufgetaucht war, schien sie auch schon wieder weg, ganz als wäre sie vom Erdboden verschluckt. Womöglich war sie wegen des Schrecks aber auch einfach davongaloppiert. Würde in dem Moment ein Polizeiwagen vorbeikommen, hätten sie durch das Fehlen des Tiers einige Probleme damit, den Vorfall erklären zu können.

Als er Marleens Seite erreicht hatte, musste er auch dort mit dem Fuß einige dicke Erdbatzen beiseiteschieben, in die sich die Fronttür gegraben hatte. Mit einem Ruck gelang es ihm schließlich, die Fahrertür aufzubekommen.

Marleen fiel ihm beinahe entgegen. Mit Mühe hielt Eric die junge Frau anschließend auf den Beinen, während sie leicht benommen in seinen Armen lag.

»He, hehe. Marleen … kommen Sie«, sprach er behutsam auf sie ein.

»Alles okay. Kein Problem. Ich bin hier.« Eric merkte, wie sehr sie zitterte, aber ihre Stimme klang schon fester.

»Ich glaube, Sie haben uns das Leben gerettet.«

»Sonderlich gut habe ich mich dabei aber nicht angestellt«, hielt sich Marleen eher vage.

»Doch, natürlich! Niemand hätte die Kuh kommen sehen können. Sie haben in der Situation genau richtig und unglaublich schnell gehandelt«, redete Eric auf sie ein, um sie weiter zu beruhigen.

»Aber schauen Sie sich doch nur das Auto an. Meischberger wird mich umbringen, wenn er davon erfährt.«

»So übel ist es gar nicht. Ich glaube, das sind nur ein paar Lackkratzer und kleinere Blessuren. Der lockere Ackerboden hat den Großteil des Aufschlags aufgefangen. Am Ende ist vielleicht sogar überhaupt nichts passiert«, versuchte er, ihre Bedenken wegzuwischen.

»Ich hätte einfach nicht so lange fahren sollen.«

Überrascht blickte Eric sie ob ihres Schuldeingeständnisses an.

»Reden Sie sich das bitte nicht ein. Das hätte jedem passieren können. Sie sind ja nicht absichtlich in den Straßengraben gefahren, sondern nur der Kuh ausgewichen. Stellen Sie sich mal vor, wir hätten das Tier gerammt. Das wäre nicht so glimpflich abgelaufen.«

Marleens Lächeln bedeutete ihm, dass seine Aufmunterungsversuche wirkten. Auch sie schien nun einzusehen, dass sie nichts für den Unfall konnte.

»Allein bekommen wir die Karre aber nicht aus dem Dreck«, schätzte Eric die Situation ein. »Hoffentlich finden wir hier mitten im Nirgendwo Hilfe.«

»Ach, kommen Sie. Wir sind hier nicht im Wilden Westen. Das ist nur das Erzgebirge. Hier wird es doch wohl einen Abschleppservice geben.«

Sie hielt ihr Handy in die Höhe und ging ein paar Schritte.

»Sie haben also auch keinen Empfang?«, fragte Eric sorgenvoll.

»Als ich vor dem Unfall das letzte Mal auf das Navi geschaut habe, stand da, dass es nur noch fünf Kilometer bis nach Kaltenbruch wären«, überlegte Marleen laut.

»Okay, also dann bewegen wir uns eben per pedes durchs beschauliche Sachsen«, unternahm Eric noch nicht einmal den Versuch, seinen Sarkasmus zu unterdrücken.

Marleen war indes schon längst wieder am Auto und öffnete den Kofferraum.

»Wollen Sie etwa Ihre ganzen Sachen mitschleppen?« Es lag durchaus ein wenig Bestürzung in seiner Stimme.

»Was? Nein, natürlich nicht. Allerdings würde ich wenigstens das Nötigste in einer kleinen Tasche mitnehmen. Die Akten darf ich zudem auch nicht unbeobachtet im Auto zurücklassen.«

Das leuchtete ihm ein. Leider verfügte er als Mann eben nicht über den Luxus, eine Handtasche zu besitzen. Er hatte einzig seine Reisetasche vollgepackt. Missmutig überlegte er deswegen, ob er gleich alles komplett mitnehmen sollte. Allerdings schreckte ihn die Vorstellung von einem kilometerweiten Fußmarsch mit einem solchen Gewicht gehörig ab. So war die Laptoptasche samt Zahnbürste, Socken und neuer Unterwäsche das Einzige, das Eric sich über die Schulter legte.

Marleen war in ihren flachen Pumps alles andere als bereit für eine Wanderschaft und versank immer wieder im Matsch des Ackers. Sie hoffte sicherlich darauf, dass ein Auto vorbeikommen könnte, sobald sie die Straße erreichten. Letztlich mussten doch irgendwelche Menschen auch einmal nach Kaltenbruch fahren. So weit ab vom Schuss konnte gar kein Dorf liegen.

Entgegen ihrer Hoffnung entdeckten sie weit und breit keine Menschenseele. Als sie gemeinsam rekapitulierten, stellten sie fest, dass seit geraumer Zeit außer ihnen kein einziger Wagen auf der Straße zu sehen gewesen war.

Eric drehte sich um und ließ den Blick über die Landschaft gleiten. Er sah ein typisches Mittelgebirge. Größere Erhebungen gab es nirgends. Vielmehr wirkten die Hügel nur wesentlich höher und die Täler ein bisschen tiefer als im restlichen Land.

An die Ackerflächen schlossen sich dunkle und dichte Wälder an, was ihn unwillkürlich an den Thüringer Wald erinnerte. Das einzige Zeichen für Zivilisation stellte die Straße dar, deren Rand sie gerade erreichten. Keine Spur war von der Kuh zu sehen, und man konnte auf der Straße keinerlei Hinweis auf ihren Unfall finden. Der Asphalt war noch sehr dunkel und wies nicht einmal Risse auf. Wahrscheinlich war die Fahrbahn gerade erst ein paar Jahre alt, so wie die meisten Verkehrswege in dieser Region. Der Aufbau Ost hatte es möglich gemacht.

»Also dann! Wir müssen in diese Richtung«, verwies Eric nach links.

185

»Ich habe die vage Hoffnung, dass vielleicht doch noch jemand vorbeikommen könnte«, gestand sie ihm.

»Mögen Sie etwa keine Spaziergänge, Marleen?«

»Ach, kommen Sie! Lassen Sie die Späße. Nach so einem Tag kann ich mir garantiert etwas wesentlich Angenehmeres vorstellen, als jetzt durch die Pampa zu laufen. Außerdem gibt es kaum einen Körperteil, der mir nicht wehtut. Trotz Airbag war der Aufprall reichlich hart.«

Um ihre Worte zu untermauern, zog sie einen Teil ihrer Bluse zur Seite. Darunter war bereits ein zart bläulicher Streifen zu sehen. Offenkundig hatte sich der Gurt beim Aufprall hart und tief in ihr Fleisch eingegraben. Mit Sicherheit würde sich die Haut in den nächsten beiden Tagen noch wesentlich mehr verfärben. Eric nahm sich vor, dass er sich das später auch einmal bei sich selbst ansehen sollte. Auch ihn hatte es brutal in den Sicherheitsgurt gepresst.

Beide waren in Gedanken versunken, als sie schließlich langsam in Richtung Kaltenbruch trotteten. Entgegen der gebotenen Vorsicht liefen sie nebeneinander her. Da ohnehin bis jetzt keine Autos vorbeigekommen waren, konnten sie dieses Risiko durchaus eingehen. Selbst wenn ein Wagen auftauchen würde, könnten sie ihn schon aus weiter Ferne hören. Abgesehen von gelegentlichem Vogelgezwitscher war es beunruhigend still in dem Wald, der sich mittlerweile links und rechts des Asphalts ausbreitete.

»Sie wollen mir immer noch nicht erzählen, weswegen wir nach Kaltenbruch fahren müssen?«, fragte Eric, um ein Gespräch in Gang zu bringen.

»Ich habe Ihnen doch gesagt, dass ich das nicht vorhabe. Herr Meischberger hat mich extra angewiesen, dass Sie die Situation unvoreingenommen bewerten sollen. Wenn ich Ihnen aber von Anfang an erkläre, worum es bei diesem Auftrag geht, ist der objektive Blick eben nicht mehr gegeben.«

»Okay, ich habe es ja begriffen. Sie müssen aber verstehen, dass Sie mich schon ganz schön auf die Folter spannen. Sie tun fast so, als wäre das hier alles etwas ganz Besonderes.«

»Das vielleicht nun nicht gerade«, relativierte Marleen. »Warten Sie doch einfach, bis wir da sind. Ich hätte Sie nicht für so neugierig gehalten.«

Eric ließ die Aussage unkommentiert stehen und so liefen sie ein paar Minuten lang schweigend nebeneinander her. Innerlich machte ihn diese Stille allerdings unruhig, denn er hasste es, sich anzuschweigen. Natürlich hatte er nichts gegen eine Wanderschaft. Allerdings langweilte es ihn, wenn sie komplett ohne ein Gespräch ablief. Lieber führte er eine Diskussion über irgendein kontroverses Thema.

»Was hat sich eigentlich zu gestern verändert?«, bohrte er deswegen nach.

»Wie? Was meinen Sie?«

»Na ja, ich hatte am gestrigen Tag das Gefühl, dass Sie mich lieber gleich als sofort loswerden wollten. Seit heute Morgen wirken Sie jedoch, als würde es Sie nicht mehr stören, dass ich der Neue in der Abteilung bin.«

»Ach, jetzt machen Sie sich mal nicht so wichtig. Ich glaube kaum, dass Ihre Anwesenheit einen sonderlichen Einfluss auf meinen Gemütszustand haben könnte. Außerdem hat mir Herr Meischberger die Angelegenheit erklärt.«

Nachdenklich zog Eric seine Stirn in Falten. Er traute sich allerdings nicht, genauer nachzufragen, um keinen weiteren Streit zu provozieren, schließlich war er froh, dass die Luft zwischen ihnen nicht mehr so dick wie am Vortag war.

Ein paar Minuten lang folgten sie einer kurvenreichen Strecke, die ein wenig abfällig verlief und von einem dichten Wald eingerahmt war. Wie erwartet verspürte er eine gewisse Kühle auf seiner Haut, während in Berlin sicherlich noch quasi tropische Temperaturen herrschten. Die Luft hier glich jedoch eher einem frischen Herbsttag. Wahrscheinlich rührte daher der Name

187

des Dorfes, witzelte er in Gedanken vor sich hin. Nur gut, dass er sich am Morgen für einen Anzug entschieden hatte, ging es Eric durch den Kopf.

Anschwellendes Motorengeheul machte ihn plötzlich darauf aufmerksam, dass sich endlich ein Auto näherte. Nach bereits gut zwei Kilometern zu Fuß wäre es gar nicht verkehrt, die restliche Strecke in einem Fahrzeug zu bewältigen. Letztlich waren sie beide nicht für eine Wanderung ausgerüstet.

Mit ausgestreckten Armen stellte Eric sich deshalb leicht mittig auf die Straße, um den Wagen zum Anhalten zu bewegen. Dass sie Hilfe benötigten, stand außerhalb jeglicher Diskussion. Deswegen hielt er sein Verhalten durchaus für gerechtfertigt.

Mit gehöriger Geschwindigkeit tauchte das Fahrzeug in der Kurve hinter ihnen auf. Im Halbschatten der Bäume erkannte er einen schon in die Jahre gekommenen Volkswagen. Der alte Golf dröhnte durch die malerische Landschaft und erweckte den Anschein, als würde er einen gigantischen Motor unter der Haube tragen. Eric glaubte aber vielmehr, dass nur die Auspuffanlage nicht mehr richtig saß.

Tatsächlich reagierte der Fahrer des Wagens auf Erics Hilferuf, hatte aber einen längeren Bremsweg als gedacht. Eric sprang erschrocken zur Seite, bevor er dem VW, nachdem er nach etwa 15 Metern zum Stehen gekommen war, hinterherlief. Abgehetzt erreichte Eric endlich den Wagen und bat den Fahrer mit einem Zeichen, das Fenster herunterzulassen.

»Entschuldigen Sie bitte, wir hatten einen Unfall und unser Mobilfunkempfang ist gestört. Wir erreichen weder jemanden von der Polizei noch einen Pannendienst. Könnten Sie uns vielleicht helfen?«

»Wes seed ihr denn fir zwee? Wo chommd ohr her? Habd ihr was mid dem Oodo danden oof dem Feldn von Hindrisch zu schawwen?«, antwortete ihm der Fahrer, ein älterer Herr mit einem Hut. Sein Blaumann ließ vermuten, dass der Mann gerade von Arbeit kam oder dorthin fuhr. Auf der

188

schmutzigen Rückbank lagen zudem allerlei Werkzeug, Rohre und Eimer herum. Überhaupt wirkte der Golf von innen genauso heruntergekommen, wie es von außen zu vermuten gewesen war. Zigarettenstummel, Nahrungsmittelreste und etliche Bierdosen befanden sich wahllos im Fußraum verteilt.

»Entschuldigen Sie bitte. Wir sind nicht von hier. Es ist ein wenig schwierig, Ihren Dialekt richtig zu verstehen. Sie müssen wissen, wir sind aus Berlin und wollen nach Kaltenbruch. Könnten Sie uns vielleicht bis zum nächsten Dorf mitnehmen?«, versuchte es Eric erneut.

»Was erzählsde mär hie edwus von Dialehchde, oller Breiß? Ich hab doch eiern ollen Unfall da inden länchsd chesehen. Oorschwerbleede. Ich muss aber itze schnell zu Merlise. De had een Wasserruhrbruch. Ich chann eich oh nich helfn.«

Irritiert wendete sich Eric Marleen zu. Es war ihm absolut schleierhaft, was ihm der Mann zu sagen versuchte. Eigentlich war er immer davon ausgegangen, dass er die Sachsen verstehen könne. Er hatte in seiner bisherigen Karriere häufig mit Menschen aus Leipzig, Dresden und Chemnitz zu tun gehabt. Dieses Kauderwelsch jedoch ließ ihn aber verzweifeln.

Mit Bestimmtheit schob ihn Marleen daraufhin zur Seite. Offensichtlich wollte nun auch sie ihr Glück versuchen.

»Bitte, können Sie uns nicht helfen? Wir benötigen unbedingt einen Abschleppdienst. Es würde uns schon reichen, wenn Sie einen von uns mitnehmen könnten.«

Kurz blickte der ältere Mann Marleen ratlos an, als würde er nicht begreifen, was sie beide von ihm wollten. Hilflos schüttelte der Autofahrer seinen Kopf.

»Ha'h! Ich hab eich doch schon chesachd, dass ich cheene Zeed habe. Wenn ich drundn im Dorf bin, chann ich aber den Sebbel Sdefan bescheed sachen, dass ihr hier drooßen fesdsidzd. Nun halded mich aber nich läncher oof. Bee där Merlise läufd in där Zwischenzeed de chanzen Bude vull.«

189

Ohne auf eine Erwiderung zu warten, legte der Mann den ersten Gang ein und ließ Eric und Marleen ratlos und in einer Wolke von stinkenden Abgasen zurück. Bereits Sekunden später war er hinter der nächsten Kurve verschwunden.

»Was zum Geier war denn das?«, platzte es aus Eric heraus.

»War irgendwie schon recht merkwürdig. Ich habe kaum etwas verstanden«, pflichtete Marleen ihm kopfschüttelnd bei.

»Kaum etwas? Ich habe praktisch nichts von dem begriffen, was der Mann von sich gegeben hat«, erwiderte Eric.

»Na ja, ganz so schlimm war es nun auch wieder nicht«, meinte Marleen. »Es ging, glaube ich, um einen Notfall. Irgendeine Lise hat wohl einen Wasserschaden in ihrer Wohnung. Wenn ich es richtig verstanden habe, war der Mann gerade unterwegs, um der Frau zu helfen.«

»Ernsthaft? Wenn alle Leute in Kaltenbruch so reden, na dann gute Nacht«, resignierte Eric.

»Jetzt hören Sie aber mal bitte auf! So reden die Leute nun einmal im Erzgebirge, das ist doch ganz normal.«

»Normal nennen Sie das?«, fragte Eric erstaunt. »Ich bin ja schon einiges gewöhnt. Egal ob ich in Köln, am Alpenrand oder im Schwarzwald bin: Zumindest kann ich die Menschen dort rudimentär verstehen. Das, was der Typ eben von sich gegeben hatte, klang für mich wie eine absolut fremde Sprache, so als wäre ich im Ausland.«

Daraufhin entgegnete Marleen nichts mehr. Offensichtlich verfolgte sie in dieser Hinsicht ganz eigene Gedankengänge. Es blieb ihnen nichts anderes übrig, als der schattigen Straße weiter zu Fuß durch den Wald zu folgen, in der Hoffnung, dass sie irgendwann ein Dorf, eine Ansiedlung oder wenigstens ein Haus erreichen würden. Ewig lang konnte diese Straße am Ende nicht sein.

Die prognostizierten fünf Kilometer hatten sie gefühlt schon längst überschritten, ohne dass sich der Wald lichtete. Nach und nach beschlich Eric die Angst, dass sie womöglich in die falsche Richtung gelaufen waren. Er wusste, dass die Grenze zu Tschechien in nicht allzu weiter Entfernung lag. Im Kopf machte er sich bereits Gedanken, wie es wäre, plötzlich in dem Nachbarland aufzutauchen. Hier draußen in dieser Wildnis war letztlich alles für ihn denkbar.

Ein lautes Aufseufzen von Marleen ließ ihn aufsehen. Tatsächlich! Dort, am Ende der Straße, konnte er ein hell erleuchtetes Oval ausmachen. Ähnlich einer Nahtoderfahrung führte der dunkle Weg sie bis ans Licht. Jedoch war er sich sicher, hier nicht in den Himmel zu kommen. Egal wie sich Kaltenbruch präsentieren würde, für ihn hatte das Dorf jegliche Sympathiepunkte verspielt. Erst die freilaufende Kuh und dann dieser unhöfliche Autofahrer sprachen nicht gerade für die erzgebirgische Ortschaft.

Als sie schließlich aus dem Schatten in die Sonne traten, fühlten sie sich fast wie neu geboren. Eric verspürte behaglich die wärmenden Strahlen auf seinem Körper. Nachdem sich seine Augen erst einmal an die Lichtverhältnisse gewöhnt hatten, erspähte er einige Häuser zwischen Gebüschen und niedrigen Obstbäumen.

»Ich glaube, wir haben es geschafft«, stellte er das Offensichtliche fest.

»Na mal schauen.« Marleen hielt sich in ihrer Aussage um einiges mehr zurück.

Nachdem sie das gelbe Ortsschild von Kaltenbruch passiert hatten, stießen sie auf einen etwas heruntergekommenen Bauernhof. Der grau-braune Putz wirkte so, als wäre er vor einigen Jahrzehnten angebracht worden. Das Tor zu dem Dreiseitenhof hing zudem windschief in den Angeln. Man hätte annehmen können, dass das Gebäude seit vielen Jahren leer stand, und so war

Eric erstaunt, aus dem Inneren des Hofs das Getöse von allerlei Getier zu hören.

Auf der Suche nach Hilfe traten sie vorsichtig ein, auch wenn ihnen die Situation nicht ganz geheuer war. Als Fremde in einem so abgelegenen Dorf plötzlich aufzutauchen, stieß sicher auf Argwohn. Außerdem wollte er sich gar nicht ausmalen, was passieren würde, wenn die Bewohner in einem genauso starken Dialekt mit ihnen sprechen würden wie der Autofahrer.

»Hallo?«, rief Eric laut über den Innenraum des Dreiseitenhofs.

Sie warteten beide eine Weile ab. Zu ihrer Enttäuschung reagierte jedoch niemand auf ihre Anwesenheit. Einzig eine einsame Katze schlich über den nur halb gepflasterten Platz. Weiter hinten, sowohl auf als auch zwischen einem Haufen von Unrat, Schrott und alten Möbeln, hockten ein paar gackernde Hennen. Offensichtlich nutzte das Federvieh den kleinen Berg als Spielwiese und Klettergerüst.

Aus einem langgezogenen Gebäude zu ihrer Rechten hörte Eric die typische Geräuschkulisse von Kühen. Allerdings hatte er auf einem Bauernhof auch nichts anderes erwartet. In einer gewissen Art und Weise entsprach das Bild einem Klischee.

»Hallo, ist jemand zuhause?«, versuchte Eric erneut, lauthals auf sich aufmerksam zu machen.

Wiederum antworteten ihm einzig die Tiere mit ihrem Geplärr. Es wirkte, als wären sämtliche Menschen urplötzlich verschwunden. Marleen hatte sich in der Zwischenzeit an ihm vorbei geschoben und bewegte sich mutig auf das Wohnhaus zu. Eine große Tür stand sperrangelweit offen.

»Nein, nicht!«, zischte Eric in ihre Richtung.

Marleen hörte jedoch nicht auf ihn und betrat vorsichtig das Bauernhaus. Schon Sekunden später stolperte Marleen rückwärts wieder heraus. Noch ehe Eric sich versah, lag sie auf dem Hosenboden im Dreck. Ihr folgte ein stattlicher Hahn, der aufgeregt mit aufgeplusterten Federn und bedrohlich geschwollenem Kamm aus dem Bauernhaus herausschoss. Mit einer gezielten Punktladung blieb er für einen Moment auf der Brust der erschrockenen jungen Frau hocken, bevor der Vogel meckernd davonflatterte.

»Alles okay?«, fragte Eric besorgt nach.

»Was? Natürlich ist alles okay. Was denken Sie denn? Sehe ich etwa so aus, als wäre es nicht so?«, sagte sie und rappelte sich wieder auf.

Marleen wirkte plötzlich äußerst erzürnt. Den Grund dafür konnte er nicht ergründen. Der Vogel allein konnte nicht daran schuld sein. Eric entschied sich dafür, dass es besser war, den Mund zu halten. Bewusst sah er in eine andere Richtung.

»Hallo!«, scholl in dem Moment eine Stimme laut auf.

»Ja, hier«, rief Eric, und sie ruckten beide fast simultan herum.

»Ähm, sind Sie das Paar, das auf der Dorfstraße herumgelaufen ist?«

»Ja, sehr wahrscheinlich sind wir das«, bestätigte Marleen dem Mann.

»Wir sind aber kein Paar«, warf Eric noch schnell hinterher, um dieses wichtige Detail klarzustellen.

Vor ihnen stand ein unauffälliger Mann, Eric schätzte ihn auf Anfang Fünfzig. In seiner roten, mit mehreren Ölflecken besprenkelten Latzhose wirkte er wie das erste normale Lebewesen in diesem hinteren Teil der Republik. Mit schon schütterem Haar und etlichen Falten im Gesicht machte der Mann einen durchweg sympathischen Eindruck.

»Es hieß, hier würden ein Mann und eine Frau herumirren, die zuvor einen Unfall gehabt hätten«, fügte der Mann erklärend hinzu.

Sofort ging ein Ruck durch Marleen und sie stürmte mit ausgestrecktem Arm auf den älteren Herren zu. »Oh, Sie können sich gar nicht vorstellen, wie froh wir darüber sind, endlich eine Menschenseele gefunden zu haben. Wir dachten schon, wir würden niemanden entdecken, der in der Lage wäre, uns zu helfen. Mein Name ist Marleen Beich, und das ist mein Kollege Eric Tschirnhaus. Und ja, wir hatten einen Unfall«, stellte sie sich vor.

»Ah, da hat sich Paul also doch nicht verhört. Er war sich nicht ganz sicher, ob er Sie richtig verstanden hatte.«

»Sie meinen mit Paul den Mann in dem schrottreifen Golf?«, schaltete sich Eric in das Gespräch ein.

»Ha'h, der Golf«, wiederholte der Herr mit einem breiten Grinsen im Gesicht. »Wenn ich nur daran denke, wie oft ich schon die Karre reparieren musste. Allein von den Kosten hätte sich Paul ein neues Auto leisten können. Ganz zu schweigen von den Unmengen Öl, die er jede Woche in den Motor kippt.«

»Ähm, Sie sind also in der Lage, uns zu helfen?«, unterbrach Marleen den Mann.

»Was? Oh, na klar. Das will ich doch meinen. Ich bin Stefan Sepphein, der hiesige Automechaniker. Was ist denn nun genau passiert?«

»Auf der Straße stand plötzlich eine riesige Kuh«, klärte Marleen dem hilfsbereiten Mann auf. »Es ist ein paar Kilometer von hier entfernt geschehen, noch vor dem Wald an einer abfallenden Hügelkuppe. Ich habe das Tier einfach zu spät bemerkt und musste ihm ausweichen.«

»Ah, alles klar. Das war die Gertrud.«

»Wer ist Gertrud?«, fragte Eric schwer von Begriff nach.

»So heißt die Kuh. Die Dame ist hier in der Gegend eine Berühmtheit. Abgesehen davon, dass sie bereits etliche Preise gewonnen hat, ist sie auch ausgesprochen intelligent. Bis jetzt hat es Gertrud immer geschafft, von jeder Weide zu entkommen. Deswegen steckt man sie immer auf eine Wiese weit außerhalb, damit sie nicht plötzlich mitten im Dorf auftaucht.«

Eric nickte, ohne ein Wort verstanden zu haben. Allein vom Schwatzen würden sie jedoch hier nicht wegkommen.

»Können Sie uns mit dem Auto helfen oder nicht?«

»Ha'h, natürlich! Dafür bin ich ja hier«, entgegnete Stefan Sepphein entgegenkommend. »Was mich aber noch interessiert: Wieso sind Sie den Weg bis hierher gelaufen?«

»Weil es kein Auto auf der Straße gab, das uns eventuell hätte helfen können«, warf nun Marleen in das Gespräch ein.

»Aber Sie hätten doch einfach anrufen können«, stellte der Mann fest.

Nachfolgend berichtete Eric ihm, dass sie keinen Empfang besessen hatten. Zudem erzählte er von dem mühevollen Weg bis hierher.

»Da ist der Mast wahrscheinlich schon wieder ausgefallen«, bemerkte Stefan Sepphein dazu. »Aus irgendeinem Grund ist die Sendeantenne ständig gestört. Wir haben zwar eine eigene Anlage im Dorf, allerdings ist es ärgerlich, wenn man auf dem Feld keinen Empfang bekommt. Selbst der Bürgermeister hat deswegen schon einen Brief an die Handy-Betreiber-Firma geschickt. Bis jetzt jedoch ohne Erfolg. Manchmal funktioniert das Ding und manchmal eben nicht.«

Zustimmend nickten Eric und Marleen daraufhin.

»Also gut. Ich bin mit meinem Abschleppwagen hier. Das sollte alles kein Problem sein. Ich kann Ihnen aber auch anbieten, Sie zuerst zum Gasthaus zu fahren.«

»Zum Gasthaus?«, fragte Eric nach.

»Na ja, wenn es stimmt, was Sie mir erzählt haben, muss ich mir das Auto zumindest erst mal anschauen. Vor heute Abend wird das aber nichts. Daher würde ich Ihnen anbieten, Sie erst einmal zur ›Grünen Tanne‹ zu bringen.«

»Es gibt wohl nur das eine Haus im Ort?«, fragte nun Marleen nach.

»Ha'h, wir haben noch ein oder zwei Ferienwohnungen in Kaltenbruch. Allerdings empfehle ich Ihnen die Grüne Tanne. Die Andrea macht einen außergewöhnlich guten Sauerbraten. Das kann ich Ihnen versprechen.«

Nachfolgend beratschlagten Eric und Marleen sich kurz. Bis jetzt war der Ausflug ganz anders verlaufen, als sie es sich gedacht hatten. Zudem hatte sie eigentlich Zimmer in Freiberg reserviert.

»Okay, vielleicht ist es schon besser, wenn Sie uns zuerst zu dem Gasthaus bringen. Wir müssen ja nicht alle beide mit zu der Unfallstelle fahren«, stimmte Eric dem Vorschlag zu.

Tatsächlich stand hinter dem Bauernhof ein relativ neuwertiger signalgelber Abschleppwagen. Im flotten Tempo ging es damit kurze Zeit später durch die langgezogene Erzgebirgssiedlung. Soweit Eric es überblicken konnte, existierten keine Abzweigungen, die von der Hauptstraße abgingen. Einzig ein paar längere Einfahrten zweigten gelegentlich von der Straße ab. Diese führten aber immer nur zu den Häusern in zweiter Reihe.

Neben den typischen Bauernhöfen entdeckte er auch einige kleinere Einfamilienhäuser. Dazwischen tauchten vereinzelt Mehrparteienhäuser auf. Insgesamt erweckte der abgeschiedene Fleck einen vollkommen normalen Eindruck, wenn er auch sehr verschlafen wirkte. Einzig die ausgeprägte Tallage machte den Ort ein bisschen besonders. Relativ tief schnitt sich ein kleiner Bach zwischen zwei mächtigen Hängen durch die sächsische Landschaft. Eric konnte sich gut vorstellen, dass es hier im Winter nur wenig Sonnenlicht gab. Der Ort erinnerte ihn an einige Dörfer in der Schweiz, die manchmal über Monate hinweg keinen Sonnenstrahl abbekamen.

Wie sehr der Name Kaltenbruch passte, ging ihm bei der Fahrt durch den Kopf. In vielen Gegenden stand der Dorfname kaum mehr im Zusammenhang mit dem eigentlichen Ort. Oftmals hatte sich die Bezeichnung im Laufe der Jahrhunderte so oft verändert, dass niemand mehr mit Gewissheit sagen konnte, worauf er einmal zurückzuführen war. Bei anderer Gelegenheit schien der Name eines Dorfes nahezu willkürlich gewählt zu sein. In diesem Tal hingegen konnte man sich jedoch nur zu gut vorstellen, wie sich im Winter eine eisige Decke über die Gegend legte.

196

Nach einer kurzen Fahrt hatten sie das hiesige Gasthaus erreicht. Typisch für die Gegend wirkte es eher sozialistisch als denn tatsächlich alt. Oftmals waren solche Wirtschaften in den Fünfzigern entstanden, um den Mitarbeitern der Landwirtschaftlichen Genossenschaften ein wenig Abwechslung von der harten Arbeit auf dem Feld zu bieten. So schien es sich auch bei der Grünen Tanne um eine ebensolche Gastwirtschaft zu handeln.

»Ist es schlimm, wenn ich Sie dazu dränge, sich zu beeilen? Ich habe gerade viel zu tun«, teilte ihnen der Automechaniker mit. »Bei mir steht noch ein Auto auf der Hebebühne, das noch heute unbedingt fertig werden muss.«

Kurz verständigte Eric sich mit Marleen durch Blicke. Es überraschte ihn, dass sie sich beide nach ihren Startschwierigkeiten so problemlos nonverbal unterhalten konnten. Mit einem knappen Nicken gab sie Eric zu verstehen, dass es vollkommen okay sei, wenn er allein zu dem Unfallauto fahren würde, auch wenn Eric ein schlechtes Gewissen deswegen hatte, sie zurückzulassen. Nachdem er ihr beim Aussteigen aus dem hohen Fahrerhaus half, blickte er Marleen hinterher, wie sie mitsamt Gepäck in dem Gasthaus verschwand. Danach stieg Eric zurück in den Abschleppwagen, um mit dem Kfz-Mechaniker wieder aus dem Dorf hinaus zu ihrem Unfallwagen zu fahren.

Die beiden Männer saßen zunächst nur schweigend nebeneinander. Im Radio lief irgendein beliebiges Lied aus den derzeitigen Charts. Selten interessierte Eric derartige Retorten-Musik, als dass er sich deren Titel merken konnte. Für ihn war es nur ein willkürliches Gedudel.

»Sie sind nicht von hier, oder?«, stellte Stefan Sepphein fest.

»Hört man das am Dialekt?«

»Dialekt? Nein, den höre ich bei Ihnen kaum heraus. Für mich klingt alles oberhalb von Freiberg vollkommen gleich. Ich würde eventuell noch einen Bayern oder Schwaben erkennen. Alles andere ist mir einerlei. Es ist viel mehr Ihre Art.«

»Meine Art?«, fragte Eric interessiert, aber auch erstaunt nach. Das hatte noch nie jemand zu ihm gesagt.

»Sie laufen und bewegen sich, als würde Ihnen die ganze Welt gehören«, bemerkte Stefan Sepphein, um seine Feststellung zu begründen.

»Finden Sie?«, hakte Eric baff nach.

Stefan Sepphein nickte nur kurz, bevor er sich das Schweigen erneut ausbreitete.

Weit konnte es ja nicht mehr sein. In der Zwischenzeit hatten sie auch schon den Ortsausgang passiert und durchfuhren wenig später den dunklen und dichten Wald. In dem Wagen wirkte das Gehölz noch wesentlich düsterer als bei dem vorherigen Fußmarsch. Zu gut konnte Eric sich vorstellen, dass in den Wäldern irgendwelche seltsamen Wesen hausten.

»Darf ich fragen, woher Sie kommen?«, erkundigte sich der Mechaniker dann doch.

Eric war dankbar für die Unterbrechung, denn das tiefgrüne Unterholz links und rechts der Straße wirkte bedrückend auf ihn. Beinahe ein wenig benommen schüttelte er kurz seinen Kopf, um wieder einen klaren Gedanken fassen zu können.

»Wir sind aus Berlin.«

»Ah, die große, weite Stadt. Ich war da auch schon einmal. Allerdings ist das bereits über dreißig Jahre her«, erzählte Stefan Sepphein.

»Dreißig Jahre? Dann war das ja noch zu DDR-Zeiten«, stellte Eric fest.

»Allerdings. Jedenfalls ist es so lange her, dass ich mich gar nicht mehr richtig daran erinnern kann.«

»Seitdem hat sich viel verändert – sehr viel«, bekräftigte Eric.

»Das glaube ich Ihnen gern. Aber ich komme so selten aus Kaltenbruch heraus. Wenn überhaupt, dann fahre ich bis Annaberg, Marienberg, Freiberg oder auch mal nach Chemnitz. Darüber hinaus kann ich meine Ausflüge an einer Hand abzählen. Außer letztes Jahr. Da habe ich eine Woche auf Mallorca verbracht. Mann, war das eine Insel, sag ich Ihnen!«

»Ja, die Balearen sind schön im Sommer«, bestätigte Eric, obwohl ihn das Thema nur wenig interessierte.

»Was treibt denn zwei Menschen wie Sie in diesen verlassenen Flecken des Erzgebirges?«, traute sich Stefan Sepphein endlich, die Frage zu stellen, die ihm wahrscheinlich die komplette Zeit über unter den Nägeln brannte.

»Wir sind dienstlich hier. Wir arbeiten für eine Behörde in Berlin. Uns verschlägt es immer mal wieder in solch abgelegene Ortschaften. Das ist ganz normal«, hielt Eric sich relativ vage.

»Soso, eine Behörde aus Berlin also.«

»Da hinten, wo der Wald aufhört, müsste es gewesen sein.«

Glücklich darüber, das Gespräch hier abbrechen zu können, verwies Eric mit der rechten Hand in Richtung der vermeintlichen Stelle. Er hätte wirklich nicht gewusst, was er dem Mann über seinen Job erzählen sollte und durfte. Er konnte ihm ja kaum berichten, dass er der Verwalter von Adolf Hitler sei. Selbst wenn er über seinen Beruf reden durfte: Das würde ihm doch niemand glauben.

Oben auf der Kuppe angekommen, fanden sie den Audi noch immer im Acker steckend vor. Mehrmals umrundeten sie den Wagen, um sich ein Bild davon zu machen. Stefan Sepphein ging ein paar Mal in die Knie, um einen Blick unter das Auto erhaschen zu können.

»Vielleicht haben wir gute Chancen. Es sieht nicht so aus, als wäre allzu viel kaputt gegangen. Allerdings kann man das bei so einem Wagen nie mit Bestimmtheit sagen. Da reicht ein verzogenes Teil, und der Schaden klettert schnell mal auf fünftausend Euro hinauf. Gott sei Dank ist es ja ein Fahrzeug der Bundeswehr. Ich glaube, da haben sie noch einmal Glück gehabt.«

»Glück? Wieso Glück?«

»Na, wenn es Ihr eigenes Auto wäre, würden Sie sich doch gewiss ganz schön ärgern. Oder etwa nicht?«

Mit einem Nicken pflichtete Eric ihm bei. Nachfolgend beobachtete er den Mann dabei, wie dieser die Puffen an den Vorderrädern befestigte, um den Wagen aus dem Feld herausziehen zu können. Zu Erics Beruhigung wirkte das alles ziemlich professionell. So machte er sich keine Gedanken, dass dem Fahrzeug noch zusätzlich etwas passieren könnte.

Innerhalb von wenigen Minuten war der teure Audi aus seiner misslichen Lage befreit. Anschließend bockte Stefan Sepphein das Auto auf, um es hinter dem Abschleppwagen herziehen zu können. Zum Glück waren augenscheinlich der Motor und die Elektronik noch in Ordnung. Bei einem Totalausfall wäre diese Art des Abschleppens sonst nicht möglich gewesen, klärte ihn der Kfz-Mechaniker auf.

»Ich werde mir das alles mal in Ruhe auf der Hebebühne anschauen. Ich glaube aber, dass Sie noch einmal mit einem blauen Auge davongekommen sind. Auf den ersten Blick scheint es so, als wäre das Auto tipptopp in Schuss.«

»Oh, da fällt mir aber ein gehöriger Stein vom Herzen. Ich hatte schon das Schlimmste vermutet.«

Der Mann aber hörte ihm da schon gar nicht mehr zu. Stattdessen hatte er seinen Blick starr in den Himmel gerichtet. Wegen des sommerlichen Wetters war es mittlerweile wieder aufgeklart. Die Sonne stand hell und leuchtend am Firmament. Einige wenige Wolken zogen träge ihren Weg über das weite Himmelsblau.

»Verdammt! Können die nie damit aufhören? Ständig müssen die raus, wenn es so schön ist«, redete Stefan Sepphein mehr mit sich selbst als mit Eric.

200

Verwirrt versuchte Eric, dem Blick des Mechanikers zu folgen. Er war sich nicht gänzlich sicher, doch meinte er, dass Stefan ein Flugzeug beschimpfte. Träge flog eine Maschine in sehr großer Höhe über sie hinweg. Eric überlegte, ob er den Mann darauf ansprechen sollte.

»Können Sie in der Hauptstadt nicht einmal etwas dagegen unternehmen?«, nahm ihm der Dorfbewohner die Entscheidung ab.

»Ähm, was meinen Sie genau?«

»Na, wegen dem da«, verwies der Mechaniker neuerlich nach oben.

»Wir sollen in Berlin Maßnahmen gegen Flugzeuge ergreifen?«, fragte Eric nach, um sicherzugehen, ob er denn richtig verstanden hatte.

»Nein, selbstverständlich nicht wegen den Fliegern an sich. Ich bin doch nicht blöd. Ich bin letztes Jahr selbst nach Mallorca geflogen. Ich meine wegen den Chemikalien!«

Verdutzt blickte Eric den Mann einen Moment lang an. Er wusste schlichtweg nicht, was sein Gegenüber damit aussagen wollte.

»Den Chemikalien?«

»Ja, natürlich. Sehen Sie es denn nicht auch?«

»Was soll ich sehen?«, erkundigte sich Eric und versuchte, halbwegs ernst zu bleiben.

Ihm dämmerte langsam, dass Stefan Sepphein auf die Kondensstreifen, die das Flugzeug am Himmel hinterließ, hinauswollte. Da Eric sich sicher war, dass es sich bei ihm wahrscheinlich um den einzigen Abschleppdienst weit und breit handelte, wollte er ihn lieber nicht erzürnen und erst recht gar keine Diskussion über Chemtrails anzetteln.

Stefan Sepphein ließ jedoch nicht locker. »Na da, die ganzen Chemikalien, die von dem Flugzeug ausgestoßen werden.«

»Sie meinen den Kondensstreifen?«, ging Eric scheinbar ahnungslos darauf ein.

201

»Oh, ja. Kondensstreifen! Das wollen sie uns allen nur einreden. Als ob das nur Kondensstreifen wären. Pah! Das ist die schlimmste Chemiewolke, die Sie sich überhaupt nur vorstellen können.«

»Wie kommen Sie nur darauf?«, fragte Eric neugierig nach und vergaß kurzzeitig, dass er sich nicht in ein Gespräch darüber einlassen wollte.

»Ich habe mich belesen«, gestand ihm sein Gesprächspartner. »Im Internet, auf YouTube und auch sonst wo. Überall steht dasselbe. Es sind Chemikalien, die von Flugzeugen aus versprüht werden. Das wissen mittlerweile mehr als genug Menschen.«

Eric musste sich tapfer zusammenreißen. Er wusste, dass er nicht einfach laut loslachen durfte. Da der Audi an dem Abschlepp-Gestell hing und alles soweit befestigt war, ging Eric um den Wagen zur Beifahrertür und stieg ein. Allein schon dadurch entging er dem Gespräch.

Stefan Sepphein nahm hinter dem Lenkrad Platz und startete den Wagen. Bereits Sekunden später befanden sie sich auf dem Rückweg ins Dorf. Die Bäume entlang der Straße verdeckten den Himmel, daher war schnell nichts mehr von dem Flugzeug zu sehen. Obwohl Eric diese Theorien über Chemtrails für absurd hielt, grübelte er über das Gehörte nach. Bis vor kurzem hatte er schließlich auch angenommen, dass das Dritte Reich nicht mehr existierte. Nun war er jedoch eines Besseren belehrt worden. Zumindest nachfragen konnte er einmal. Was sollte schon passieren, als dass er neuerlich eine abstruse Geschichte zu hören bekam?

»Weshalb sollte irgendwer Chemikalien aus so großer Höhe versprühen wollen?«

»Na, wegen der Geburtenkontrolle und dem Wetter-Engineering.«

»Wieso Geburtenkontrolle? Und was soll bitteschön Wetter-Engeni… sein?«

202

»Haben Sie sich nie gefragt, warum immer weniger Menschen in Deutschland geboren werden?«, erkundigte sich der Automechaniker bei ihm.

»Nein, nicht wirklich. Wahrscheinlich weil der Anreiz zu gering ist. Außerdem wollen sich viele Ehepaare eher selbst verwirklichen, als dass sie eine große Familie gründen. Den meisten reicht ein Kind vollkommen aus.«

»Ja, das erzählen sie einem nur. In Wahrheit haben sie vor, die Bevölkerung zu kontrollieren. Das erreichen sie aber nur, wenn das Volk klein bleibt. Deswegen besprühen sie die ganzen Leute mit Chemikalien, um die Geburtenraten niedrig zu halten.«

»Okay, und was soll das andere sein?«, wollte Eric erfahren, obwohl er sich schon denken konnte, dass die Geschichte dahinter völlig durchgeknallt war.

Er hielt Stefan Sepphein mittlerweile für einen ausgemachten Spinner. Wahrscheinlich war das aber auch nur zu typisch, wenn man sein Leben lang in einem so kleinen und abgelegenen Dorf verbrachte. Andererseits hatte er einen ähnlichen Wirrkopf erst vor kurzem mitten in Berlin getroffen. Die Bildung eines Menschen an seiner Herkunft festzumachen, war sicherlich nicht richtig.

»Wetter-Engineering! Die da oben wollen das Wetter verändern.«

»Das Wetter verändern?«, wiederholte Eric wider besseres Wissen.

»Selbstverständlich! Das Klima ist die ultimative Waffe. Unsichtbar, ohne langwierige Nachwirkungen und fast ohne Nachweis ist es dennoch absolut tödlich.«

»Wie denn das?«

»Na, die ganzen Stürme und so. Überlegen Sie doch nur einmal, wie viel Schaden ein einziger Jahrhundertsturm anrichtet. Jetzt potenzieren Sie das mal bitte mit der Tatsache, dass beinahe jährlich irgendwo auf der Welt ein Jahrhundertsturm wütet. Mit solchen Ereignissen lassen sich komplette Volkswirtschaften aus den Angeln heben. Allein in den USA beliefen sich die

Zerstörungen nach dem Hurrikan Katrina auf über einhundert Milliarden US-Dollar.«

»Liegt das nicht eher an der Klimaerwärmung?«, warf Eric ein.

»Na klar liegt das auch an der Klimaerwärmung. Allerdings ist die globale Erwärmung keine durch Schadstoffe erzeugte Sache. Es sind die Flieger, die das Klima verändern. Sie werden schon noch sehen! Morgen ist es gleich viel kälter. Außerdem werden wesentlich mehr Wolken am Himmel zu finden sein. Vielleicht wird es auch regnen. Was es auch ist: Das Flugzeug, das Sie eben gesehen haben, hat das verursacht.«

Nachdenklich sah Eric den Fahrer des Abschleppwagens an. Wenn er konnte, hielt er sich von solchen Menschen fern. Durch die erzwungene Nähe im Auto blieb ihm wohl oder übel nichts anderes übrig, als sich mit so einem Exemplar auseinanderzusetzen. Allerdings war ihm auch klar, dass es nicht seine Aufgabe war, solche Typen zu bekehren. Seiner Meinung nach durfte jeder glauben, was immer er wollte. Selbst wenn die Leute die Existenz von kleinen grünen Männlein für voll nahmen, war ihm das reichlich egal. So lange zumindest, wie besagte Menschen ihm mit ihren wilden Theorien nicht auf die Nerven gingen.

Tief atmete er durch und schloss kurz die Augen. Mit ein bisschen Glück würde Stefan Sepphein von selbst mit dem Thema aufhören. Darin hatte er sich aber wohl getäuscht.

»Ich verstehe nicht, warum die Politik nichts dagegen unternimmt«, fuhr der Mann unbeirrt fort. »Es ist doch offensichtlich, dass wir jeden Tag besprüht werden. Dabei ist es gerade die Aufgabe der Politiker, uns einfache Menschen vor solchen Machenschaften zu beschützen.«

Eric konnte sich nicht länger zusammenreißen. Er hatte schon dem Flacherdler viel zu lange ohne ein Widerwort zugehört. Hier wollte er es erst gar nicht wieder so weit kommen lassen.

»Wieso glauben Sie denn, dass das Chemikalien sein sollen? Was spricht denn dagegen, dass es wirklich nur ein Kondensstreifen ist?«

»Ha, dass ich nicht lache! Woher soll denn diese Kondenswolke sonst stammen? Und weshalb sieht man diese immer nur an einem blauen Himmel? An anderen Tagen oder bei einem Sturm kann man das nicht beobachten. Ich weiß ganz genau, was das da oben ist.«

»Nun ja, Sie sehen die Streifen vielleicht sonst nicht, weil die Wolken sie verdecken. Außerdem wirken weiße Streifen auf einem wolkenlosen und blauen Firmament besonders auffällig. Es ist nun mal die einzige Wolke, die wir momentan ausmachen können«, versuchte Eric, Begründungen für das Phänomen zu finden.

»Ach, ich bitte Sie! Warum tritt es dann gerade erst in letzter Zeit so häufig in Erscheinung? An manchen Tagen ist der Himmel übersät mit den Chemiewolken«, hielt Stefan Sepphein dagegen.

»Das hat meiner Meinung nach etwas mit selektiver Wahrnehmung zu tun.«

»Mit was?«, entfuhr es aus dem Mechaniker.

»Mit selektiver Wahrnehmung«, wiederholte Eric gelassen. »Stellen Sie sich vor, jemand erzählt Ihnen, dass bestimmte Personen in Ihrem Dorf grüne Vorhänge benutzen. Vorher ist Ihnen das nie aufgefallen. Bei der nächsten Fahrt durch das Dorf achten Sie jedoch besonders darauf. Schon nach kurzer Zeit werden Sie nur noch die grünen Fenstervorhänge bemerken und alle anderen ignorieren. Allerdings sind grüne Vorhänge statistisch gesehen genauso oft vertreten wie rote, gelbe oder blaue. Das nennt man dann selektive Wahrnehmung.«

»Sie meinen also, mir würde das im Speziellen auffallen, weil ich immer danach suche?«

»Ganz genau«, bestätigte Eric. »Kondensstreifen sind doch kein Phänomen der Moderne. Selbst im Zweiten Weltkrieg haben die alliierten Bomberverbände Kondensstreifen erzeugt. Sie können mir doch nicht erzählen, dass die Geburtenkontrolle und die Wetterveränderungen da schon angefangen haben. Falls das tatsächlich so wäre, dann hätten die Leute in den vergangenen siebzig Jahren absolut nichts erreicht.«

»Aber was ist mit der Menge? In den vergangenen Jahrzehnten war der Himmel bestimmt noch nicht so voll von den weißen Streifen«, versuchte Stefan Sepphein, weitere Argumente für seine These zu finden. »Zumindest habe ich darüber noch nichts gefunden. Wie schon gesagt, ich habe mich viel belesen. Außerdem habe ich eine große Anzahl von Bildern gesehen.«

»Auch das lässt sich relativ einfach erklären«, ging Eric darauf ein. »Man sagt, dass der Flugverkehr sich aller zehn Jahre verdoppeln würde. Entsprechend hat sich die Menge der Flugzeuge in den letzten dreißig Jahren verzigfacht. Mehr Flüge bedeuten eben auch mehr Kondensstreifen. Wir leben hier in Mitteleuropa. Das hier ist eines der am dichtesten beflogenen Gebiete der gesamten Welt. Natürlich sind jeden Tag tausende Maschinen unterwegs. Bei guter Wetterlage hinterlassen diese entsprechend viele Kondensstreifen am Himmel. Es sind ja inzwischen auch mehr Autos auf der Straße. Und je mehr Menschen auf der Erde sind, desto mehr Autos und Flugzeuge werden gebraucht. Das ist doch eine ganz logische Rechnung.«

Mittlerweile hatten sie fast den Gasthof erreicht. Durch das seltsame Gespräch war die Fahrt wie im Fluge vergangen. So abenteuerlich die Ansichten des Mannes auf ihn auch gewirkt hatten, so viel Spaß hatte es Eric gemacht, Argumente gegen diese wilde Theorie zu finden. Es erinnerte ihn an sein Studium. Zu jener Zeit hatten sie derartige Rollenspiele öfter in die Lehrveranstaltungen eingebaut. Es war damals eine gute Möglichkeit gewesen, sich argumentativ zu schulen. Vielleicht hätte er es bei dem Typen mit seiner flachen Erde ganz ähnlich handhaben sollen.

Als der Wagen vor dem Gasthaus zur Grünen Tanne zum Stehen kam, atmete Eric dennoch befreit auf. Letztlich hätte das Gespräch auch vollkommen anders verlaufen können. Besonders die Bewohner eher kleinerer Ortschaften galten für allzu gegensätzliche Meinungen als nicht sonderlich aufgeschlossen.

»Hm, ich werde mir das alles noch einmal durch den Kopf gehen lassen, was Sie mir während der Fahrt erzählt haben. Es sind einige interessante Gedanken und Ansätze dabei. So ganz von der Hand zu weisen sind Ihre Argumente nicht«, gestand Stefan Sepphein.

»Was ist mit dem Wagen?«, fragte Eric nach, um das Gespräch wieder in andere Bahnen zu lenken.

»Den schau ich mir heute noch an. Versprochen! Wie schon gesagt, habe ich gerade noch ein anderes Auto auf der Hebebühne. Allerdings dürfte ich mit dem bald fertig sein. Im Anschluss kommt Ihr gutes Stück dran. Vielleicht haben Sie ja Glück und es ist wirklich nichts mit dem Audi. Dann kann ich Ihnen das Fahrzeug bereits am Abend zurückbringen. Die Airbags erneuern können Sie aber nur in einer Vertragswerkstatt.«

»Brauchen Sie noch irgendetwas von mir? Eine Unterschrift, Telefonnummer, Adresse oder so?«

»Nö, nö. Alles bestens. Ich weiß ja, wo Sie untergekommen sind. Ich bin heute bestimmt auch noch einmal bei Andrea. Die Grüne Tanne ist unsere einzige Gaststube im Ort. Deswegen trifft sich das halbe Dorf fast jeden Abend hier. Ich werde also dann bei Ihnen vorbeikommen.«

Eric reichte ihm zum Abschied die Hand. Als er aussteigen wollte, hielt ihn der Mechaniker noch für einen Moment zurück. »Wenn Sie so viel wissen, was sollen das dann für weiße Streifen am Himmel sein? Ich meine, irgendwoher müssen die ja kommen. Sonst ist da nirgends eine Wolke zu entdecken. Abgase in der Menge können es ja wohl kaum sein. Oder?«

207

Eric hielt einen Moment inne, um sich an seine Schulzeit zu erinnern. Ausgerechnet in Physik kannte er sich nicht besonders aus. Allerdings war er sich sicher, dass es dafür eine ganz normale und rationale Erklärung geben musste. Ein Kondensstreifen war bestimmt keine sonderliche komplizierte chemische Reaktion.

»Also«, fing er gedehnt an. »Sie wissen mit Sicherheit, dass es in der Luft eine permanente Luftfeuchte gibt.«

Nickend pflichtete Stefan Sepphein ihm bei.

»Okay! Wenn also eine bestimmte Menge an Wassermolekülen in der Atmosphäre hängt, bildet sich eine Wolke. Das hat zum einen etwas mit der Temperatur zu tun, zum anderen mit den schon bestehenden Wassertropfen in der Luft. Solange jedoch die Luftfeuchte, die Kondensation und die Verdunstung nicht hoch genug sind, entstehen keine Wolken. Viele Wassermoleküle befinden sich dennoch in den Luftschichten. Nur eben außerhalb einer Wolke.«

»Ja, ich glaube, von so etwas habe ich schon einmal gehört«, bestätigte der Kfz-Mechaniker.

»Nun kommen aber die Abgase von den Flugzeugen ins Spiel. Dass diese besonders umweltschädlich sind, lassen wir jetzt mal außen vor. Auf jeden Fall stößt so eine Maschine wesentlich mehr Schadstoffe aus als ein Auto, ein Bus oder sonst irgendetwas. Genau genommen sind das wahre Dreckschleudern. Die Frage ist nun aber: Was passiert mit den Abgasen?«

»Keine Ahnung! Wahrscheinlich das gleiche wie mit den Autoabgasen«, spekulierte sein Gesprächspartner.

»Im Grunde haben Sie recht. Allerdings geschieht in den hohen Luftschichten etwas ganz Besonderes. Die Rußpartikel aus den Triebwerken sind extrem anziehend für die Wassermoleküle. Entgegen der natürlichen Entstehung bei Wassertropfen docken die Wassermoleküle schon bei einer geringen Luftfeuchte an die Rußpartikel an. Da so ein Flugzeug permanent jede Menge

208

Abgase ausstößt, saugt der Ablassstrahl praktisch das Wasser aus der Luft an. Parallel dazu gefrieren die nun gebildeten Wassertropfen zugleich wieder. Das Ergebnis davon können Sie am Himmel ausmachen: Es entsteht ein großer, langer und fetter weißer Streifen.«

»Das soll schon alles gewesen sein?«, zeigte sich Stefan wenig begeistert.

»Natürlich, mehr ist das nicht. Es ist meistens so, dass es für viele scheinbar unerklärliche Dinge relativ einfache Begründungen gibt. Das Phänomen ist so alt wie der motorgetriebene Flugbetrieb.«

»Hm, ich werde mir das noch einmal durch den Kopf gehen lassen, was Sie mir gerade erzählt haben. Irgendwie klingt es schon schlüssig, wenn man es erst mal aus dieser Warte heraus betrachtet.«

»Denken Sie aber nicht so viel darüber nach. Sie müssen noch unser Auto reparieren«, witzelte Eric, bevor er aus dem Auto ausstieg und sich auf den Weg ins Wirtshaus machte.

Der Tag steckte ihm bereits ordentlich in den Knochen. Die Fahrt, der Unfall und alles, was danach gekommen war, hatten sehr viel Zeit verstreichen lassen. Eric konnte sich nur schwerlich vorstellen, dass sie heute noch den eigentlichen Fall in Angriff nehmen würden. Körperlich fühlte er sich längst reichlich müde. Eric wusste nicht, wie es Marleen ging. Sicherlich war sie aber nach der langen Fahrt und dem Unfall auch erschöpft und lag schon schlummernd in ihrem Hotelbett.

Mit einem kräftigen Stoß öffnete Eric die schwere Holztür zur Gaststube. »Wunderschönen guten Tag«, schmetterte er in die Runde, als er den Gastraum betrat.

Durch die dunkle Holzvertäfelung präsentierte sich die Grüne Tanne in einem angeschlagenen Charme der Achtzigerjahre. Eric konnte es nicht konkret benennen, aber die Lokalität versprühte durchaus ein besonderes

209

Ambiente. Allerdings konnte er sich nur schwerlich vorstellen, dass sich hier ein Gast sonderlich wohlfühlen sollte.

»Sie müssen der andere Gast sein«, bellte es vom Tresen her zu ihm hinüber.

»Wer soll ich sein?«

»Na, der andere eben. Oder gehören Sie nicht zu der Dame?«

»Doch, doch. Sie meinen bestimmt Frau Beich«, bemerkte Eric.

»Ha'h, sage ich doch.«

Eric trat näher an die Rezeption, um sich die Frau direkt anzuschauen, und war erstaunt. Eigentlich hätte er in so einem Etablissement eine wesentlich ältere Person erwartet, vor ihm aber stand eine Frau Anfang dreißig. Eine Sechzigjährige hätte viel eher zu dem Ersteindruck gepasst, den er bisher von dem Laden bekommen hatte. Hellbraune Haare, adrette Klamotten und ein durchaus als ansehnlich zu bezeichnendes Auftreten überraschten Eric positiv. Er fragte sich, ob sie Andrea sei, von der der Kfz-Mechaniker gesprochen hatte.

»Ist meine Kollegin schon auf ihrem Zimmer?«

»Sehen Sie sie vielleicht hier irgendwo?«, kam es ziemlich schnippisch zurück.

Eric verstand nicht, warum die Frau derart auf seine Frage reagierte. Hatte sich Marleen vielleicht mit ihr angelegt, überlegte Eric sich. Auf jeden Fall kam er sich reichlich unwillkommen vor. Normalerweise sollte ein Gasthaus in dieser abgeschiedenen Lage doch gerade darauf achten, sich nett gegenüber den Gästen zu verhalten.

»Also ist sie bereits oben?«, hakte Eric nach, ohne im Geringsten auf den unfreundlichen Unterton anzuspringen.

»Da hinten links sind die Treppen.«

Stirnrunzelnd folgte er der Beschreibung und ärgerte sich über die schroffe Art der Rezeptionistin. Derart unhöflich war er schon lange nicht mehr behandelt worden.

Als Eric im ersten Stock des Gasthauses angelangt war, fiel ihm auf, dass er gar nicht wusste, an welchem Zimmer er klopfen sollte. Verwirrt blickte er den langen Gang entlang, von dem mindestens zwölf Türen abgingen. Am Ende des langen Flures entdeckte er ein kleines Fenster, durch das kaum Licht einfiel, wodurch es den Gang nur spärlich beleuchtete.

Kurz überlegte er sich, ob er wieder nach unten gehen sollte. Allerdings schreckte ihn die zu erwartende ruppige Art der Wirtin ab. Er hatte an diesem Tag schon mehr als genug erlebt. Sich nun neuerlich mit einer so griesgrämigen Frau auseinandersetzen zu müssen, darauf hatte er in diesem Moment wirklich keine Lust. Ergo blieb ihm nur übrig, nach Marleen zu rufen.

Sekunden verstrichen, ohne dass etwas passierte. Eric hatte bereits sein Smartphone gezückt, um Marleen anzurufen, als sich eine Tür einen Spalt weit öffnete und ein feiner Lichtkeil den Gang erhellte. Eric schritt darauf zu und fand die Tür leicht angelehnt. Nach einem knappen Klopfen trat er einfach in das Zimmer ein. Allerdings stoppte er auf der Schwelle abrupt ab.

Marleen stand nur mit einem großen Handtuch bekleidet inmitten gleißenden Sonnenlichts. Als wäre es das Normalste auf der Welt, so einen Kollegen zu empfangen, rubbelte sie sich mit einem weiteren Tuch ihre Haare trocken.

Einige Sekunden lang breitete sich eine seltsame Starre aus.

»Wollen Sie nicht hereinkommen?«, unterbrach Marleen zuerst die peinliche Situation.

»Öhm, ja schon. Aber Sie sind doch ...«

»Das hat Sie heute Morgen aber auch nicht gestört, als ich Sie zuhause abgeholt habe«, bemerkte Marleen süffisant.

»Das war doch etwas vollkommen anderes.«

»Ach ja? Wieso das denn? Nur weil Sie ein Mann sind, dürfen Sie also leichtbekleidet in der Weltgeschichte herumlaufen?«, warf Marleen ihm vor.

»Was? Nein, das meinte ich damit nicht. Es ist nur … Ich weiß nicht. Also, man macht halt so etwas einfach nicht«, stotterte Eric verlegen. Die Situation war ihm deutlich unangenehm.

Verschämt hatte er seinen Blick abgewendet und starrte demonstrativ die Wand neben der Tür an. Seiner Meinung nach hatte er bereits mehr als genug von seiner Kollegin gesehen. Vor allem die nassen und nackten Beine hatten ihm unverschämte Gedanken in seinen Kopf gezaubert.

Eric musste sich eingestehen, dass Marleen in dem Handtuch umwerfend aussah. Die hellbraunen kurzen Haare standen in alle Richtungen ab. Im Sonnenlicht glitzerten die noch nicht abgetrockneten Wassertropfen wie kleine Diamanten auf ihrer Haut. Besonders auch der schlanke und sportliche Körper bekam durch das feuchte Badetuch aufreizende Konturen. Wenn er sich ausmalte, dass sie darunter splitterfasernackt war, spielte ihm seine Männlichkeit bereits üble Streiche.

»Jetzt haben Sie sich nicht so. Sie tun ja fast so, als hätten Sie noch nie in Ihrem Leben eine nackte Frau zu Gesicht bekommen. So prüde hätte ich Sie gar nicht eingeschätzt.«

»Das ist es nicht. Natürlich habe ich schon Frauen …«, stoppte Eric ab, weil er wusste, dass er sich damit auf Glatteis begab. »Ich will einfach nur meinen Zimmerschlüssel, damit ich auch endlich duschen kann. Ich bin von oben bis unten durchgeschwitzt.«

»Kein Problem! Ihr Schlüssel liegt direkt neben der Tür. Stellen Sie meine Tasche bitte auch dahin.«

Das Gepäck! Eric hätte sich ohrfeigen können. Tatsächlich hat er die Taschen vollkommen vergessen. Diese unsägliche Diskussion über mögliche Chemiewolken aus Flugzeugen hatte ihn dermaßen abgelenkt, dass alles andere komplett aus seinem Kopf verschwunden war.

»Die liegen noch im Auto«, gestand er ihr zerknirscht.

Hastig griff er sich den Schlüssel, um schnellen Schrittes aus dem Zimmer zu verschwinden. Ihre Entgegnung bekam er schon gar nicht mehr mit.

Ein knapper Vergleich mit der Schlüsselnummer und dem kleinen abgegriffenen Blechschild auf dem Zimmer gegenüber zeigte ihm, dass er direkt vor seiner Tür stand. Offensichtlich hatte die Rezeptionistin ihnen gegenüberliegende Räumlichkeiten gegeben.

Vielleicht war das sogar besser, überlegte er sich. So befand sich wenigstens der Gang zwischen ihnen beiden. Bevor Marleen die Chance erhielt, ihn wegen der fehlenden Gepäckstücke zu verfolgen, schloss er eiligst die Tür auf und betrat sein Zimmer. Mit einem befriedigenden Seufzer auf den Lippen schloss er die Tür geräuschvoll.

Was er jetzt brauchte, war eine heiße Dusche. Eric fühlte sich nach diesem Tag dreckig, verschwitzt und ausgelaugt. Das vergessene Gepäck ärgerte ihn indes nicht allzu sehr. Zumindest die nötige Wechselwäsche hatte er in der Umhängetasche mit dem Laptop verstaut. Von daher sah er es wesentlich entspannter als seine Kollegin.

Er blickte erneut auf sein Handy und erschrak über die rasant voranschreitende Zeit. Mittlerweile ging es bereits straff auf halb sechs zu. Hätte er seinem Gefühl vertraut, befand er sich gerade einmal irgendwann im frühen Nachmittag. Er konnte es sich nicht vorstellen, dass sie sich heute tatsächlich noch mit dieser Person oder diesem Fall befassen würden. Nach wie vor wusste Eric nicht, weshalb sie sich überhaupt in diese gottverlassene Einöde begeben hatten. Entsprechend störte es ihn auch nicht, dass der Terminplan vollkommen über den Haufen geworfen war. Dies alles war vielmehr das Problem von Marleen, als seines. Das hatte sie davon, dass sie so ein Geheimnis um den ganzen Ausflug machte, dachte Eric bei sich. Er sollte ja schlichtweg nur beobachten – mehr nicht.

Binnen weniger als einer Minute befand er sich bereits ausgezogen in dem kleinen Bad. Sehr zu seiner Freude war dies wesentlich moderner ausgestattet, als das Gasthaus anfangs vermuten ließ. Sowohl die Dusche als auch die restliche Einrichtung waren picobello in Ordnung. Er hatte im Laufe seiner Karriere schon etliche Hotels von gutem Ruf besucht, in denen richtiggehende Dreckecken existierten. Besonders die Fliesen, Kanten und Dichtungen der Duschwand waren Stellen, an denen man ein gutes Haus erkennen konnte.

Abgesehen von dem altbackenen Interieur des Eingangsbereiches und der unfreundlichen Bedienung zeigte sich die Grüne Tanne in einem vorzüglichen Zustand. Minutenlang ließ Eric sich das angenehme Nass über seinen Rücken laufen. Irgendwann stellte sich endlich dieses befriedigende Gefühl ein, am ganzen Körper erfrischt zu sein.

Nur mit einem Handtuch bekleidet trat er aus der Dusche. Jetzt nahm er sich Zeit, das restliche Zimmer anzuschauen. Wie schon das Bad war auch der Raum ausgesprochen sauber. Zwar war er karg eingerichtet, entsprach aber dennoch seiner Vorstellung eines Hotelzimmers in einem dörflichen Gasthaus. Überrascht war er von dem großen Flachbildfernseher. Normalerweise standen in solchen Etablissements kleinere veraltete Geräte herum. Die Wirtsleute hatten offensichtlich weder Kosten noch Mühen gescheut, um die Unterkünfte auf den neuesten Stand zu bringen.

Eric verwunderte dieser Einsatz. Er konnte sich nur schwerlich vorstellen, dass sich allzu viele Touristen hierher verirrten, dafür war Kaltenbruch zu weit ab vom Schuss. Wenn in diesen Ort ein Fremder kam, dann hatte er sich mit Sicherheit verlaufen. Ob sich diese Investition auszahlen würde, bezweifelte Eric.

Die beiden Bilder an den Wänden wirkten modern und hochwertig. Die Stoffbezüge der Stühle muteten zudem an, als würden sie aus einem aktuellen Katalog eines Einrichtungshauses stammen. In anderen Hotels waren die

Möbel sonst immer in einem absolut grässlichen Blumenmuster gehalten. Selbst der anthrazitfarbene Teppich zeigte keinerlei Abnutzungserscheinungen. Man konnte sich durchaus in diesem Gästezimmer wohlfühlen.

Eric fischte sich seine Wechselsachen aus der Tasche. Ein wenig war er nun doch über sich erbost, weil er das durchgeschwitzte Hemd noch einmal anziehen musste. Allerdings wusste er auch, dass er keine andere Wahl hatte. Immerhin fühlte er sich nach der Dusche endlich wieder halbwegs fit.

Ein Blick aus dem Fenster überzeugte ihn davon, dass das Dorf doch nicht so dunkel und übel war, wie es anfangs zu vermuten gewesen war. Obwohl er sich auf der sonnenabgewandten Seite des Gasthauses befand, schaute er über eine Vielzahl strahlend roter Dächer hinweg. Eine ländliche Idylle, dachte er bei sich.

Ein forderndes Klopfen an der Tür riss Eric aus den Gedanken. Ihm war nur zu klar, wer da nach seiner Anwesenheit verlangte. Schwungvoll riss er die Tür auf. Als er zu einer Begrüßung ansetzen wollte, merkte er, dass sich niemand auf dem Gang aufhielt. Verdutzt blickte Eric aus dem Zimmer hinaus, um jemanden auszumachen. Am Zugang zu der nach unten führenden Treppe entdeckte er schließlich seine Kollegin.

»Marleen, was ist?«

»Ich kann nicht ewig auf Sie warten. Wir haben heute noch etwas vor. Also hopp, hopp!«

»Nun mal immer langsam mit den jungen Pferden. Wir sind doch gerade erst angekommen.«

»Wer rastet, der rostet, Herr Tschirnhaus!«

Und bevor Eric etwas entgegnen konnte, war sie bereits nach unten verschwunden. So hatte er keine andere Wahl, als ihr auf dem Fuß zu folgen. Seine Annahme, dass heute keine Arbeit mehr auf ihn wartete, war damit offensichtlich hinfällig. Schon Sekunden später befand er sich wieder in dem düsteren Gastraum.

Eric blickte sich noch einmal prüfend um. Der Eingangsbereich der Grünen Tanne wirkte wie das genaue Gegenteil der Zimmer, ganz als sollte ein direkter Kontrapunkt geschaffen werden. Man konnte fast meinen, dass Schwaden von Zigarettenrauch zu sehen waren. Allerdings empfand Eric es nur so, weil die Sonne mit aller Macht in den Raum hinein drang. In den Strahlen tanzten Staubpartikel einen wilden Reigen.

Entgegen seiner Erwartung konnte er Marleen nirgendwo ausmachen. Das wunderte ihn, hatte sie doch gar keinen so großen Vorsprung besessen. Eric wollte gerade das Wort an die Wirtin richten, unterließ dies aber tunlichst, als er deren feindseligen und abschätzigen Blick wahrnahm. Er verspürte keinerlei Interesse, sich mit der Person zu unterhalten. Egal wie angenehm die Räume eingerichtet waren, die Frau hinter dem Tresen lehrte ihm das pure Grausen.

Mit flinken Schritten hetzte er nach draußen, wo er seine Kollegin vermutete. Wie eine Welle schlug beim Hinaustreten die Hitze über ihm zusammen. Es war, als hätte in der kurzen Zeit, die er auf dem Zimmer verbracht hatte, die Temperatur um einige Grad zugelegt. Vergessen war die Überlegung, dass es im Erzgebirge vielleicht angenehmer sein könnte als in der Hauptstadt. Augenblicke darauf verspürte Eric bereits wieder einen leichten Schweißfilm auf seiner Haut.

Nachdem sich seine Augen an das grelle Sonnenlicht gewöhnt hatten, machte er Marleen zu seiner Rechten aus. An die Wand des Gasthauses gelehnt, sah es fast so aus, als würde sie meditieren. Beide Lider hatte sie dabei geschlossen. Eric meinte sogar zu sehen, dass sie ihre Lippen ganz leicht bewegte. Er zögerte kurz, sie dabei zu stören. Es kam ihm wie ein Frevel vor, die Kollegin aus ihrem Zustand herauszureißen.

»Marleen? Ist alles in Ordnung mit Ihnen?«, fragte er dann dennoch.

216

Wie eine Furie fuhr die junge Frau daraufhin zu ihm herum. Für den Bruchteil einer Sekunde blitzten ihn zwei böse funkelnde Diamanten an. Keinen Atemzug später löste sich die Situation jedoch in Wohlgefallen auf, so als würde die Wut einfach verpuffen. Eric meinte sogar, einen Anflug von Wärme oder Freundlichkeit in ihrem Gesicht zu erkennen. Immer wieder überraschte ihn Marleen mit diesen Gefühlsschwankungen.

»Was haben Sie bei Ihrer Ankunft nur mit dem Drachen da drinnen angestellt?«, versuchte Eric, die Situation mit einem Scherz zu lockern.

»Ich?«

»Ja, genau Sie! Die hätte mich am liebsten mit ihren Blicken getötet. Sie waren doch vor mir bei ihr. Wer außer Ihnen hätte also ihre schlechte Laune auslösen können?«

»Es liegt nicht an mir oder uns. Die Gastwirtin mag nur einfach keine Beamten. Schon gar keine, die aus Berlin kommen und für die Bundesregierung arbeiten.«

»Das war schon alles? Haben Sie nicht noch etwas anderes gesagt?«, fragte Eric zweifelnd nach.

»Nein. Es hat gereicht, dass ich beim Einchecken das Kanzleramt für die Kostenübernahme angegeben habe. Binnen weniger Augenblicke hatte sich die Frau daraufhin von einer netten Wirtsfrau zu dieser Furie entwickelt.«

»Das ist aber seltsam«, warf Eric irritiert ein.

»Wem sagen Sie das. Eine derartige Reaktion bin ich sonst gar nicht gewohnt.«

Fragend sah er Marleen an. Er hatte noch nicht die Erfahrung machen müssen, dass sich die Leute besonders verhielten, wenn man sagte, dass man aus Berlin kam. Ebenso wenig konnte er es sich erklären, warum Menschen feindselig reagierten, wenn man sagte, dass man für die Bundesregierung arbeitete.

217

»Es gibt Menschen – vor allem im ländlichen Raum –, die sind alles andere als gut auf irgendwelche Behörden zu sprechen. Das Landratsamt oder
die Gemeindeverwaltung akzeptieren die Personen vielleicht noch. Alles was
jedoch darüber liegt, beäugen sie äußerst misstrauisch. Das geht sogar so weit,
dass sie gegenüber Bundesbehörden fast schon aggressiv auftreten – teilweise
nahezu gewaltbereit.«

»Ernsthaft?«

»Wirklich«, bekräftigte Marleen einmal mehr. »Sie sehen in uns das wahr-
haftig Böse. Dabei macht es keinen Unterschied, ob ich im tiefsten Bayern
einen abgelegenen Bauernhof betrete oder in Friesland einen versteckten
Schweinehof aufsuche. Die Reaktion ist beinahe immer dieselbe.«

»Wie kommt es dazu?«, fragte er interessiert nach.

»Keine Ahnung! Es sind vielleicht einfach nur die Vorbehalte gegenüber
allen Fremden. Für diese Menschen ist Berlin so weit weg wie New York oder
Timbuktu. Das Gleiche gilt eben auch für die Institutionen.«

»Und deswegen so eine Reaktion?«

Eric konnte es noch nicht begreifen. Er hatte den Hass und die Feindse-
ligkeit in dem Gesicht der Gastwirtin gesehen. Dass dies alles nur von einer
Ablehnung gegen Bundesbeamte herrühren sollte, überstieg sein Vorstel-
lungsvermögen.

»Nehmen Sie es einfach als gegeben hin und gewöhnen Sie sich lieber
gleich daran. Wir sind nun einmal nicht überall willkommen. Das ist es etwas,
was Sie hier lernen sollen. Letztlich geht es für Sie auch darum, dass Sie das
System begreifen. All seine Vor- und Nachteile inbegriffen.«

Schulterzuckend schloss Eric das Thema damit für sich ab. Etwas daran
ändern konnte er in dem Augenblick wahrscheinlich nicht.

»Wie geht es jetzt weiter?«, fragte er nun ganz unverblümt.

»Sonderlich viele Optionen haben wir gerade nicht. Das Auto ist in der
Werkstatt. Wir könnten als Erstes versuchen, die Koffer wiederzubekommen.

Oder wir machen uns auf den Weg zu unserem Außentermin. Der Mann, den wir besuchen sollen, wohnt innerhalb dieser Ortschaft.«

»Sie meinen, wir laufen dahin?«

»Ähm ja, das meine ich. Kaltenbruch wird schon nicht so groß sein. Außerdem sind Sie wohl jung genug, um ein paar Meter zu Fuß zu gehen.«

»Das meinte ich damit nicht«, begehrte Eric getroffen auf.

»Ach nein! Sondern? Weil Sie es als Berliner gewohnt sind, jede Strecke mit Bahn, Bus oder Tram zu erledigen?«

»Ich bezog das eher auf die Zeit«, hielt Eric dagegen. »Sind Sie wirklich der Meinung, dass wir uns noch so spät auf den Weg zu diesem Termin machen sollen? Wegen der Reparatur hängen wir gerade sowieso hier fest. Warum wollen Sie es also überstürzen?«

»Ich will es überstürzen? Wie kommen Sie darauf?«

»So kommt es mir zumindest vor.«

»Natürlich will ich hier so schnell wie möglich weg«, bekräftigte Marleen. »Haben Sie es etwa nicht bemerkt? Wir sind hier nicht willkommen. Wenn wir Glück haben, ist der Wagen noch fahrtüchtig. Die Schönheitsreparaturen können auch genauso gut in Berlin durchgeführt werden.«

»Ach, ich habe Ihnen noch gar nicht gesagt: Stefan Sepphein glaubt, dass der Audi heute Abend wieder fit sein dürfte und er auf den ersten Blick wenig Reparaturbedarf sieht.«

»Das wäre zu wünschen! Wenn wir den Termin dann bereits hinter uns gebracht haben, können wir im besten Fall schon morgen Mittag zurück sein.«

Offensichtlich empfand Marleen die Situation hier alles andere als angenehm. Auf der einen Seite konnte er sie durchaus verstehen. Bis jetzt hatte sich der Ausflug als eine einzige Katastrophe entpuppt. Es deswegen gleich zu überstürzen, erachtete er jedoch für genauso falsch. Allerdings hatte er in diesem Punkt nichts mitzureden, schließlich war er nur mitgefahren, um etwas zu lernen. Jegliche Entscheidungsbefugnis lag alleinig bei seiner Kollegin.

»Okay, alles klar. Dann eben noch heute.«

Als wäre dies das Startsignal gewesen, machten sich beide auf den Weg. In der sehr warmen und schwülen Abendluft lief ihnen jedoch schon nach wenigen Schritten der Schweiß aus allen Poren. In einem klimatisierten Wagen hätte er so eine Tour besser ertragen, ging es Eric durch Kopf. Vor allem in Anbetracht der flimmernden Luft oberhalb des dunklen Asphaltes schwante Eric Übles.

Was sie in diesem Dorf aufdecken wollte, war Eric schleierhaft. Kaltenbruch war ein ganz normaler Ort, der sich nicht von anderen Dörfern im Erzgebirge zu unterscheiden schien. Alte Bauernhöfe wechselten sich mit den typischen DDR-Einfamilienhäusern ab.

Ergänzt wurde das Bild von etlichen Neubauten. Zwischen den teilweise schon etwas verfallenen Bauten aus den vergangenen Jahrzehnten und Jahrhunderten tauchten immer wieder frisch errichtete Fertigteilhäuser auf. Oftmals schienen die Grundflächen einfach geteilt worden zu sein. So empfand er die Dichte an Häusern in der Dorfmitte als beachtlich. Wahrscheinlich lag die enge Bebauung aber auch nur daran, dass wegen der steilen Berghänge keine ausreichende Fläche an Bauland zur Verfügung stand.

Neben den für Dörfer üblichen Scheunen, Dreiseitenhöfen und Agrarbauten entdeckten sie auf dem Weg auch ein paar richtige Reihenhäuser. Zwar ebenso nur zwei- oder dreistöckig gehalten, beherbergten die Erdgeschosse jeweils einen Laden. Neben einer Fleischerei, einer Bäckerei, einem Frisör und einem Schreibwarenladen existierte auch ein kleiner privater Supermarkt.

Nachdem sie einige Zeit stumm nebeneinander her gelaufen waren, richtete Eric das Wort an seine Begleiterin.

»Wissen Sie eigentlich, wo wir hinmüssen?«

»Ja, eigentlich schon.«

»Aber?«, fragte er vielleicht eine Spur zu scharf.

»Wie, aber?«

»In Ihrer Antwort lag ein eigentlich«, formulierte Eric seine Frage konkreter.

»Wir müssen auf die Obere Dorfstraße 33a.«

»Okay, wo liegt dann das Problem?«

»Ich sagte doch, es gibt kein Problem«, entgegnete Marleen hörbar genervt.

»Alles klar. Ich bin schon ruhig«, versprach Eric.

Nach einer Minute überquerten sie auf einer alten Brücke einen kleinen Bach, der träge unter der Dorfstraße hindurchplätscherte, die durch Kaltenbruch führte. Wie schon zuvor zweigten keinerlei andere Straßen oder Wege von der Hauptverkehrsachse ab, als würde sich das Dorf einzig entlang dieses einen Verkehrswegs durch das Tal schlängeln.

Gelegentlich gingen sowohl schmale Einfahrten als auch Trampelpfade links oder rechts ab. Fast immer führten diese zu in zweiter oder dritter Reihe erbauten Gebäuden hin.

»Auf welcher Straße befinden wir uns momentan?«, fragte Eric nach und riss Marleen damit aus ihren Gedanken.

Offensichtlich schien sie gerade dabei zu sein, über einem Problem zu brüten. Missmutig warf sie ihm einen Blick zu.

»Auf der Dorfstraße.«

»Müssen wir nicht auf die Obere Dorfstraße?«, merkte Eric nachdenklich an.

»Japp!«

»Ach so. Nun verstehe ich.«

Stirnrunzelnd sah ihn seine Kollegin an. »Was verstehen Sie?«

»In dem Kaff hier gibt es nur eine Straße. Sie fragen sich wahrscheinlich gerade, wo diese zweite sein soll. Sehe ich das richtig?«

221

Amüsiert zog er sein Handy hervor, um festzustellen, dass er noch immer kein Netz hatte. Dies stimmte ihn nachdenklich. Stefan Sepphein hatte zuvor gesagt, dass nur der Sendemast außerhalb ausgefallen sei. Aus dem Grund war Eric davon ausgegangen, dass es wenigstens im Dorf Empfang geben würde. Die Anzeige auf dem Display belehrte ihn jedoch eines Besseren.

»Verdammt!«

»Ach, ohne Ihr Handy und die Online-Landkarten finden Sie sich wohl auch nicht zurecht?«, stellte Marleen gehässig fest.

Gereizt stoppte Eric ab. »Es bringt doch nichts, auf gut Glück durch diese Ortschaft zu stolpern! Ich bin davon ausgegangen, dass Sie wenigstens wissen, wohin Sie eigentlich wollen. Anscheinend ist dem aber nicht so.«

Statt eine Antwort abzuwarten, wendete er sich in Richtung eines Hauses zu seiner Linken um. Da weder Mann noch Maus auf der Straße zu entdecken war, hatte Eric den Entschluss gefasst, einen Einheimischen nach dem Weg zu fragen. Der Abend war viel zu schwül, als dass er Ewigkeiten auf der Suche nach der richtigen Adresse durch das Dorf zu streifen gedachte.

Er lenkte seine Schritte auf ein kleines Haus. Zu seiner Enttäuschung reagierte niemand, als Eric mehrfach die Messingklingel, die sich an einem Pfosten befestigt unterhalb des Briefkastens befand, betätigte. »Schlingelschmidt« konnte er auf dem verblichenen Schildchen entziffern. Nach kurzem Warten war er drauf und dran, die Sache abzubrechen.

»Hallo! Ja? Kann ich etwas für Sie tun?«, hörte er unerwartet eine Stimme.

Ganz hinten auf dem Grundstück, etwas versteckt von verwilderten Hecken, entdeckte er einen kleinen älteren Mann, der auf sie zukam.

»Das können Sie durchaus! Ich bin auf der Suche nach einer Adresse«, rief Eric ihm auf die Entfernung zu.

»Sie sind wohl nicht von hier?«, stellte der Einheimische fest, als er am Zaun angekommen war.

»Sieht man uns das etwa an?«, fragte Eric leicht amüsiert zurück.

»Na, auf jeden Fall kann man das. Mike und seine Berbeliese sind momentan aber nicht zuhause.«

»Mike und Berbeliese?«, zeigte Eric sich irritiert.

»Die Schlingelschmidts. Sie haben doch gerade bei ihnen geklingelt«, bemerkte der Mann.

»Achso! Nein, ich wollte nur nach dem Weg fragen. Vielleicht können Sie mir ja helfen. Ich suche die Obere Dorfstraße 33a.«

»Da sind Sie hier aber vollkommen falsch«, entgegnete ihm sein Gesprächspartner.

In der Zwischenzeit war nun auch Marleen an ihn herangetreten.

»Entschuldigen Sie, wir haben uns noch gar nicht vorgestellt. Eric Tschirnhaus mein Name. Und das hier ist meine Kollegin Marleen Beich.« Er reichte dem älteren Mann die Hand zur Begrüßung.

»Angenehm! Tom Hartberg», stellte er sich vor.

»Herr Hartberg, wenn wir hier falsch sind: Eventuell können Sie uns verraten, wo wir hinmüssen?«

»Natürlich kann ich das. Sie müssen auf die andere Seite des Tals.«

»Welche andere Seite?«, fiel nun auch Marleen in das Gespräch mit ein.

»Na, da rüber.«

Mit einer Hand verwies Tom Hartberg in Richtung einer der Talflanken. Zugleich machte er eine Bewegung, als würde er eine Welle imitieren. Diese Geste sollte wohl andeuten, dass das Dorf auf der anderen Seite des Berges weiterging, erklärte Eric sich im Stillen.

»Sie meinen, dass sich die Obere Dorfstraße hinter dem Berg befindet?«, fragte er lieber nach, um sicherzugehen, dass er richtig verstanden hatte.

»Wenn Sie diesen kleinen Hügel als Berg bezeichnen, genau. Und ja, wenn Sie der Straße folgen, kommen Sie irgendwann auf der anderen Seite heraus. Dort befindet sich dann Ihre gesuchte Adresse.«

Aus weiterer Entfernung rief in dem Moment ein Mann, der gerade an einem Auto herumwerkelte. Allerdings war Eric nicht in der Lage, auch nur ein Wort zu verstehen.

»Die suchen den Weg zur Oberen«, brüllte Tom Hartberg zurück.

Daraufhin schrie der neu hinzugekommene Mann erneut etwas für Eric vollkommen Unverständliches.

»Keine Ahnung, warum die laufen. Du kannst sie selbst fragen, wenn du das wissen willst«, erwiderte Tom Hartberg.

»Unser Auto ist leider kaputt«, berichtete Eric bereitwillig. »Es befindet sich bei Stefan Sepphein in der Werkstatt.«

»Ach so. Alles klar. Ihr Wagen ist hinüber. Der Seppel wird das bestimmt aber wieder richten. Wenn es ums Schrauben geht, ist er eine echte Koryphäe.«

»Was macht denn Ihr Freund da hinten eigentlich?«, wollte Marleen wissen.

Tom Hartberg wendete sich um. Für ein paar Sekunden sahen sie dem entfernt arbeitenden Mann zu. Vor einer Garage geparkt stand ein etwas älterer Volkswagen. Eines der Garagentore war weit geöffnet. Im Inneren waren eine Werkbank und etliches Werkzeug zu erkennen. Offensichtlich schraubte hier jemand häufig an seinem Auto herum.

Statt ihnen zu antworten, schritt Tom Hartberg die kleine Zufahrt dem Garagenhof entgegen. Eric und Marleen standen da wie bestellt und nicht abgeholt. Kurz tauschten sie einen Blick aus. Obwohl sie eigentlich die Obere Dorfstraße suchten, gewann die Neugier die Oberhand und so folgten sie Herrn Hartberg.

Eric stellte belustigt fest, dass der andere Mann dabei war, Nummernschilder umgedreht an einem Auto anzubringen. Der Bastler war gerade dabei, die letzte Schraube einzudrehen, als sie die Garage erreichten.

224

»Das ist Klaus. Er ist der Meinung, dass er das Nummernschild umdrehen dürfe«, antwortete Tom Hartberg auf die zuvor gestellte Frage.

»Natürlich darf ich mein Kennzeichen andersrum drehen. Was sollte denn dagegensprechen? Das ist mein Auto. Da bring ich das Schild an, wie ich es will.«

»Schreibt das nicht die Straßenverkehrsordnung vor? Ich meine, wo und wie das Nummernschild angebracht werden soll?«, fragte Marleen irritiert.

»Die StVO schreibt überhaupt nichts vor«, fuhr der Mann sie plötzlich an.

»'tschuldigung!«, platzte es aus Marleen heraus.

»Ähm, ich glaube schon, dass meine Kollegin nicht unrecht hat«, schob Eric verteidigend hinterher.

»Was wissen Sie denn? Die StVO sagt, dass vorn und hinten ein Schild zu hängen hat. In Paragraf zehn, Ausgestaltung und Anbringung der Kennzeichen, werden der Winkel, der Abstand, die Größe, die Buchstaben, welche Art, Farbe und Form es besitzen soll, definiert. Allerdings steht nirgends, wie rum das Nummernschild angebracht werden muss.«

Das spitzbübische Lachen, das daraufhin zu hören war, sollte anscheinend verdeutlichen, wie intelligent sich der Mann vorkam. Offenkundig war er der Meinung, eine Lücke in der Gesetzgebung gefunden zu haben. Was für einen Sinn es aber haben sollte, das Kennzeichen verkehrt herum anzubringen, entzog sich vollkommen Erics Verständnis.

»Okay, ich kenne die Paragrafen jetzt nicht in- und auswendig. Aber: Warum machen Sie das?«, fragte Marleen sehr neugierig nach.

Eric irritierte jedoch viel mehr der Aufkleber, der sich auf dem Nummernschild befand. Anstelle der Flagge der Europäischen Union prangte dort eine gänzlich andere Fahne.

»Weil ich es kann!«, brachte Klaus im Brustton der Überzeugung heraus. »Und weil es für mich Ausdruck meines Protestes ist.«

»Protest? Wogegen protestieren Sie denn?«, wollte nun auch Eric erfahren.

»Ich? Ha'h, gegen den Staat und gegen die Politik. Im Prinzip gegen alles da oben. Gegen die in Berlin und die ganzen Eliten in Brüssel. Und Washington nicht zu vergessen.« Nach einer kurzen Pause verengten sich die Augen des Autoschraubers zu kleinen Schlitzen. »Wer seid ihr eigentlich? Ich hab euch noch nie in Kaltenbruch gesehen. Wo kommt ihr her?«

Eric brach daraufhin der Schweiß aus. Was gab es in diesem Ort nur für seltsame Kauze, dachte er. Erst Stefan Sepphein mit seinen Chemtrails, dann die griesgrämige Wirtin und jetzt dieser Klaus. Offensichtlich herrschte generell eine gewisse Art von Ablehnung gegenüber jeglichen Staatsstrukturen in dem Dorf vor.

»Wir sind Touristen«, vernahm er jedoch plötzlich Marleens Stimme neben sich. »Außerdem wollen wir einen Verwandten besuchen. Allerdings haben wir die Obere Dorfstraße noch nicht gefunden.«

Ihre Erklärung klang plausibel. Auch dieser Klaus schien ihr die Story abzunehmen, denn sofort verschwand der Argwohn aus seinem Gesicht.

»Na ja, wie dem auch sei. Ich bringe das Nummernschild so an, wie ich es für richtig halte. Das müssen Sie nicht verstehen.«

»Okay, okay! Alles klar«, fügte Marleen an. »Das dürfen Sie sehr gern machen. Ich kann mir aber vorstellen, dass das der Polizei nicht sonderlich gefallen wird.«

»Der Polizei?« Klaus lachte schrill auf. »Hier gibt es keine Polizisten. Die nächste Dienststelle ist drei Dörfer weiter. Und selbst diese ist nur alle zwei Tage mit einem Bullen besetzt. Wir lösen hier unsere Probleme noch immer auf eigene Faust.«

»Ah ja«, entgegnete Eric langgezogen, als wäre damit schon alles gesagt.

226

Den Typen fand er vollkommen unsympathisch. Allerdings war ihm auch klar, dass sie hier fremd waren. Es brachte ihm nichts ein, sich mit den Einheimischen anzulegen. Egal wie verrückt die Leute daherkamen: Es war nicht seine Aufgabe, den Volksaufklärer zu mimen. Nichtsdestotrotz konnte er sich einen letzten Satz nicht verkneifen.

»Sind Sie vielleicht arabischen Ursprungs oder so?«

»Was? Araber? Ich? Auf gar keinen Fall! Was soll ich denn mit den Muselmännern am Hut haben?«, fragte Klaus argwöhnisch.

Bevor Eric jedoch die Chance erhielt, darauf etwas zu entgegnen, spürte er einen Rempler an seiner Seite. Marleen war unbemerkt an ihn herangetreten, um ihn zum Verstummen zu bringen. Der kurze Stoß mit ihrem spitzen Ellenbogen hatte ausgereicht, dass er den Faden verlor.

»Nichts, schon gut«, entgegnete Marleen für ihn.

Als er sich umblickte, stellte Eric fest, dass Tom Hartberg verschwunden war. Wohin und wann der ältere Mann gegangen war, konnte Eric gar nicht sagen. Umso seltsamer mutete die Situation an, sich hier mit einem wildfremden Menschen zu unterhalten. Vor allem wenn er bedachte, was der Inhalt des Gesprächs war, kam es ihm immer surrealer vor.

»Alles okay. Ich habe etwas anderes gemeint. Nichts für ungut, wir müssen weiter«, haspelte Eric.

»Wohin wolltet ihr noch einmal?«, fragte der Autoschrauber zurück.

»Auf die Obere Dorfstraße«, wiederholte Marleen ihr Ziel.

»Zu Fuß?«

»Ist daran etwas verkehrt? Unser Auto ist kaputt«, erinnerte ihn Eric.

»Das werdet ihr wohl heute kaum noch schaffen«, stellte Klaus trocken fest.

Falten bildeten sich auf Marleens Stirn. Offensichtlich entging das dem Mann nicht.

»Wenn man laufen will, benötigt man schon eine ganze Weile. Ihr seid bestimmt noch dreißig Minuten unterwegs. Vor allem in euren Klamotten und bei dem Wetter dürfte euch das ordentlich schlauchen. Aber wenn ihr wollt! Ich halte euch nicht auf.«

»Alles klar, danke für die Hilfe«, brach Eric das Gespräch an dieser Stelle ab.

Mit einem knappen Nicken entfernten er und Marleen sich von dem kleinen Hinterhof. Der Mann versank derweil wieder in seine Arbeit, klappte die Motorhaube auf und beachtete sie nicht weiter.

Nachdem sie abermals die Straße erreicht hatten und sie aus dem Sichtfeld des Hobbymechanikers verschwunden waren, zog Marleen ihn abrupt zu sich herum. Mit einem bedrohlichen Funkeln in den Augen richtete sie das Wort an Eric.

»Was sollte das gerade? Wollen Sie sich hier mit jedem anlegen? Ich dachte, Sie hatten nur vor, nach dem Weg zu fragen. Stattdessen suchen Sie hier offen den Streit.«

»Wieso das denn? Was habe ich nun wieder gemacht?«, war sich Eric keiner Schuld bewusst.

»Sie können den Mann doch nicht fragen, ob er Araber sei. So etwas kommt in dieser Gegend nicht besonders gut an. Ich glaube, so etwas wird nirgendwo in Deutschland als höflich angesehen.«

»Ja, aber … der Mann hat sich doch die arabische Befreiungsflagge auf sein Nummernschild geklebt. Ist es da nicht zu natürlich davon auszugehen, dass der Mann Iraker, Ägypter, Saudi oder sonst etwas in der Art ist?«

»Das ist mir gar nicht aufgefallen. Welche Befreiungsflagge meinen Sie?«, zeigte sich nun Marleen verblüfft.

»Na ja, die Farben Rot, Weiß und Schwarz stehen für die arabische Welt. Die Reihenfolge nennt man auch panarabische Farben. Zusammen stehen sie für die arabische Idee außerhalb der jeweiligen Nationalstaaten. Der Irak und Ägypten führen zum Beispiel diese Konstellation als Nationalflaggen. Allerdings sind da immer noch irgendwelche Symbole, ähnlich wie bei uns der Bundesadler, eingebracht. Und genau diese Farben trug der Aufkleber auf dem Nummernschild«, dozierte Eric oberlehrerhaft.

»Ach so. Jetzt verstehe ich, was Sie meinen. Ich glaube aber, Sie täuschen sich da gewaltig.«

»Ich bin mir ziemlich sicher, dass ich mit den Flaggen richtig liege. Bei meinem Praktikum im Auswärtigen Amt habe ich sämtliche Fahnen und Wappen auswendig gelernt.«

»Nein, das meinte ich nicht«, verbesserte Marleen sich.

»Sondern? Was dann?«

»Der Typ hat sein Nummernschild umgedreht. Verstehen Sie denn nicht? Die Farben standen auf dem Kopf, als Sie sie gesehen haben.«

Erst in dem Moment begriff Eric, worauf Marleen hinauswollte. Die panarabische Flagge hatte sich erst durch die Umkehr ergeben. Schlagartig wurde ihm klar, was der Mann mit der seltsamen Farbgebung eigentlich bezweckt hatte.

»Schwarz-Weiß-Rot! Sind Sie sicher?«

»Absolut!«, bekräftigte Marleen.

»Sie meinen, das ist einer von diesen Reichsbürgern?«

»Das wird wohl so sein. Ich wüsste sonst keinen Grund, warum jemand in den alten Reichsfarben herumfahren sollte.«

»Ich hatte das immer für einen Mythos gehalten«, sprach Eric seine Gedanken aus. »Mir ist klar, dass es etliche Rechte, Neonazis und dergleichen in Deutschland gibt. Allerdings war es mir nicht bewusst, dass sie sich derart offen zeigen würden.«

»Na ja, offen nun nicht gerade. Der Mann hat ja letztlich nur die europäische Flagge mit den alten Reichsfarben überklebt. Das kann prinzipiell alles Mögliche bedeuten. Am Ende ist er auch nur ein überzeugter Royalist. Solche Menschen soll es auch geben. Vergessen Sie bitte nicht, dass auch das alte Kaiserreich sich in diesen Farben präsentiert hatte.«

»Ach kommen Sie, das glauben Sie doch wohl selbst nicht«, widersprach Eric. »So etwas kann ich mir nicht vorstellen. Sie haben doch auch mitbekommen, wie er über Berlin und die Regierung hergezogen ist.«

»Sie haben möglicherweise recht. Wahrscheinlich gehört er mit zu unserer Klientel. Wenn Sie wissen, was ich meine.«

»Klientel? Hat die Behörde denn eine?«

»Na ja, zumindest indirekt«, bestätigte ihm Marleen. »Ich meinte damit die ganzen Ewiggestrigen. Das sind genau die, derentwegen unsere Abteilung im Verborgenen arbeiten muss.«

»Also gut. Lassen Sie mich die Sache bitte noch einmal kurz zusammenfassen. Vielleicht haben wir nur etwas übersehen. Ich will mir von dem armen Mann kein schlechtes Bild machen, obwohl er nichts dafürkann.«

»Nur zu. Legen Sie los!«, spornte Marleen ihn an.

»Der Typ denkt sich also, aus Protest gegen die Bundesregierung sein Nummernschild falsch herum zu befestigen. Was er damit genau bezweckt und wogegen er protestiert, sei erst einmal dahingestellt.«

»Soweit sehen Sie das richtig.«

»Nun hat er aber auch aus nicht näher definierten Gründen die alten Reichsfarben angebracht. Nach dem Herumdrehen des Schildes entpuppt sich dieser zuvor bestimmt ›hochintelligente‹ Schachzug als ein Bumerang. Gehen wir einfach mal davon aus, dass es sich bei dem Mann tatsächlich um einen Rechtsextremen handeln könnte: Fährt jetzt also ein Rechter mit den arabischen Farben durch das Erzgebirge?«

»Offensichtlich schon«, bemerkte Marleen süffisant. »Wobei es mich brennend interessieren würde, was die Polizei bei einer Verkehrskontrolle dazu sagt.«

»Die Polizei? Was sollen die machen können?«

»Na, in einer Zeit der Bedrohung durch Terroristen und Islamisten fällt so eine Veränderung des Nummernschildes bestimmt auf. Mit Sicherheit wird der Fahrer eines solchen Wagens angehalten, wenn ihn die Staatsmacht zu sehen bekommt. Ich frage mich, wie der daraufhin stattfindende Dialog wohl aussehen mag.«

Nun musste auch Eric breit grinsen. Überhaupt war die komplette Situation absolut haarsträubend, als würde sich jemand einen schlechten Scherz mit ihnen erlauben. Auf so eine Idee würde noch nicht einmal ein Gag-Schreiber einer Comedy-Show kommen. Das reale Leben war manchmal weitaus skurriler als die Gedanken eines Satirikers.

Derweil die Sonne bereits hinter den steilen Hängen verschwunden war, fragte er sich, wie es nun weitergehen sollte.

»Wollten wir uns nicht um das Auto kümmern? Der Kfz-Typ hatte doch gemeint, den Wagen vielleicht bis heute Abend fertig zu bekommen«, fragte Eric nach.

»Ich wollte jetzt aber noch zu dem Außentermin!«, begehrte Marleen dagegen auf.

»Ernsthaft? Jetzt noch? Sie haben doch den Mann da gehört«, verwies er mit einer Kopfbewegung in Richtung der Garage. »Wir wären bestimmt eine halbe Stunde unterwegs, um zu dem anderen Teil des Dorfes zu gelangen. Das ist ein ordentlicher Fußmarsch.«

»Ich kann jetzt auch nichts dafür, dass es sich nicht so entwickelt wie geplant. Trotzdem will ich heute noch dahin«, legte Marleen klipp und klar fest.

Schicksalergeben willigte Eric ein. Auf dem schmalen und ausgetretenen Fußweg ging es beständig bergauf. Für eine ganze Weile redeten beide kein Wort miteinander. Jeder hing den eigenen Gedanken nach. Vor allem das soeben Erlebte beschäftigte Eric.

Erst sind sie auf die Frau in dem Wirtshaus getroffen, und nun dieser ältere Mann, der sein Auto mit den Reichsfarben schmückte. Eric fragte sich insgeheim, was in diesem Dorf los war. Er konnte sich denken, dass sie wegen eines bestimmten Falles hier waren, der auch in die politisch rechte Ecke tendierte. Sollte so ein alltäglicher Arbeitsausflug in der Abteilung 8 aussehen?

»Sie wollen mir wohl immer noch nicht verraten, was wir in diesem gottverlassenen Teil Deutschlands treiben, oder?«, versuchte Eric es dennoch.

»Jetzt seien Sie doch nicht so vorschnell. Es geht auch darum, mit ungewöhnlichen Situationen umzugehen. Gerade dies ist eine der wichtigsten Fähigkeiten, die Sie bei einem solchen Job an den Tag legen müssen.«

»Ernsthaft? Und ich dachte, es wäre die gute körperliche Kondition.«

»Sehr witzig.«

»Na, wohl nicht? Seit einer gefühlten Ewigkeit latschen wir hier durch die sächsische Pampa. Erst nach dem Unfall und nun zu dieser ominösen Adresse. Ich bin für einen Job noch nie so viel gelaufen wie für diesen.«

Statt einer Erwiderung schenkte ihm Marleen nur ein wenig sagendes Schnaufen.

Nachdem Kaltenbruch etwa 200 Meter hinter ihnen lag, befanden sie sich schließlich auf der Rückseite des steilen Hanges. Von dieser Anhöhe waren voraus wieder Häuser und kleinere Gehöfte zu erkennen.

»Dann ist das hier wohl die Obere Dorfstraße«, stellte Eric fest. »Ich hoffe, die Nummer 33a ist nicht allzu weit entfernt. Mich bringen meine Füße bereits um.«

»Ach, Ihre Füße also«, verwies Marleen auf ihre Pumps.

Mit einem bemitleidenden Blick gab Eric ihr spontan recht und sparte sich jegliches Gejammer für den weiteren Weg.

Zehn Minuten später hatten sie endlich die gesuchte Adresse erreicht. Das Haus wirkte von außen vollkommen normal. Noch immer konnte Eric es sich nicht erklären, was sie hier zu suchen hatten. Die Belange einzelner Personen sollten der Abteilung 8 kaum etwas angehen. So wie er Herrn Meischberger verstanden hatte, ging es bei ihnen um alte Verträge und Gesetze, die siebzig oder noch mehr Jahre alt waren. Wie sich diese Problematik hier in diesem abgelegenen Dorf bemerkbar machen könnte, war ihm vollkommen schleierhaft.

Das Haus mit der Nummer 33a war schon ein etwas älteres Gebäude. Im zweiten Stock erkannte man sogar noch die Fachwerkbauweise, einzig das Erdgeschoss schien gemauert zu sein. Der Putz war jedoch bereits in die Jahre gekommen. An etlichen Stellen waren die nackten Mauerstücke freigelegt. Der Garten vor dem Haus wirkte zudem kaum bewirtschaftet. Große und wild wuchernde Büsche zeugten davon, dass hier schon sehr lange niemand mehr Hand angelegt hatte. Nur der Rasen war auf ein erträgliches Maß getrimmt.

Auf dem Dach machte Eric eine moderne Satellitenschüssel aus. Dies war aber auch schon das einzige Attribut der Neuzeit. Selbst die Fenster schienen uralt. Von irgendwelchen Energiesparnormen hatte der Hauseigentümer mit Sicherheit noch nichts gehört. Was sollten sie hier verloren haben, fragte sich Eric.

Marleen betätigte währenddessen mehrfach die Klingel, doch ohne Erfolg. Sollte er lachen oder weinen? Waren sie tatsächlich vollkommen sinnlos hier hinaufgelaufen? Eine zu vorschnelle Kritik an seiner Kollegin sparte Eric sich für den Moment zumindest. Vielleicht gab es für diese Situation eine vernünftige Erklärung. Auf gut Glück wäre Marleen bestimmt nicht hierher gewandert.

Nachdem sich auch nach Minuten nichts bewegt hatte, setzte bei ihm die Ernüchterung ein. Genervt nahm er auf einem Stein am Wegesrand Platz. Sein neuer Job ließ ihn frustriert zurück.

»Ich spare mir einfach jeglichen Kommentar«, gab er trotzdem einen solchen ab.

Wütend blitzte Marleen ihn daraufhin aus ihren lebhaften Augen an. Ihr schien die Entwicklung ebenso an die Nieren zu gehen wie ihm. Überreizt stapfte sie zu einem Nachbarhaus. Hier reagierte man zumindest sofort auf das Klingeln.

Eine Frau verließ ein Einfamilienhaus, das eindeutig neueren Datums war. Mit einer Schürze bekleidet wirkte die Dame wie das Idealbild einer Hausfrau. Eric hatte indes wenig Interesse daran, dem Gespräch zu folgen. Viel lieber blieb er noch für eine Weile auf dem Stein sitzen, um die müden Beine und Füße zu entlasten. Schließlich hat er heute oft genug gehört, dass er nur eine Beobachterrolle innehatte.

»Der Mann, zu dem wir müssen, ist momentan leider nicht da«, klärte Marleen ihn nach der Unterhaltung mit der hilfsbereiten Frau auf. »Die Nachbarin – im Übrigen eine sehr nette Frau – berichtete, dass der Mann offensichtlich ein paar Probleme mit dem Herzen habe. Entsprechend hat ihn jemand vorsichtshalber ins Nachbardorf zu einem Arzt gebracht.«

»Soll das heißen, wir sind völlig umsonst nach Kaltenbruch gefahren?«

»Na, das nun nicht gerade.«

»Weil?«, zeigte sich Eric leicht erbost.

»Die Frau meint, dass der Mann wahrscheinlich noch heute zurückkommen wird. Die nächsten Krankenhäuser sind in Chemnitz oder in Freiberg. Sie weiß, dass Herr Schaarschmidt kein besonders großer Fan von Hospitälern ist.«

»Ah, ein Name! Schaarschmidt also. Wenigstens erfahre ich auch mal etwas«, ätzte er.

So leid es ihm tat, aber in dem Moment verspürte er eine große Menge Frustration und schob die Schuld auf Marleen. Zudem erachtete er es als reichlich sinnlos, auf gut Glück einen Mann zu besuchen, von dem sie noch nicht einmal wussten, ob er überhaupt zuhause war.

»Nun haben Sie sich doch nicht so! Ein kleiner Abendspaziergang kann Sie doch nicht etwa stören«, versuchte es Marleen mit Galgenhumor.

Allerdings half ihm das auch nicht weiter. Allein der Gedanke daran, erneut den ganzen Weg zurückzulaufen, ließ ihn innerlich aufstöhnen. Wenn dies tatsächlich sein neuer Job sein sollte, war eine Versetzung nach Timbuktu vielleicht gar nicht so übel, machte er sich selbst klar. Selbst von den Temperaturen konnte es Deutschland gerade mit der Oasenstadt aufnehmen.

»Na dann wollen wir mal wieder. Ich kann nur hoffen, dass der Wagen morgen fertig ist. Noch einmal laufe ich garantiert nicht hierher. Oder wollen Sie die ganze Nacht hier verbringen?«

Statt zu antworten, trottete Marleen einfach los. Das Schweigen der Frau brachte ihn noch mehr auf die Palme. Eric hoffte, dass dies erst einmal alles für heute war. Weitere solcher Ereignisse konnte er ganz und gar nicht gebrauchen.

In dem Augenblick hielt unverhofft ein Wagen neben ihnen. Vollkommen in sich gekehrt, war es Eric gar nicht aufgefallen, dass sich ihnen überhaupt ein Auto genähert hatte.

»Ah, Sie habe ich schon überall gesucht. Tom war sich nicht ganz sicher, in welche Richtung Sie gelaufen sind. Er meinte nur, dass Sie wahrscheinlich ins Oberdorf wollten.«

Irritiert sah Eric in den Wagen hinein. Zu seiner grenzenlosen Verblüffung entdeckte er Stefan Sepphein hinter dem Steuer. Eigentlich war er davon ausgegangen, dass der Mann sich noch um den Audi kümmern würde.

»Haben Sie uns etwa gesucht?«, war Marleen die erste, die eine Entgegnung fand.

235

»Ja, das habe ich tatsächlich. Ich war zuvor beim Gasthof. Leider konnte mir Andrea nicht sagen, wohin Sie verschwunden waren. Sie meinte nur, Sie wären ohne ein Wort von sich zu geben einfach so abgehauen.«

Der Automechaniker war offensichtlich mit jedem Bewohner Kaltenbruchs bekannt und per du. Anders konnte es sich Eric nicht erklären, wie er sie so schnell hier draußen gefunden hatte. Überhaupt musste der Buschfunk in dem Kaff ausgesprochen gut funktionieren. Wahrscheinlich wusste bereits das halbe Dorf davon, dass zwei Fremde aus Berlin hier aufgetaucht waren.

»Was ist denn los, Herr Sepphein?«, ergriff neuerlich Marleen die Initiative.

»Wollen Sie weiterhin laufen oder soll ich Sie nicht lieber mitnehmen?«, fragte der Mann, statt ihr eine Antwort zu geben. »Ich kann Ihnen das auch sehr gern hier draußen erklären. Es wird aber vielleicht am angenehmsten sein, wenn Sie zu mir ins Auto kommen. Sie wollten doch gerade ins Unterdorf zurückkehren, oder?«

Bevor seine Kollegin in der Lage war, etwas Falsches zu sagen, ergriff Eric schnell das Wort. »Das ist eine hervorragende Idee von Ihnen. Wir würden uns sehr freuen, falls Sie uns mitnehmen könnten.«

»Alles klar. Dann nur herein mit Ihnen.«

Während Marleen automatisch auf die hintere Tür zusteuerte, beschloss Eric, vorn einzusteigen. Offensichtlich hatte Marleen keine Lust, sich mit dem Fahrer zu unterhalten.

»Weswegen haben Sie uns denn gesucht?«, fragte Eric den Mechaniker, während dieser den Motor startete.

»Also, es geht um Ihren Wagen«, holte Stefan Sepphein aus.

»Sagen Sie bitte nicht, dass es ein Totalschaden ist«, vernahm Eric die Stimme seiner Kollegin von der Rückbank.

»Nein, das nun nicht gerade. Eigentlich ist der Audi noch in einem relativ guten Zustand, sieht man von den ganzen Lackschäden einmal ab. Das sind aber eher kleinere Schönheitsfehler. Ich gehe mal davon aus, dass ich diese nicht ausbessern soll. Und die Airbags darf ich eh nicht erneuern.«

»Das ist absolut richtig«, bestätigte ihm Eric. »Eigentlich wollen wir nur, dass der Wagen wieder fahrtüchtig ist. Anhand des Nummernschildes werden Sie bestimmt schon festgestellt haben, dass es ein Mietwagen ist. Entsprechend wird sich die Firma hinterher um etwaige Reparaturen kümmern.«

»Aber?«, fragte Marleen. »Wenn Sie schon so anfangen, dann ist abgesehen von ein paar Kratzern doch sicherlich noch etwas anderes kaputt?«

»Da haben Sie vollkommen recht. Eine der Federn ist gebrochen. Sie müssen mit ordentlichem Wumms ins Feld gekracht sein. Anders kann ich mir das nicht erklären. Normalerweise sind die Teile ziemlich unverwüstlich.«

»Offensichtlich aber nicht bei unserem Wagen«, bemerkte Eric daraufhin.

»So ist es leider.«

»Und was bedeutet das für uns?«, fragte Marleen dazwischen.

»Das bedeutet, dass ich die Feder wechseln muss. Das Problem ist, dass ich so ein Teil nicht vorrätig habe. Sie können sich vielleicht ausmalen, dass hier in der Gegend nicht allzu viele Audi A8 unterwegs sind. Also musste ich es bei einem Händler bestellen.«

»Wie lange dauert denn so etwas?«, stöhnte Marleen hörbar auf.

»Keine Sorge. Ich habe es per Expresslieferung bestellt. Das kostet zwar etwas mehr, sollte dafür aber innerhalb von zwölf Stunden hier sein. Das heißt, dass ich spätestens morgen Mittag mit dem Einbau beginnen kann. Die Reparatur ist dann nur noch eine Sache von Minuten. Sie hatten sogar Glück im Unglück. Es hätte auch wesentlich mehr kaputtgehen können.«

»Das nennen Sie Glück?«, ätzte Marleen.

Eric verstand nicht, warum sie sich nach hinten gesetzt hatte. Da sie sowieso das Gespräch führen wollte, hätte sie genauso gut auf dem Beifahrersitz Platz nehmen können. Stattdessen brüllte sie ihm in sein Ohr.

»Ist schon in Ordnung«, mischte Eric sich in den Dialog ein. »Wir sind sehr froh darüber, dass Sie sich des Problems angenommen haben. Außerdem ist uns bewusst, dass es nicht selbstverständlich ist, uns bevorzugt zu behandeln. Sie hatten doch gesagt, dass sich weitere Wagen in Ihrer Werkstatt befinden.«

»Ha'h! Ach, kein Stress. Die anderen Karren haben es nicht so eilig. Bei uns in Kaltenbruch gehen wir einem etwas gemächlicheren Leben nach. Ich hatte mir schon gedacht, dass Sie das Auto so schnell wie möglich wiederhaben wollen.«

»Und weswegen haben Sie uns nun gesucht?«, mischte sich Marleen wieder ein.

»Hauptsächlich brauche ich Ihre Zustimmung zu der Reparatur. Ohne Auftrag fang ich nicht mit Schrauben an, müssen Sie wissen.«

»Alles klar, dann wechseln Sie die Feder. Sie haben unser volles Vertrauen in dem Fall.«

Nickend stimmte Stefan Sepphein daraufhin dem mündlichen Vertrag zu. Eric fand es sehr sympathisch von dem Mann, dass er sie deswegen extra aufgesucht hatte. Aus Berlin war er schon ganz andere Sachen gewohnt. Da gab es mitunter Werkstätten, die ungefragt Teile austauschten und hinterher eine gepfefferte Rechnung vorlegten. Vor allem gegenüber dem vermeintlich schwachen Geschlecht versuchten einige eher windige Mechaniker, einen Vorteil zu ziehen.

Dass Stefan Sepphein sie dazu noch zurück ins Unterdorf brachte, machte ihn gleich doppelt so sympathisch. Fast hatte Eric ihm deswegen den Umstand mit den Chemiewolken verziehen. Letztlich durfte jeder seinen eigenen kleinen Spleen pflegen. Manche glaubten an Einhörner,

Meerjungfrauen oder den Yeti. Stefan Sepphein war eben der Meinung, dass Flugzeuge vermeintliche Chemtrails über den Himmel verteilten. Solange der Mann damit niemandem schadete, war das für Eric vollkommen in Ordnung.

Im Handumdrehen hatten sie die Gastwirtschaft wieder erreicht und stiegen aus dem Wagen aus.

»Sehe ich Sie noch heute Abend?«, fragte Stefan Sepphein sie durch sein heruntergelassenes Fenster.

»Wie meinen Sie das?«, erkundigte Marleen sich verwundert. »Haben wir irgendeine Verabredung?«

»Wir? Verabredet? Nein! Ich meinte damit, ob ich Sie dann noch in der Grünen Tanne antreffe?«

Offensichtlich schienen sie beide einen ziemlich belämmerten Eindruck zu erwecken. Das bemerkte auch Stefan Sepphein und setzte zu einer weiteren Erklärung an.

»Wir haben hier nicht allzu viele Kneipen. Im Nachbarort ist auch noch eine Gastwirtschaft. Da ist dann aber der Weg zu weit. Deswegen gehen die meisten aus dem Dorf in die Grüne Tanne.«

»Und?«

»Na ja, ich wollte halt wissen, ob Sie heute Abend auch im Gastraum sind. Oder verschwinden Sie etwa zeitig ins Bett? Ich habe ja keine Ahnung, wie ihr Großstädter das so haltet.«

Bevor Marleen etwas dazu einwerfen konnte, mischte sich Eric ein.

»Wir sind dann bestimmt auch noch in der Wirtstube. Ich habe einen Bärenhunger. So wie ich Sie verstanden habe, ist das hier sowieso die einzige Möglichkeit, zu einer vernünftigen Mahlzeit zu kommen. Wären Sie eventuell so freundlich, uns dabei die Taschen aus dem Wagen mitzubringen?«

»Ha'h, das mache ich gern. Wir haben nicht allzu oft Fremde im Dorf. Deswegen würde ich mich freuen, mit Ihnen ein Bierchen trinken zu dürfen.«

239

Ohne eine Antwort abzuwarten, wendete der Mann seinen Wagen, um in die Abenddämmerung zu entschwinden. Tatsächlich war es zwischenzeitlich dunkel geworden. Vor allem durch die Tallage war die Sonne schon seit einer Weile nicht mehr zu sehen gewesen. Irgendwo im Flachland gab es im Moment gerade einen bombastischen Sonnenuntergang. Eric fragte sich, wie es in dem Kaff wohl im Winter aussehen musste.

Marleen stand indes griesgrämig neben ihm. Eric verstand nicht, welches Problem sie genau hatte. Die Sache mit dem Auto hatte sich verhältnismäßig unkompliziert in Wohlgefallen aufgelöst. Schon am morgigen Mittag würden sie wieder über einen fahrbaren Untersatz verfügen. Das hieße auch, dass sie am frühen Nachmittag den Termin wahrnehmen konnten. Entsprechend würden sie vielleicht bereits gegen Abend zurück in Berlin sein. Allein dieser Gedanke ließ ihn innerlich jauchzen.

»Und jetzt?«, wand sich Marleen an ihn.

»Wie: und jetzt? Was meinen Sie?«

»Na, Sie haben offensichtlich die Führung übernommen. Da können Sie mir auch gleich sagen, was ich jetzt machen soll. Wäre es Ihnen gegebenenfalls recht, wenn ich auf mein Zimmer gehe? Oder soll ich eventuell etwas für Sie erledigen? Brauchen Sie vielleicht einen Kaffee oder ein Wasser?«

Eric konnte förmlich die Verbitterung, die unterdrückte Wut und die Frustration aus der Stimme der jungen Frau heraushören. Er begriff nicht so recht, was in der Zwischenzeit vorgefallen war, schließlich hatten sie sich bis vor einer Stunde halbwegs vernünftig verstanden. Zudem war er davon ausgegangen, dass sie beide die Probleme des ersten Tages überwunden hätten.

»Jetzt machen Sie mal bitte halblang. Was habe ich Ihnen denn bitteschön nun schon wieder getan? Wieso machen Sie mich hier mitten auf der Straße so an? Ich begreife einfach nicht, was in Ihnen vorgeht.«

»Ach, jetzt soll ich wohl das Problem sein?«

»Ja etwa nicht?«, steigerte sich nun auch bei ihm die Wut.

240

»Sie sind doch plötzlich aufgetaucht, um sich in mein Leben einzumischen«, pfefferte Marleen zurück.

»Ich mische mich nirgendwo ein. Was glauben Sie eigentlich, wer Sie sind? Die Welt dreht sich nicht nur um Sie«, presste Eric zwischen seinen Zähnen hervor. »Wie kommen Sie dazu, mir so etwas an den Kopf zu werfen?«

»Das fragen Sie noch? Sie drängeln sich in die Abteilung und nehmen mir den Job weg, auf den ich schon so lange hinarbeite«, rückte Marleen nun zum ersten Mal mit der Sprache heraus.

»Ich habe absolut keine Ahnung, was Sie damit meinen.«

»Ach nein? Wer ist denn gleich an seinem ersten Tag für einen Referatsleiter-Posten vorgesehen worden? Ich ja wohl kaum. Wer ist denn schon am zweiten Tag vom Chef hofiert worden? Wer hat denn ein stundenlanges Gespräch im Büro des Alten führen dürfen? Wer von uns beiden wird vielleicht die Führung der Abteilung übernehmen, wenn Meischberger in Pension geht?«

Die letzten Worte brachte seine Kollegin unter Tränen heraus, was Eric zusätzlich ungemein verunsicherte. Natürlich hatte er sich so etwas schon irgendwie zusammengereimt. Allerdings waren es bisher eher unbestätigte Vermutungen gewesen. Sie hatte schon recht. Er als Beamter im höheren Dienst war für eine Karriere vorgesehen. Sich selbst hatte er hohe Ziele gesteckt und diese bisher auch mit Leichtigkeit erreicht.

Im Unterschied zu ihm musste Marleen wahrscheinlich um jeden Posten und jede Beförderung kämpfen. Bestimmte Positionen innerhalb von Ämtern und Abteilungen setzten nun einmal einen gewissen Rang und eine spezielle Ausbildung voraus. Sie hatte sich womöglich ausgemalt, auch wie Eric aufsteigen zu können. Nun, als der nächste Schritt auf der Karriereleiter für sie zum Greifen nahe war, wurde ihr ein frisch gebackener Regierungsrat vor die Nase gesetzt. Den Ärger darüber konnte Eric durchaus verstehen.

241

»Frau Beich. Marleen! Daran bin ich doch gar nicht interessiert.«

»Sind Sie nicht?«, brachte sie mit unterdrückter Stimme hervor, während jemand aus der Grünen Tanne seinen Kopf durch die Eingangstür steckte. Offenkundig hatte das Streitgespräch das Interesse der Gäste geweckt.

»Was? Jetzt nicht!«, brüllten sie beide fast simultan die neugierige Gastwirtin an.

So schnell wie sie aufgetaucht war, verschwand die Frau auch wieder in der düsteren Kneipe.

»Nein, natürlich nicht«, wendete Eric sich neuerlich der Kollegin zu. »Ich wäre lieber jetzt gleich als später fort aus der Abteilung. Ich habe absolut null Interesse, länger als unbedingt nötig in der Behörde zu bleiben. Genau genommen habe ich für mein Leben und meine Karriere noch viel mehr vorgesehen, als bis zum Ende in diesem Bunker zu hocken.«

»Aber ich dachte, Sie wollten …«

»Nein, will ich nicht!«, widersprach Eric vehement und fasste Marleen dabei leicht bei ihren Schultern.

Er sah die Tränen in ihren Augen. Intuitiv versuchte er, sie irgendwie zu trösten. Er hasste es schlichtweg, Frauen weinen zu sehen.

Sehr zu seiner Überraschung ließ Marleen es zu. Bereits nach kurzer Zeit presste sie ihr Gesicht gegen seine Schultern. Übergangslos brach der Damm. Mit leichten Zuckungen weinte Marleen hemmungslos. Eric kam die Situation ein wenig befremdlich vor. Letztlich kannte er die Kollegin so gut wie gar nicht. Vor kaum mehr als zwei Tagen hatte er sie erst kennengelernt. Nun teilten sie beide jedoch diesen durchaus intimen Moment miteinander. Er hatte keine andere Wahl, als seine Arme um Marleen zu schlingen. Fest drückte er sie, um ihr Sicherheit und Geborgenheit zu bieten.

Zum Glück endete der Gefühlsausbruch schon bald. Beruhigend streichelte er ihr über den Rücken. Er hoffte, dass die Sache damit durchgestanden wäre. Vielleicht würden sie sich nun wesentlich besser verstehen. Nachdem

242

nun erst einmal dieses Missverständnis aus dem Weg geräumt war, würden sie bestimmt harmonischer zusammenarbeiten.

»Schwörst du mir, dass du kein Interesse hast, länger als nötig in der Abteilung 8 zu arbeiten?«, fragte Marleen nach.

Offensichtlich wollte sie auf Nummer sicher gehen. Zudem fiel ihm auf, dass Marleen ihn tatsächlich geduzt hatte. Bis zu diesem Zwischenfall hatten sie beide immer darauf geachtet, einen gewissen Abstand zwischen sich zu wahren. Allein diese emotionale Ausnahmesituation hatte ausgereicht, den Vorsatz zu brechen.

»Ernsthaft! Wirklich, was will ich mit dem Job? Natürlich hat es schon irgendetwas halb Verschwörerisches an sich, was mich auch reizt. Im Prinzip ist es sogar ein wenig wie bei einem Geheimdienst oder so was. Niemand weiß, dass es uns gibt.«

Marleen sah ihn dabei von unten mit großen Augen an. Auf Eric wirkte sie zart, unbeholfen und verletzlich. Noch immer standen ihr die Tränen in den Augen. Die leicht geröteten Wangen und der emotionale Gesichtsausdruck erzeugten etwas Unbestimmtes tief in Eric drin.

»Aber machen wir uns nichts vor«, führte er weiter aus. »Genau betrachtet ist es schon eine Art Strafabteilung. Zumindest habe ich das so mitbekommen. Eigentlich ist keiner unserer Kollegen freiwillig in der Abteilung 8. Um sich die Wunden zu lecken, ist es vielleicht ganz angenehm. Allerdings möchte ich noch wesentlich mehr erreichen. Irgendwann will ich an der Spitze des Kanzleramts oder eines anderen Ministeriums stehen. In unserer versteckten Behörde ist dies wohl kaum möglich.«

Seine Worte schienen Marleen gänzlich zu beruhigen. Wahrscheinlich war es genau das, was sie zu hören gehofft hatte. Eric sagte das aber nicht nur, um Marleen zu besänftigen, er meinte das tatsächlich ernst. Am liebsten hätte er lieber heute als morgen die Abteilung verlassen. Natürlich hatte er sich mittlerweile damit abgefunden, ein paar Monate oder maximal ein Jahr in dem

Bunker zu verbringen. Spätestens in fünf Jahren wollte er jedoch eine ganze Karrierestufe weiter oben in einer anderen Institution stehen. Die Idee, in dem Bunker alt zu werden, stand für Eric außerhalb jeglicher Diskussion.

Wenig damenhaft zog Marleen daraufhin die Nase hoch und blickte mit einem Wimpernaufschlag von unten her zu ihm hinauf. Obwohl sie nicht mehr weinte, drückte Eric sie nach wie vor fest an sich. Was zuvor eine aufmunternde Geste gewesen war, fühlte sich plötzlich eher unangenehm an. Letztlich wusste er nicht wirklich viel von ihr. So viel Intimität teilte Eric sonst nicht mit einer Frau, die er kaum mehr als achtundvierzig Stunden kannte. Schon gar nicht, wenn es sich um eine Kollegin handelte.

Mit einem entschuldigenden Räuspern wollte er sie daher sanft, aber bestimmt von sich drücken. Zu seinem Erstaunen spürte er, wie sich Marleen dagegen sträubte und sich an ihm festklammerte. Mit ihren Händen hielt sich die Frau an seinem Hemd fest und schob ihren Unterkörper näher an ihn ran.

»Ähm ... also, das ist ...«, stammelte er.

Seine Kehle fühlte sich trocken und kratzig an und ein dicker Kloß saß fest in seinem Hals. Eine derartige Reaktion kannte er sonst gar nicht von sich. Eric war heillos überfordert mit der Situation.

Unvermittelt spürte er, wie sich Marleens weiche, warme und süße Lippen auf seinen Mund pressten. Das kam so aus der Kalten, dass er gar nicht begriff, wie ihm geschah. Normalerweise war Eric es immer, der die Situation fest im Griff hatte, aber hier entglitt ihm völlig die Kontrolle. Bei den meisten seiner Dates unternahm er den ersten Schritt. Hier nun schien sich alles jedoch verkehrt zu haben. Vor allem das angenehme Gefühl in seiner Magengrube war etwas vollkommen Neues für ihn.

Während seine Gedanken kreisten, dehnte sich der Kuss immer weiter aus. Eric wehrte sich jedoch nicht, sondern begann, Marleen zärtlich zurück zu küssen. Zaghaft versuchte er, die Zunge ganz leicht in ihren Mund hinein zu schieben. In einem sich abwechselnden Spiel erwiderte Marleen seine

Bemühungen. Er fühlte sich, als würde er ein paar Zentimeter über dem Boden schweben.

Inzwischen lagen ihre Hände nur noch auf seiner Brust. Mit leichten drückenden Bewegungen massierte sie ein wenig seine Brustmuskeln, während Eric sanft über ihren Rücken streichelte. Normalerweise hätte er seine Hände schon längst auf den Hintern einer Partnerin gelegt. Sonst war er nie so zurückhaltend. Bei Marleen traute er sich jedoch überhaupt gar nichts. Er wusste, dass er die Situation augenblicklich zerstören würde, wenn er irgendetwas Falsches tat. Gerade deswegen hielt Eric sich sehr zurück. Er wartete darauf, dass sie ihm ein nonverbales Zeichen gab, dass er weitergehen durfte.

Zu seiner grenzenlosen Verblüffung gab ihm die Frau tatsächlich zu verstehen, dass sie mehr wollte. Mit ihren Händen ergriff Marleen die seinen. Die Augen noch immer ein klein wenig feucht, strahlten ihre Pupillen nun in einem überirdischen Glanz. Fest drückte sie zu und schien auf sein Okay zu warten. Mehr aus Reflex denn wirklicher Ahnung nickte er ganz leicht.

Keine Sekunde später hatte Marleen die Tür zur Grünen Tanne aufgestoßen und zog ihn unvermittelt hinter sich her. Da Eric nicht damit gerechnet hatte, stolperte er über die kleine Türschwelle in die Gaststätte hinein. Kurze Zeit später befanden sie sich in dem dunklen und vernebelten Gastraum. Diesmal schenkten sie den mittlerweile anwesenden Leuten, dem Interieur und der Wirtin jedoch keinerlei Aufmerksamkeit. Mit Entschiedenheit zog Marleen ihn hinter sich her. Es verwunderte ihn, dass sie sich, ohne ein Wort gesprochen zu haben, blind verstanden. Die Stufen der Treppe bis in den ersten Stock nahm er wie in Trance.

Zart spürte er die weiche Haut von Marleens kleiner Hand. Gänzlich verschwunden war sie in seinen verhältnismäßig großen Händen. In dem Moment glaubte er, noch nie zuvor etwas so Perfektes angefasst zu haben.

Den dunklen Gang bis zu den Zimmern legten sie eilig zurück. Bereits eine Sekunde später standen sie vor Marleens Tür. Während sie aufgeregt mit Schlüssel und Schloss zu tun hatte, erlangte Eric seine Sicherheit zurück. Er war keine achtzehn mehr. Als Mann, der schon jede Menge in seinem Leben erreicht hatte, gewann nach und nach sein gefestigtes Wesen die Oberhand.

Mit zarten Bissen in den Nacken hinderte er Marleen spielerisch daran, das Türschloss aufzubekommen. Gleichzeitig hatte er auch endlich wieder seine Hände im Griff. Die zuvor gezeigte Hemmung versuchte er nun auszugleichen. Bestimmend ließ er die Finger über jeden Zentimeter ihres Oberkörpers gleiten und presste sich von hinten gegen sie. Dadurch wendete sich das Blatt. Eric bemerkte noch, dass Marleen ihren Schlüssel auf den Boden fallen gelassen hatte, bevor sie ihren Rücken durchdrückte, um ihr Becken gegen seines zu pressen. Seine ohnehin schon erregte Libido spielte nun gänzlich verrückt. Eric vergaß in diesem Moment seinen Vorsatz, nie etwas mit einer Kollegin anzufangen.

Noch im Gang des Gasthauses stehend hatte er bereits die drei kleinen Knöpfe ihrer Hose geöffnet. Streichelnd und begierig tastend wanderten seine Finger immer tiefer unterhalb ihres Bundes. Marleen genoss seine Berührungen in vollen Zügen. Ein wohliges leises Stöhnen vermittelte ihm, dass er alles richtig machte.

Zum Glück war bislang noch keine Menschenseele in dem langen Flur aufgetaucht. Viel zu laut waren sie auf jeden Fall, als dass sie irgendwer in dem Stockwerk hätte überhören können. Andererseits war Eric sich noch nicht einmal sicher, ob sie nicht die einzigen Gäste in dem Wirtshaus wären. Allerdings wollte er es nicht darauf ankommen lassen. Schnell ging er in die Knie, um den Schlüssel aufzuheben.

Dies nahm Marleen zum Anlass, um sich zu ihm zu drehen. Noch beim Hochkommen aus der Hocke krallte sie ihre Finger in seine Haare. Mit Nachdruck zog sie seinen Kopf nah zu sich heran. Wo der erste Kuss zuvor zart

246

und liebevoll geschehen war, verspürte er nun grenzenloses Begehren. Ohne Zurückhaltung oder Gewissensbisse forderte Marleen ihn mit ihrer Zunge, ihren Küssen und den weichen Lippen heraus. Fast fühlte er sich in dem Moment wie ein Teenager, der sich in seiner ersten wilden ›Rumknutscherei‹ wiederfand.

Umso kraftvoller warf er sich nun gegen Marleen und drückte sie fest gegen das Holz der Zimmertür. Wie schon zuvor schien sie das zu animieren. Während er sich hemmungslos ihren Lippen hingab, schaffte es ein Rest seines Verstandes, den Schlüssel in das Türschloss einzuführen. Eine leichte Drehung reichte aus, um die Tür nach innen aufschwingen zu lassen. Mit einem Krachen traf das Holz auf den Stopper an der Wand.

Getragen von dem Schwung stolperten sie beide in ihr Zimmer hinein, ohne dass Marleen jedoch von ihm abließ. Noch im Gehen waren ihre Finger längst dabei, die Knöpfe seines Hemdes aufzureißen. Nach wie vor hatten sie kein Wort miteinander gewechselt. Im betrunkenen Zustand und nach einer wilden Partynacht war ihm so etwas schon einmal passiert. Allerdings war diese Situation hier etwas vollkommen anderes. Abgesehen davon war Marleen auch alles andere als eine beliebige Partymaus.

Als es ihr nicht schnell genug ging, riss sie einfach an dem leichten Stoff seines Hemdes. Mit einem Klirren schlugen zwei der Knöpfe irgendwo im Zimmer auf. Keinen Wimpernschlag später stand er bereits oberkörperfrei in dem Hotelzimmer. Da schon ihre Knöpfe gelöst waren, hatte sie sich zugleich ebenso der Hose entledigt. In seinem Kopf tauchten die Bilder vom Nachmittag auf. Vor allem der Gedanke an ihren nur mit einem Badetuch bekleideten Körper erweckte ein Verlangen nach mehr in ihm.

Zu keiner Zeit ließen sie beide voneinander ab. Ununterbrochen trafen sich ihre Lippen. Zugleich suchten sie jeweils mit der Zungenspitze die Zunge des anderen. Ihr Spiel war wild, hemmungslos und kannte keine Tabus. Marleens mittlerweile fast nackter Körper erwies sich als ausgesprochen perfekt. Zu schade, dass sie so eine Figur stets unter ihrem biederen Büro-Kostüm verborg. Sein Bild von ihr als typische Büro-Karriere-Frau musste er allerdings schnellstens korrigieren. Ihren definierten und festen Oberkörper hielt sie offenbar mit viel Sport in Form.

Eric konnte gar nicht so schnell reagieren, da fand er sich auf dem angenehm weichen und großen Hotelbett wieder. Sekunden später entledigten sie sich gegenseitig der letzten Reste ihrer Klamotten. Wie Gott sie beide geschaffen hatte, verschwanden sie unter der dünnen Bettdecke.

Die Ungezwungenheit, mit der Marleen sich ihm hingab, genoss Eric. Er musste sich eingestehen, dass er Marleen seit dem ersten Augenblick des Kennenlernens anziehend gefunden hatte. Sie war eine hübsche, unglaublich intelligente und smarte Frau – das ist ihm natürlich nicht entgangen. Dass sie es war, die ihn letztendlich überfallen hatte, machte sie noch wesentlich begehrenswerter. Was sie beide die nächste halbe Stunde erlebten, war äußerst befreiend. Offenbar war Sex auch für sie ein Ventil, um all den Frust, den Stress und die Enttäuschung der letzten Zeit zu verarbeiten.

Verschwitzt, außer Atem und vollkommen fertig sanken sie schließlich in die Laken zurück. Zu seiner Belustigung forderte Marleen fast die gesamte Decke für sich allein ein. Nachdem er bereits alles von ihr mehrfach in Augenschein genommen hatte, schien sie sich nun plötzlich zu zieren. Vielleicht lag es an den blauen Flecken und vereinzelten Striemen, die ihren Körper noch von dem Unfall zierten. Besonders der Abdruck des Sicherheitsgurtes war mittlerweile sehr gut auf ihrer ebenmäßigen Haut auszumachen.

Eric lehnte am Kopfteil, während er begierig die mittlerweile kühlere Luft in seine Lungen sog. Sein Herz hämmerte noch immer dermaßen schnell und intensiv in der Brust, als wäre er eben einen Marathon gelaufen.

Inzwischen war es draußen vollkommen dunkel. Einzig die Stimmen einiger Vögel waren zu vernehmen er. Ansonsten lag Kaltenbruch beinahe lautlos vor dem Fenster. Erst in der Sekunde wurde ihm bewusst, dass sie relativ laut gewesen waren. Es würde ihn verwundern, wenn nicht das halbe Dorf Ohrenzeuge der Bettgeschichte geworden war. Nichtsdestotrotz war ihm das reichlich egal. Sobald das Auto wieder ganz war, würden sie von hier verschwinden und niemals zurückkehren.

Mit der Zeit hatten sich auch sein Atem und der Puls beruhigt. Marleen lag zwar auch ruhig da, presste aber weiterhin die dünne Decke auf ihren Körper, als müsste sie jeden Quadratzentimeter ihrer Haut vor seinen Blicken schützen. Erst jetzt fiel Eric auf, dass Marleen noch immer kein einziges Wort gesagt hatte. Diese Stille zwischen ihnen dehnte sich aus, je mehr er darauf achtete. Zunehmend wurde sie sogar unangenehm. Das stand im krassen Gegensatz zu dem unbeschreiblich leidenschaftlichen Sex, den sie beide noch vor ein paar Minuten zusammen genossen hatten.

»Ähm, das war unglaublich«, brachte Eric heraus, um das Schweigen zu durchbrechen.

»Schon«, stellte Marleens knapp fest.

»Ich habe … ich weiß nicht, ob … willst du?«

»Nein, eigentlich nicht.«

Auf eine seltsame Art und Weise antwortete Marleen auf seine nicht gestellte Frage. Instinktiv spürte Eric, dass es ihr peinlich war, mit ihm nackt in einem Bett zu liegen. Dies kannte er durchaus auch von anderen One-Night-Stands. Oftmals war man froh, wenn die jeweilige Person noch vor dem Frühstück ohne ein Wort verschwand. Selten hatte man das Bedürfnis, sich nach dem Akt überhaupt noch zu unterhalten. Letztlich ging es immer nur um das Eine.

Eric hatte keine andere Wahl, als ihr diesen nicht geäußerten Wunsch zu erfüllen. Statt sich komplett anzuziehen, streifte er sich nur die Hose über. Die restlichen Klamotten suchte er sich im Zimmer zusammen und presste sie als Knäuel an seinen Oberkörper. Er erkannte, wann er nicht erwünscht war.

»Du bist eine unglaublich tolle und faszinierende Frau«, sagte er noch an Marleen gewandt, bevor er die Tür schloss.

Eine Antwort darauf wartete Eric erst gar nicht ab. Er wusste, dass Marleen zuerst mit sich selbst klarkommen musste. Vor allem ihr kleiner Zusammenbruch vor dem Eingang des Gasthofs würde sie noch eine Weile beschäftigen. Bis eben hatte sich seine Kollegin immer als eine knallharte und taffe Person präsentiert. Nun jedoch hatte der Panzer ordentliche Risse bekommen. Eric war gespannt darauf, wie sie weiter auf ihn reagieren würde.

Er musste sich aber auch einzugestehen, dass es zwischen ihnen mehr als nur der reine Sex gewesen war. Natürlich hatte er es über alle Maßen genossen, wie sie übereinander hergefallen waren. Trotzdem spürte er, wie sich ein tieferes Gefühl für Marleen in seiner Brust entwickelte. Eric wusste nicht wirklich, was er davon halten sollte. Eine Büro-Romanze hielt er für kreuzgefährlich. Er konnte sich nicht vorstellen, dass das gut enden würde.

Auf der anderen Seite reichte der pure Gedanke an die Dinge, die sie getan hatten, um in ihm neuerlich die Lust zu entfachen. Am liebsten hätte er an Marleens Tür geklopft, um sie ein weiteres Mal auf das Bett zu werfen. Allerdings würde das nur zusätzlichen Ärger für ihn bedeuten. Obwohl er nicht ihr direkter Vorgesetzter war, würde er es in naher Zukunft einmal werden. Definitiv würde es deswegen Gesprächsbedarf geben. Auch weil er neu in der Abteilung war, bedeutete es für ihn etliche Komplikationen.

Zum dritten Mal an diesem Tag stand Eric unter der Dusche. Mit dem kalten Wasser versuchte er, wieder zu einem klaren Kopf zu finden. Genüsslich ließ er sich von dem Duschkopf den Nacken massieren. Eine leichte Blockade im Halsbereich und ein wenig Schmerz empfand er nach wie vor von dem Aufschlag im Acker. Glücklicherweise blieb er von weiteren Beschwerden verschont.

Hellwach und aufgeputscht war er. Eric fühlte sich fast wie ein griechischer Gott, der zu allem bereit war. Siedend heiß fiel ihm aber in dem Moment ein, dass er sich mit dem Automechaniker verabredet hatte. Eric hoffte darauf, dass Stefan Sepphein ihre Sachen mitgebracht hatte. Zu gern würde er ein frisches Shirt anziehen wollen. Erst einmal hatte er keine andere Wahl, als die gleichen Klamotten wie zuvor überzustreifen. Das Hemd roch mittlerweile deutlich nach Schweiß, hinzu kamen nun die fehlenden Knöpfe.

Wenigstens verfügte Eric über eine Zahnbürste und stand nach der Dusche und einer ausgiebigen Zahnreinigung vor dem relativ großen Spiegel, um sich davon zu überzeugen, dass er nach unten gehen konnte. Zuvor blickte er sich in die eigenen Augen und ließ die Geschehnisse der letzte Stunde Revue passieren. Er machte sich selbst Vorwürfe, dass er die Situation ausgenutzt hatte. Seine Kollegin hatte sich in einer emotional labilen Lage befunden. Dass er auf ihr Spiel eingestiegen war, zeugte nicht gerade von Charakterstärke. Eric nahm sich vor, sich besser bei ihr zu entschuldigen. Zu gut konnte er sich vorstellen, was in Marleen in den letzten beiden Tagen vorgegangen war. Und zu allem Überfluss hatte Meischberger als ihr Vorgesetzter sie dazu genötigt, mit ihm zusammen in ein abgelegenes Erzgebirgstal zu fahren. Er machte sich innerlich einen Vermerk, dass er dies beim nächsten Gespräch mit dem Ministerialrat zur Sprache bringen würde.

Eric riss sich selbst aus den Überlegungen heraus. Er wusste, dass er im Erdgeschoss Gesellschaft und Alkohol vorfinden würde. Nach ein oder zwei Drinks würden sich seine Gedanken garantiert mit anderen Dingen beschäftigen.

Noch im Treppenbereich nahm er die Geräuschkulisse aus der unteren Etage wahr. Als würde er durch einen imaginären Vorhang treten, konnte er die einzelnen Stimmen heraushören. Zudem drang das laute Gelächter von Frauenstimmen zu ihm hinauf. Beruhigt stellte Eric fest, dass es nicht ausschließlich alte Männer oder Bauern waren, die am Abend in der Wirtschaft noch ein Bierchen genossen.

Im Erdgeschoss angekommen, hüllte ihn dichter Nebel von Zigaretten- und Zigarrenrauch ein. Anders jedoch als ein paar Stunden zuvor wirkte der Raum gar nicht mehr so düster. Eher im Gegenteil tauchte eine Vielzahl von Lampen, Leuchtern und Strahlern die Grüne Tanne in einen angenehmen Schein.

Wie auf ein geheimes Zeichen hin verstummten plötzlich alle Gespräche, als Eric den Raum betrat. Ein jeder richtete seine Augen auf den neuen Gast.

»'n Abend«, grüßte Eric etwas verhalten in die Runde.

»Herr Tschirnhaus! Hallo! Hier!«, rief eine Stimme aus der hinteren Ecke heraus.

Eric sah, wie ein Mann mit seinem Arm wedelte. Er konnte ihn auf Anhieb in der dunklen Ecke nicht richtig erkennen, ging aber davon aus, dass es der Automechaniker Stefan Sepphein war. Ihm blieb nichts anderes übrig, als in diese Richtung zu steuern. Die Kneipe war ausgesprochen gut gefüllt, die meisten Stühle, Bänke und Barhocker von Gästen besetzt. So war er froh, wenigstens einen Menschen zu kennen.

»Ah, Herr Sepphein! Einen schönen guten Abend. Darf ich?«, grüßte Eric und zog den schweren Holzstuhl zurecht, um neben dem Automechaniker Platz zu nehmen.

»Setzen Sie sich! Ich hatte Ihnen vorhin doch schon gesagt, dass ich mindestens dreimal die Woche hier bin. Das ist sozusagen mein zweites Wohnzimmer.«

An dem großen Tisch saßen außerdem vier weitere Gäste, durchweg Männer mittleren Alters. Ohne das abwertend zu meinen, musste Eric innerlich schmunzeln. Die Gruppe passte einfach zu gut in das gängige Klischee, das er als Stadtmensch von einer Dorfgemeinschaft im Kopf hatte. Er sah sich fünf gestandenen Männern gegenüber, jeder von ihnen mit einem von der Sonne gebräunten Gesicht. In der Hauptstadt war sonst eher die Solarium-Bräune vorherrschend. Zudem hatte sich keiner der Gäste schick gemacht oder umgezogen. Im Blaumann, Karohemd oder einer grünen Latzhose gekleidet, wirkten die fünf, als wären sie direkt von der Arbeit hierhergekommen. In Berlin war so etwas vollkommen undenkbar. Ein jeder putzte sich heraus, wenn er die eigenen vier Wände verließ, um im Nachtleben etwas anderes darzustellen, als er im normalen Leben tatsächlich war.

Kurz stellten sie sich gegenseitig vor. An Stefan Seppheins Seite saßen drei Landwirte und ein Sanitärinstallateur. Eric konnte sich nicht erinnern, wann er das letzte Mal mit derart bodenständigen Typen zusammengesessen hatte. Im Regierungsviertel der Bundeshauptstadt ging es immer nur ums Netzwerken. Man versuchte stets auf eine Party, eine Feier oder eine Vernissage zu kommen, bei der andere wichtige Menschen zugegen waren. Anschließend galt es, mit besagten Personen ins Gespräch zu kommen. Im Idealfall merkte sich der Gesprächspartner sogar einen Namen und ein Gesicht. In Kaltenbruch schienen die Bewohner jedoch gänzlich andere Prioritäten zu haben.

Wie es zu erwarten war, fiel das Thema schon bald auf den Grund seines Aufenthaltes. Alle Anwesenden wollten brennend erfahren, was einen Berliner in diesen abgelegenen Teil von Sachsen führte. Ein wenig vorsichtig durch die bereits an dem Tag geführten Gespräche hielt Eric sich relativ vage. Zudem wusste er nicht genau, was er von seiner Arbeit preisgeben durfte und was nicht, deswegen betitelte er sich und Marleen als Außendienstmitarbeiter einer großen Behörde. Er sprach neutral davon, dass es ihre Aufgabe war, durch Deutschland zu reisen, um Anfragen vor Ort zu beantworten. Erstaunlicherweise gaben sich die vier Männer damit zufrieden. Sie schienen ihn für ein winziges Rädchen in irgendeinem Verwaltungsapparat zu halten. Hätte Eric erzählt, dass er ein vergleichsweise hoher Beamter im Kanzleramt sei, wäre die Reaktion wahrscheinlich ganz gegenteilig ausgefallen.

Spontan luden ihn die Männer zu einem Bier und einem Schnaps ein. Eric vermutete, dass es hier Sitte war, zu jedem Bier wenigstens einen Klaren oder Braunen zu genießen. Nach einem vernünftigen Whiskey zu fragen, versuchte er gar nicht erst. Wenigstens stand in der Mitte des Tisches eine große Schüssel mit Knabberzeug. Das musste fürs Erste ausreichen, um seinen Hunger ein wenig zu stillen.

»Haben Sie unsere Taschen mitgebracht?«, fragte Eric den Automechaniker, nachdem er sich eine Handvoll Nüsse genommen hatte.

»Oh, natürlich. Die sind schon seit einer geraumen Weile im Haus. Ich bin ja nicht erst seit fünf Minuten hier.«

»Danke! Wo haben Sie die Sachen abgestellt?«

»Oh, die sind bei Andrea, der Wirtin. Um genau zu sein, hatte Andrea sie bereits zu Ihnen nach oben gebracht. Allerdings kam sie schon nach wenigen Sekunden mit den Koffern wieder herunter. Ich hatte mich deswegen gewundert, weil ich davon ausgegangen war, dass Sie beide sich auf Ihren Zimmern aufhielten.«

Eric wurde verlegen und bekam eine gesunde Gesichtsfarbe. Er hoffte, dass sein Erröten bei dem schummrigen Licht niemandem auffiel. »Ach so. Ja, ähm. Da muss ich wohl das Klopfen überhört haben.«

»Ja. Andrea meinte auch, dass Sie sich womöglich im Bett befinden würden.«

Stefan Sepphein grinste anzüglich, was Eric bewies, dass sein Gesprächspartner sehr genau über alles im Bilde war. Unter Umständen wusste bereits der gesamte Gastraum, was er und Marleen oben getrieben hatten. Der

Gedanke daran ließ Eric noch mehr erröten. Schnell versuchte er, sich nichts anmerken zu lassen.

»Und die Koffer befinden sich also irgendwo an der Bar?«, fragte er nach.

»Davon gehe ich aus.«

Eric beschloss, das schmutzige Lächeln im Gesicht von Stefan Sepphein so gut es ging zu ignorieren. Mit dem Bier, das ihm in dem Moment gebracht wurde, konnte er die peinliche Situation eine gewisse Zeit lang überspielen. Nach einem langen Zug aus dem Glas hatte sich die Lage wieder halbwegs normalisiert.

»Also, Ihren Wagen bekomme ich definitiv morgen Mittag fertig, vorausgesetzt natürlich, dass das passende Teil eintrifft. Davon gehe ich jedoch aus. Sie brauchen sich also absolut keine Sorgen zu machen.«

»Das ist schön zu hören. Ich hatte nicht erwartet, hier draußen einen so guten Service zu erleben.«

Erst hinterher wurde Eric bewusst, was er damit ausgedrückt hatte. Er hoffte, dass der Einheimische ihm die Worte nicht allzu übelnahm. Man konnte sie durchaus auch komplett falsch verstehen.

»Wir sind hier oben nicht so weit ab vom Schuss, wie Sie vielleicht denken. In manchen Dingen macht es keinen Unterschied, ob Sie sich in Dresden oder in Kaltenbruch befinden.«

»So habe ich das nicht gemeint«, versuchte Eric, daraufhin zu relativieren. »Eher im Gegenteil. In der Großstadt muss man fast immer ein paar Tage warten, bis die Werkstatt mit der Arbeit fertig ist.«

»Na, lassen wir das jetzt erst einmal«, winkte Stefan Sepphein ab. »Ich würde sagen …«

Die Männer verstanden sich ohne Worte und nahmen sich jeweils gleichzeitig ein Schnapsglas zur Hand. Ohne viel Federlesen setzte ein jeder das Getränk an und legte den Kopf in den Nacken. Genüsslich entleerten sie den

255

Inhalt in ihre Kehlen. Interessiert bewunderte Eric das Schauspiel. Fast wie beim Synchronschwimmen stimmte die Abfolge bei allen Anwesenden auf die Millisekunde genau. Umgehend tat er es den Männern gleich. Ein warmes, feuriges Kratzen breitete sich über seine Speiseröhre bis in den Magen hinein aus.

»Also, was treibt Sie genau nach Kaltenbruch?«, vernahm Eric nachfolgend eine Stimme.

Der rechts von ihm sitzende Bauer wollte offenbar einen zwanglosen Smalltalk beginnen. Normalerweise hasste Eric derartige Situationen über alles. Hier jedoch empfand er die gesellige Runde durchaus als angenehm. Die fünf Männer saßen zusammen, um einfach nur eine nette Zeit miteinander zu verbringen – mehr auch nicht. Gerade das stellte eine willkommene Abwechslung für ihn dar. Ein wenig erinnerte ihn die Konstellation an den vorgestrigen entspannten Abend, den er mit seinem Kollegen Markus Hahn verbracht hatte.

Überrascht stellte er fest, dass dieses Ereignis tatsächlich erst achtundvierzig Stunden her war. Ihm kam es jedenfalls schon viel länger vor. An diesem Tag hatte Eric so viel erlebt, dass es locker für eine ganze Woche reichen würde.

»Wir treffen uns mit einem Einwohner Kaltenbruchs. Mehr darf ich leider nicht darüber verraten.«

»Berlin also?«, fragte nun der Bauer, der Eric gegenüber saß.

»Ja, ganz genau. Aus der Hauptstadt.«

Daraufhin herrschte ein kurzes Schweigen. Eric begriff nicht, was daran so besonders war.

»Ähm, ja, ganz genau, das große Berlin«, wiederholte Eric, um wenigstens etwas in die Stille zu sagen.

256

Allerdings war das nicht von Erfolg gekrönt. Nach wie vor sahen ihn die Männer am Tisch stumm an. Um die unangenehme Situation zu überspielen, nahm er einen weiteren großen Schluck aus dem Bierglas. Eric wünschte sich Marleen hierher. Seine Kollegin würde diese peinliche Situation wahrscheinlich besser meistern als er mit seiner unbeholfenen Art.

»Arbeiten Sie etwa für die da?«, ergriff der Mann rechts von ihm das Wort.

»Wen meinen Sie mit die da?«, fragte Eric dümmlich nach, weil er wirklich keine Ahnung hatte, worauf der Mann anspielte.

»Ja, die da oben. Die Regierung und so.«

Eric ahnte Böses. Er erinnerte sich an das Gespräch mit dem Mechaniker und hatte auf solch eine Diskussion momentan sicherlich gar keine Lust.

»In gewissem Sinne arbeite ich schon für die Regierung. Allerdings gilt das ebenso für hunderttausend andere Menschen. Ich habe wirklich keine Ahnung, was Sie mit die da genau meinen.«

»Ich rede von der Elite, von den Typen ganz oben – den Anzugträgern. Von denen, die uns im Namen der amerikanischen Besatzer belügen und betrügen«, erklärte sich der Mann rechts von Eric.

Daraufhin war Eric erst einmal gezwungen, schwer zu schlucken. Wo hatte ihn Marleen nur hingeführt? War er hier an einen Haufen von Verrückten geraten? Wie gern wäre er in dem Moment geflohen. Er blickte sich hilflos um. Entweder er ging nach oben – allerdings war er nach wie vor noch hellwach –, oder er suchte das Gespräch mit den Verschwörungstheoretikern. Zuerst wollte er jedoch einen weiteren Schluck aus dem Bierglas trinken. Er schaute überrascht, als er feststellte, dass sein Getränk bereits alle war.

Mit einem entschuldigenden Lächeln verwies er, statt eine Antwort zu geben, auf das leere Glas. Das reichte aus, um den Landwirt laut nach der Wirtin rufen zu lassen. Mittels weniger Gesten war eine neue Runde bestellt.

Zugleich war auch ein kleiner Brotteller Teil der Bestellung. Das war für Eric Grund genug, noch etwas länger in der Gesellschaft zu verweilen.

»Wo waren wir stehen geblieben?«, fragte Eric bei seinem rechts neben ihm sitzenden Nachbarn nach, um wenigstens den Anschein zu erwecken, an dem Gespräch und an den Themen der Dorfgemeinschaft interessiert zu sein. »Ah ja, die böse Regierung. Das müssen Sie mir jetzt bitte näher erklären.«

Zuerst reichte er ihm jedoch die Hand. Da er ohnehin bereits einen Schnaps und ein Bier mit den Anwesenden getrunken hatte, konnte er auch gänzlich auf die gekünstelte Höflichkeit verzichten.

»Eric Tschirnhaus!«

»Sandro Wiesenbach, sehr angenehm«, antwortete der Mann zu ihm.

In gleicher Weise begrüßte er auch die anderen in der Runde. Stefan Sepphein kannte er ja bereits. Daneben saßen auch ein gewisser Maximilian Eppendorf, Sven Günther und ein Bruno Menzel am Tisch.

»Na, ich meine, weil wir doch eine waschechte GmbH sind. Ich rede von den Leuten, die uns im Namen der Amerikaner verwalten und unterdrücken.«

»Ahhh, ja«, zog Eric zweifelnd in die Länge. »Schon klar.«

»Glaubst du mir das etwa nicht?«

»Nein, wie könnte ich? Tut mir leid. Was du mir aber erzählst, hat doch kaum etwas mit der Realität zu tun. Was ist eine Verwaltung durch Amerikaner, wer soll eine GmbH sein und wer wird hier überhaupt unterdrückt?«

»Ach, Sandro, fängst du schon wieder mit dem Thema an«, mischte sich Stefan Sepphein ein.

»Sei du mal lieber ruhig, mein lieber Freund«, zeigte sich der Landwirt gleich leicht erbost. »Du nervst doch hier jeden auch mit den komischen Streifen in den Wolken.«

»Die sind ja auch eine reelle Gefahr für unsere Gesundheit! Wer interessiert sich schon für deine Theorie, dass Deutschland gar nicht existiert?«, entgegnete Stefan Sepphein.

Bevor die Situation sich hochschaukeln würde, griff Eric ein.

»Ähm, könntest du mir das eventuell etwas genauer erklären?«, wendete er sich Sandro Wiesenbach zu. Offensichtlich war Sandro es leid, dieses Gespräch mit seinen Bekannten zu führen.

»Nichts lieber als das«, stieg der Bauer dankbar ein.

Was genau mit dieser Anspielung auf einer GmbH gemeint war, wusste Eric in keiner Weise. Deswegen war er durchaus ein wenig neugierig auf die Erklärungen, die nun folgen sollten.

»Also Deutschland ist keine souveräne Nation«, führte Sandro Wiesenbach aus. »Eigentlich ist die BRD überhaupt gar kein richtiger Staat.«

»Ist sie nicht?«, fragte Eric irritiert nach.

»Nein, aber das werde ich dir gleich noch erklären. Es geht darum, dass die Bundesrepublik nur eine Firma ist, und wir alle sind deren Angestellte. Keiner von uns ist wirklich ein freier Mensch. Zumindest, wenn es nach denen da oben geht.«

»Das sind aber reichlich weit hergeholte Thesen. Wir haben eine Gesetzgebung, die Regierung und ebenso eine Judikative. Wie kommst du nur darauf, dass das alles nicht real wäre?«

»Doch, doch. Real ist es schon«, erwiderte Sandro Wiesenbach. »Allerdings nicht so real, wie viele gern glauben wollen. Wir sind noch immer ein besetzter Staat. Die alliierten Besatzungsmächte haben gar kein Interesse daran, dass Deutschland als eigenständiges Land handlungsfähig ist. Deswegen wurde ja auch diese ganze Maskerade erfunden. Achtzig Millionen Menschen werden hinters Licht geführt, und keiner merkt etwas davon.«

»Allein du hast es aber gemerkt?«, warf Eric leicht sarkastisch ein.

Darauf reagierte sein Gesprächspartner nicht. Wie es schien, hatte Sandro sich gerade erst warm geredet.

»Eigentlich geht alles auf den Zweiten Weltkrieg zurück. Ich weiß nicht, ob es dir bekannt ist, aber wir haben niemals einen Friedensvertrag unterzeichnet. Selbst eine Kapitulation der Reichsregierung im Mai 1945 existiert nicht.«

Erstaunt blickte Eric den Mann an. Wie konnte es sein, dass der Mann gerade auf dieses Thema kam, über das er selbst erst vor wenigen Tagen auf seiner neuen Arbeit gestoßen war, fragte sich Eric erstaunt. Er fand diesen Zufall schon extrem merkwürdig. Für ihn hatte es bis vor nicht einmal drei Tagen ein ganz anderes Weltbild gegeben. Erst durch seine Recherchen im Bunker hatte Eric festgestellt, dass in Deutschland nichts so war, wie er zuvor immer angenommen hatte. Da er jetzt die Wahrheit kannte, interessierten ihn die Behauptungen des Gesprächspartners umso mehr.

»Davon habe ich vor langer Zeit bereits mal etwas gelesen. Allerdings weiß ich nicht mehr viel über dieses Thema«, gab sich Eric unwissend.

»Da bist du schon mal schlauer als die meisten Deutschen«, beglückwünschte ihm Sandro Wiesenbach. »Sicherlich weißt du auch, dass wir 1945 von den Alliierten besetzt wurden. So eine Besetzung unterliegt aber gewissen Regeln und Gesetzen.«

»Ernsthaft? Ein Krieg hat Regeln und Gesetze?«, zeigte Eric sich verwirrt.

»Natürlich. Maßgebend für die ganze Entwicklung ist die Haager Landkriegsordnung von 1907. Darin werden unter anderem der Umgang mit Kriegsgefangenen, mit Spionen, mit einer Kapitulation, einem Waffenstillstand und auch das Verhalten einer Besatzungsmacht in einem besetzten Gebiet thematisiert. Im Artikel 43 der Landkriegsordnung heißt es dann auch, dass alle Vorkehrungen zu treffen sind, um nach Möglichkeit sowohl die öffentliche Ordnung als auch das gemeinschaftliche Leben wiederherzustellen und auch aufrechtzuerhalten. Außerdem wird weiterhin angeführt – und das ist besonders wichtig –, dass dies, soweit kein zwingendes Hindernis besteht, unter Beachtung der Landesgesetze zu geschehen habe.«

»Ich verstehe nur Bahnhof«, stellte sich Eric dumm.

Allerdings war es ihm als Anwalt und Bundesbeamten durchaus klar, worauf die Argumentation des Mannes beruhte. Er wollte sich jedoch die Gedankengänge des Landwirtes anhören. Außerdem war Eric sich sicher, dass es von Vorteil war, den Ahnungslosen zu spielen. Hätte er hier bereits Verständnis gezeigt, wäre Sandro Wiesenbach womöglich hellhörig geworden, was Eric unter allen Umständen vermeiden wollte. Aus einem ihm unerfindlichen Grund reizte ihn das Gespräch. Wahrscheinlich, so glaubte er, weil es das Thema betraf, das ihm selbst noch immer unverständlich erschien.

»Es geht um das Grundgesetz, das 1949 verabschiedet wurde. Zuvor hatten aber auch schon verschiedene andere Besatzungsstatuten gegolten.«

»Was hat die Haager Landkriegsordnung mit dem Besatzungsstatut und unserer Verfassung zu tun?«, fragte Eric nach.

»Eben absolut gar nichts. Außerdem besitzt Deutschland gar keine Verfassung. Das werde ich dir aber später noch erklären. Also! Die Landesgesetze, die in der Landkriegsordnung erwähnt werden, waren 1945 die Verfassung der sogenannten Weimarer Republik. Allerdings wurde diese bei der Ausarbeitung des Grundgesetzes vollkommen missachtet. Stattdessen wurde das Grundgesetz auf Anordnung der Militärgouverneure und auf der Grundlage des Besatzungsstatuts neu geschaffen. Man kann also sagen, dass es das Recht der Alliierten und nicht das der Deutschen ist.«

»Du musst aber zugeben, dass die Westmächte das schon durften. Letztlich haben sie Hitler-Deutschland besiegt. Als Sieger hatten sie nun einmal die Möglichkeit dazu. Außerdem ging es vielmehr darum, einen neuen und friedlichen deutschen Staat zu schaffen«, hielt Eric kritisch dagegen.

»Natürlich. Ich will nichtsdestoweniger auf die Legitimität unseres Grundgesetzes heraus. Abgesehen davon sollst du erkennen, dass es eben keine Verfassung ist. Ohne eine wirkliche Verfassung ist Deutschland jedoch kein Staat. Also, das Grundgesetz wurde damals ohne eine Volksabstimmung eingeführt, die eigentlich bestehende Verfassung von 1919 wurde ignoriert. Das Grundgesetz ist ein Provisorium, wie es selbst im Artikel 146 niedergeschrieben steht, und letztlich haben die Westalliierten alle Machtbefugnisse bis heute behalten.«

»Was ist Deutschland denn dann?«, warf Eric dazwischen.

»Dazu komme ich ja gleich. Es geht zuerst um die Definition von Deutschland. Also um die jetzige Krücke, die sich freimütig Staat nennt. 1949 wurde eben keine Nation gegründet. Das sagt selbst das Bundesverfassungsgericht. Ich versuche mal, aus dem Gedächtnis zu zitieren: ›Das Deutsche Reich in seiner Gesamtheit existiert weiterhin fort. Es besitzt nach wie vor Rechtsfähigkeit. Allerdings ist es als Gesamtstaat mangels Organisation, insbesondere mangels institutionalisierter Organe selbst nicht handlungsfähig.‹ Zudem wurde mit der Errichtung der BRD nicht ein neuer sogenannter westdeutscher Staat errichtet. Vielmehr wurde nur ein Teil Deutschlands neu organisiert. Mehr auch nicht. Das jetzige Deutschland ist also nicht der Rechtsnachfolger. Stattdessen beschränkt es sich staatsrechtlich in der Hoheitsgewalt auf den Geltungsbereich dieses Grundgesetzes. Was ja wiederum keine Verfassung ist, wie ich schon gesagt habe. Na, jetzt bist du baff, was?«

Tatsächlich war Eric sprachlos. Sandro Wiesenbach interpretierte die Rechtsauffassung der Bundesregierung und des Verfassungsgerichts, wie sie ihm in den Kram passte. Eric bezweifelte, dass der Mann jemals eine juristische Vorlesung oder ein Seminar besucht hatte. Wahrscheinlich nahm der Landwirt sein ganzes Wissen aus irgendwelchen obskuren Foren, Webseiten oder aus Videos im Internet.

»Verstehe ich dich richtig? Du behauptest also, dass die BRD nur eine Art Institution sei, die von den alliierten Westmächten erfunden wurde, um Deutschland besetzt zu halten?«

»Das hast du sehr gut zusammengefasst«, bestätigte ihm Sandro Wiesenbach. »Genauso ist es. Die BRD wurde tatsächlich nie als Staat gegründet. Außerdem hätte das auch nie geschehen dürfen. Es bestand und besteht nach wie vor ein Land auf diesem Gebiet. Die Verfassung von 1919 besitzt nach wie vor ihre Gültigkeit.«

»Das sind ja alles recht schöne Mutmaßungen. Die Realität sieht doch etwas anders aus. Vor allem nach der Wiedervereinigung haben sich derlei Überlegungen mittlerweile in Luft aufgelöst.«

»Nein, und das ist genau der Trugschluss, dem die meisten Menschen unterliegen.«

Eric bezweifelte, dass überhaupt eine größere Gruppe von Leuten von dem Fakt Kenntnis hatte, dass das Reich rein theoretisch nach wie vor bestand. Der Großteil der Bundesbürger lebte mit Sicherheit friedlich vor sich hin, ohne sich jemals mit der Angelegenheit der Staatsgründung beschäftigt zu haben. Das Thema wurde ja noch nicht einmal in der Schule behandelt. Eric wusste von seinen eigenen Studien und Nachforschungen, dass dieses Feld juristisch hoch kompliziert war. Selbst die Mehrheit der Fachleute hatten Probleme damit, sämtliche Zusammenhänge richtig zu begreifen – wie sollten da erst Laien komplett durchblicken.

In dem Moment zog sein Gegenüber die Brieftasche hervor. Für eine Sekunde glaubte Eric, dass der Mann bezahlen und nach Hause gehen wollte. Stattdessen kramte der Landwirt eine Plastikkarte hervor. Erst beim zweiten Hinsehen identifizierte Eric die Karte als den Ausweis des Mannes.

Er musste sich eingestehen, dass er froh darüber war, dass ihr Gespräch an dieser Stelle nicht enden würde. Auf eine gewisse Art und Weise amüsierte ihn die Diskussion. Vor allem fand er es faszinierend, auf welche Theorien

Menschen manchmal kamen. Wahrscheinlich ergab dieses wilde Konstrukt in der Welt des Erzgebirgers sogar einen Sinn. Eric wollte einen weiteren tiefen Schluck aus seinem Bierglas nehmen, stellte dabei allerdings erneut fest, dass es bis auf den letzten Tropfen leer war.

Diesmal war er es, der eine neue Runde bestellte. Mittlerweile hatte sich bei ihm eine gewisse Bierseligkeit eingestellt. Worüber die anderen Leute an ihrem Tisch redeten, hatte er indes gar nicht mitbekommen. Viel zu sehr war er gefangen von der Gedankenwelt dieses Verschwörungstheoretikers. Im Vergleich zu dem Mann von heute Nachmittag mit dem Nummernschild schätzte Eric den Landwirt jedoch als relativ harmlos ein. Sandro Wiesenbach hatte sich wahrscheinlich nur die falschen Bücher gekauft und schlechte Videos angesehen. Solange solche Menschen anderen nicht schadeten und keinen Unsinn anstellten, war in seinen Augen alles in Ordnung.

»Schau doch einfach mal«, hielt ihm Sandro Wiesenbach den Ausweis unter die Nase.

Eric blickte auf ein recht zerkratztes Stück Plaste. Belustigt nahm er wahr, dass das Passbild nicht sonderlich vorteilhaft geknipst war. Der Landwirt sah darauf eher wie ein Straftäter aus.

»Und was soll ich jetzt sehen?«, fragte Eric nach, denn das Passbild schien Sandro Wiesenbach damit wohl kaum gemeint zu haben.

»Na, lies doch mal. Da steht ›P-E-R-S-O-N-A-L-A-U-S-W-E-I-S‹, begreifst du?«

»Und was soll daran verkehrt sein?«, fragte Eric nach.

»Na, bist du etwa Personal von irgendetwas?«

Sandro Wiesenbach wartete jedoch gar nicht erst eine Antwort ab. Stattdessen begann er erneut damit, munter drauflos zu plappern.

»In allen anderen Ländern auf der Welt ist es ein Personenausweis, eine identity card, Ausweis oder Pass. Nur in Deutschland weisen wir uns als

Personal aus. Ist das nicht ein wenig schizophren? Das Schlimme ist: Keiner merkt es. Alle laufen mit dem Ding umher und niemand unternimmt etwas dagegen. Als wäre das vollkommen normal.«

»Du hast deinen doch auch dabei«, warf Eric etwas spitzbübisch ein.

»Das ist etwas gänzlich anderes«, versuchte sich, sein Gesprächspartner mit einem sehr schwachen Argument zu erklären. »Egal. Es gibt aber noch eine ganz andere Sache, auf die ich hinauswill. Der Begriff des Dokumentes sei einmal dahingestellt. Schau aber mal bitte auf deine Staatsangehörigkeit.«

Eric las daraufhin das Feld laut vor, auf das der Landwirt mit dem Finger wies.

»Deutsch.«

»Und jetzt verrate mir doch bitte, was das für eine Nation oder ein Land sein soll. Ich kenne keinen Staat, der Deutsch heißt. Du etwa?«

»Ja, aber wir sind doch eben ›Deutsche‹, oder nicht?«, warf Eric ein.

»Hier geht es aber um die Nationalität. In anderen Ausweisen steht zum Beispiel Österreich, Republik Italien oder Spanien. Nur bei uns steht eben Deutsch. Weil es keine völkerrechtliche Nation Deutschland gibt. Beziehungsweise es gibt sie schon. Diese ist aber gerade wegen einer fehlenden Regierung nicht handlungsfähig und heißt Deutsches Reich. Deswegen diese Krücke, um die Leute zu verarschen.«

»Na, ich weiß nicht«, gab sich Eric nicht überzeugt von der Argumentation.

»Doch! Es liegt vor unser aller Augen. Wir sind nur zu blind und zu dumm, um diese Tatsache zu begreifen.«

»Okay, aber das ist doch bestimmt nur eine unglückliche Formulierung«, hielt Eric dagegen.

»Dann pass mal auf, es wird noch viel besser«, baute Sandro Wiesenbach Spannung auf. »Im alten Römischen Reich, auf das sich sämtliche europäische Staaten auf die eine oder andere Weise beziehen, mussten Sklaven – wenn sie

265

dazu in der Lage waren – mit Großbuchstaben eine Urkunde unterschreiben. Damit bestätigten sie, dass sie einem bestimmten Besitzer gehörten.«

»Was soll das mit unserem jetzigen Land zu tun haben?«

»Na, dann schau dir doch einfach mal den Ausweis an. Wie ist der Name da geschrieben? Na? Richtig, in Großbuchstaben. Weil du eben kein freier Mensch bist. Du gehörst als Personal zu dieser Firma BRD. Die Eigentümer sind die Westmächte, vornehmlich die USA.«

Innerlich amüsiert über die Herleitungen spielte Eric den interessierten Zuhörer. Für ihn wurden die Erklärungen immer skurriler. Natürlich wusste Eric, dass auch bei allen anderen europäischen Ausweisen und Pässen die Namen in Großbuchstaben geschrieben wurden. Vor allem hatte dies etwas mit der Lesbarkeit zu tun. Besonders in Anbetracht der unterschiedlichen Alphabete weltweit waren Großbuchstaben besser zu unterscheiden.

Außerdem bezweifelte er, dass überhaupt eine größere Menge an Sklaven im Römischen Reich ihren Namen buchstabieren, geschweige denn schreiben konnten. Natürlich hatte es damals Sekretär-Sklaven gegeben. Deren Zahl dürfte sich jedoch eher im Promillebereich befunden haben, gegenüber den zig Millionen Arbeitssklaven. Zumindest hatte sich Sandro Wiesenbach Gedanken über Dinge gemacht, über die Eric noch nie in seinem Leben nachgedacht hatte.

»Wo wir gerade bei Ausweisen sind: Hast du schon einmal mit der Polizei oder mit Beamten zu tun gehabt?«

Innerlich musste Eric deswegen schmunzeln, schließlich war er selbst ein Beamter. Umso mehr interessierte ihn die nächste Theorie, die nun folgen würde.

»Natürlich. Wer von uns hat das noch nicht.«

»Dann hättest du nichts machen brauchen. Egal ob das der Mann vom Finanzamt war, ein Gerichtsvollzieher oder der Polizeibeamte: Keiner von denen ist tatsächlich ein echter Beamter. Eben weil eine Firma wie die BRD

266

keine Beamten ernennen darf. Sie hat nur Angestellte. So, wie es für ein Unternehmen nun mal üblich ist.«

»Wie kommst du denn darauf?«

»Teste es doch einmal selbst. Frag mal so einen Polizeibeamten nach seinem Beamtenausweis. Du wirst überrascht sein. Der hat nämlich gar keinen. Die Leute verfügen nur über einen Dienstausweis. Im Gegensatz zu früher, da hatten die Reichsbeamten einen Beamtenausweis. Heutzutage ist das allerdings aus den schon erwähnten Gründen vollkommen unmöglich.«

Tatsächlich besaß Eric ebenso nur einen Dienstausweis. Darüber hatte er sich noch nie Gedanken gemacht. Im Prinzip war es ein Dokument, das ihn als Beamten auswies. Warum es jedoch nicht Beamtenausweis hieß, konnte er nicht sagen. Dies war das erste Argument, das ihn nachdenken ließ. Er nahm sich vor, bei seiner Rückkehr nach Berlin seinen Vorgesetzten danach zu fragen. Gerade auch wegen seiner Position in der Abteilung 8 gab es bestimmt noch eine Ausnahme. Vielleicht würde er als Vertreter des Deutschen Reiches einen waschechten Beamtenausweis bekommen, spottete Eric still in sich hinein.

»Ich rate dir, dich nicht von diesen Polizeischauspielern beeindrucken zu lassen. Prinzipiell haben die genauso viele oder wenige Rechte wie du und ich auch. Die sind in gleicher Art Angestellte in dieser Deutschland-GmbH.«

»Ich glaube kaum, dass sich auch nur ein einziger Polizist auf so eine Diskussion einlassen wird. Zumindest kenne ich keinen, der bei einer derartigen Beschuldigung sonderlich ruhig bleiben würde.« Eric brauchte bei so vielen absurden Thesen erst einmal einen Schluck Bier. Danach konnte er weiter bohren.

»Wie kommst du nun aber gerade darauf, dass Deutschland eine Firma ist?«

»Das ist relativ einfach: Weil das Land als Ganzes im Handelsregister aufgeführt wird. Ja, du hast richtig gehört: Deutschland steht als GmbH im Handelsregister. Meines Wissens sollte der Eintrag in Frankfurt liegen – weil
Frankfurt mal als Hauptstadt geplant gewesen war. Es ist eine vollkommen
normale Gesellschaft mit beschränkter Haftung.«

Eric wollte etwas einwerfen, doch er wurde sofort unterbrochen.

»Und die Gesellschafter sind die drei westalliierten Siegermächte. Das
musst du dir erst einmal vorstellen! Für die Deutschland-GmbH mit Schulden
in Höhe von zwei Billionen Euro steht gerade mal die Sicherungseinlage von
50.000 Euro gegenüber. Das ist totaler Wahnsinn! Alle können sich das im
Register anschauen. Keiner scheint diese Tatsache jedoch für voll zu nehmen.«

»Meinst du das ernst? Natürlich gibt es Firmen auf den Namen der Bundesregierung. Ich denke, dass auch Sachsen über etliche regierungseigene Unternehmen verfügen wird. Ich glaube, der Großteil der kommunalen Betriebe
funktioniert so, ganz egal, ob es die Müllabfuhr ist, die Stadtwerke oder der
öffentliche Nahverkehr. Es sind Firmen, die komplett in der Hand der jeweiligen Städte, Kommunen oder des Bundeslands sind.«

»Das kannst du doch nicht vergleichen«, begehrte sein Gesprächspartner
auf. »Das eine ist die BRD-GmbH. Ich habe dir doch mehr als genug Beispiele geliefert, weshalb unser Land ein erfundener Staat ist.«

»Na ja, für mich sind das irgendwie keine richtigen Beweise«, hielt Eric
sich weiterhin bedeckt.

»Und was ist dann mit dem Artikel 23 des Grundgesetzes?«

»Ich dachte, das Grundgesetz gilt überhaupt nicht«, warf Eric schnell ein.

»Lass das doch mal bitte außer Acht. Der Artikel 23 wurde 1990 noch
vor der Wiedervereinigung einfach so gestrichen. Später wurde ein neuer eingeführt, der jedoch einen gänzlich anderen Inhalt hat.«

»Und?«

»Der alte Artikel 23 beinhaltet den Geltungsbereich der Gesetze. Also: Damit Gesetze gültig sind, bedürfen sie eines Geltungsbereiches, sonst würden sie ja universell für die komplette Schöpfung zutreffen. Deswegen wurden in dem Artikel die Grenzen geregelt. Namentlich waren es bis 1990 die Bundesländer.« Kurz räusperte sich Sandro Wiesenbach, um gleich darauf wieder Schwung zu holen. »Mit der Wiedervereinigung ergaben sich jedoch einige Probleme. So war noch nicht einmal Westberlin darin aufgeführt. Unsere Hauptstadt war und ist nach wie vor eine besetzte Stadt. Also wurde der Teil unseres Grundgesetzes alternativlos gestrichen. Was bedeutet das jetzt aber?«

»Ich habe absolut keine Ahnung«, gestand Eric ein.

»Ohne einen Geltungsbereich gilt in Deutschland kein Gesetz. Jegliche Verwaltungsvorschrift, jedwedes Gesetz und jede Verordnung ist null und nichtig. Es weiß ja auch niemand, auf welche Gebiete und in welchen Grenzen er es anwenden soll, weil es eben nirgendwo niedergeschrieben steht.«

»Jetzt mal langsam. Der Großteil deiner Argumente wird doch durch den Zwei-plus-Vier-Vertrag ausgehoben oder? Zumindest in Verbindung mit dem Einigungsvertrag wird doch fast alles neu geregelt.«

»Warum gibt es dann noch das Grundgesetz?«, fragte der Landwirt zurück.

»Na, weil es sich doch als recht praktikabel erwiesen hatte, oder etwa nicht? Seit 1949 hat sich die BRD zu einer der führenden Nationen der Welt entwickelt. Es war sogar zeitweise die Rede davon, Deutschland einen ständigen Sitz im UN-Sicherheitsrat zu geben.«

»Hältst du das alles hier für einen Erfolg?«, fragte Sandro mit einer gewissen Schärfe in der Stimme nach.

»Durchaus! Deutschland steht doch ausgesprochen gut da. Die Arbeitslosigkeit ist auf einem sehr niedrigen Stand. Die Wirtschaft brummt und den meisten Menschen geht es eigentlich ziemlich gut.«

»Mal abgesehen davon«, versuchte sein Gesprächspartner, ein neues Argument zu finden, »dass der sogenannte Zwei-plus-Vier-Vertrag grundsätzlich null und nichtig ist.«

»Wieso das denn nun schon wieder?«

»Ganz einfach: Weder die BRD noch die DDR waren am Zweiten Weltkrieg beteiligt. So konnten sie gar keinen abschließenden Friedensvertrag unterschreiben. Deutschland befindet sich außerdem noch immer mit mindestens 47 anderen Nationen im Krieg. Von der UN-Feindstaatenklausel will ich erst gar nicht anfangen. Deswegen ist unser Staat ja auch weiterhin nicht souverän. Wir sind eine GmbH und haben absolut keine Rechte.«

»Nun hör aber mal bitte mit diesem Firmenblödsinn auf«, ereiferte sich Eric. Mittlerweile wurde ihm das Ganze ein bisschen zu bunt. »Eine Gesellschaft mit beschränkter Haftung bezieht sich auf das Handelsgesetzbuch. Besagtes Gesetzbuch hat seine Gültigkeit aber nur durch die bürgerlichen Gesetze und das Grundgesetz der Bundesrepublik. Da beißt die Katze sich in den eigenen Schwanz. Wie kann etwas bei sich selbst eine Firma gründen, wenn die dafür notwendigen Paragrafen angeblich ungültig sind? Vor allem benötigt man dazu den Eintrag ins Handelsregister. Hier sind aber zwingend Gerichte verantwortlich. Allerdings hast du ja gesagt, dass es nach deiner Logik gar keine Beamten und damit keine Gerichte geben dürfte. Deine Argumente widerlegen sich selbst.«

Zwischenzeitlich hatten sich die anderen Männer an dem Tisch zu ihnen beiden umgewandt. Wie es schien, verfolgten sie die Diskussion mit großem Interesse. Eric dachte bei sich, dass sie wahrscheinlich über derartige Themen öfter stritten.

»Bist du einer von denen?«, fragte in dem Augenblick Sandro Wiesenbach argwöhnisch nach.

»Von wem soll ich jemand sein?«

»Na, von denen da? Obwohl du erst meintest, dass du nicht allzu viel Ahnung von der Sache hättest, weißt du plötzlich sehr gut Bescheid über die ganzen Dinge. Das ist irgendwie schon ein wenig seltsam.«

»Wieso seltsam? Ich habe nur sehr genau zugehört. Mehr ist das auch nicht«, versuchte Eric, eine plausible Erklärung zu finden.

Letztlich konnte er nur sehr schwer zugeben, für welche Behörde er in Wahrheit arbeitete. Allein eine Andeutung würde ausreichen, um die Leute misstrauisch zu machen. Vor allem der eigenartige Verschwörungstheoretiker mit seiner Deutschland-GmbH wüsste dann wahrscheinlich gar nicht mehr, wo ihm der Kopf stände.

»Aber wo wir gerade bei dem Thema sind: Mir geht deine Behauptung über die Sklavennamen in Großbuchstaben nicht aus dem Kopf. Mein Lateinunterricht ist zwar schon eine ganze Weile lang her, allerdings bin ich mir ziemlich sicher, dass die alten Römer ausschließlich Großbuchstaben kannten. Kleinbuchstaben sind mehr so eine Erfindung der Moderne.«

»Aber das ist doch …«, rief Sandro Wiesenbach, und das Gesicht des Landwirtes lief langsam rot an.

Eric ließ ihn gar nicht ausreden. »Da fällt mir noch ein Argument ein bezüglich deiner These mit dem Begriff ›deutsch‹ im Personalausweis. Wenn du sehr genau hinsiehst, wirst du feststellen, dass da die Frage nach der Nationalität gestellt wurde. Frage ich dich also, welche Nationalität du hast: Wie lautet deine Antwort?«

Sein Gegenüber hielt sich mit einer Entgegnung zurück. So nutzte Eric die Möglichkeit, um auch die anderen Männer an dem Gespräch teilnehmen zu lassen. Nacheinander blickte er in vier relativ ratlose Gesichter.

»Deutsch vielleicht?«, erbarmte sich schließlich Stefan Sepphein.

»Absolut richtig«, bestätigte Eric. »Und genau aus diesem Grund steht auch deutsch in unserem Ausweis. Eben weil wir deutsch sind. So einfach ist die ganze Geschichte.«

»Das sind doch alles nur alternative Erklärungsmöglichkeiten«, stieß Sandro Wiesenbach zwischen zusammengepressten Lippen hervor. »Meine Erklärungen sind genauso gut denkbar.«

»Wirklich?«, warf Eric dazwischen. »Auch diese Idee, dass wir Personal sind, weil es im Personalausweis so steht? Ich bitte dich. Ich kenne den genauen Wortlaut nicht, bin mir aber sicher, dass, wenn wir den Duden aufschlagen, unter ›Personal‹ garantiert nicht steht: ›Angestellter einer BRD-GmbH‹. Ich glaube, da steht eher so etwas wie: ›betrifft eine Person‹. Zudem geht es um die aufgeführten Personalien. Zugegeben, es ist vielleicht etwas unglücklich formuliert. Da der Ausweis aber schon seit fast siebzig Jahren seinen Namen trägt, ist es doch hinnehmbar. Oder etwa nicht?«

»Das kann aber auch …«

»Abgesehen davon«, fuhr Eric erneut dem Mann ins Wort, »im Englischen heißt es doch …«

Eric brach mitten im Satz ab, da er in dem Moment Marleen die Treppe herunterkommen sah. Vergessen war für ihn in der Sekunde jegliche haltlose Diskussion um den Status der Bundesrepublik. Aus seinem Kopf gestrichen waren die Thesen des Landwirts zu irgendwelchen Verschwörungstheorien. Mehr als alles andere fragte er sich in dem Augenblick, wie es Marleen ging, wie sie sich fühlte und was sie dachte.

Die Unterhaltung an dem Stammtisch hatte ihn von den Gedanken an die Geschehnisse oben auf ihrem Zimmer abgelenkt. In dem Moment strömten jedoch sämtliche Szenen nochmals in seinen Geist. Nahezu bildlich sah er Marleen verführerisch, nackt und perfekt vor sich. Er hatte keine Ahnung, wie er nun mit der Situation umgehen sollte. Ihm fiel noch nicht einmal ein, wie er ihr begegnen sollte.

»Was heißt es im Englischen?«, riss ihn eine Stimme aus den Überlegungen.

Eric hatte jedoch absolut keine Lust, die Frage zu beantworten. Für ihn war die Diskussion vollkommen nebensächlich und erledigt. Stattdessen stand er einfach auf.

Verhalten hob er eine Hand, um in Marleens Richtung zu winken, woraufhin sie auf ihn aufmerksam wurde. Eric war sich nicht sicher, glaubte aber, ein schwaches Lächeln auf ihren Lippen bemerkt zu haben. Allerdings war es in dem Gastraum derart schummrig, dass er es sich auch sehr gut hätte einbilden können. Vielleicht war auch der Wunsch der Vater des Gedankens.

Erleichtert nahm er wahr, wie Marleen ebenso ihre Hand erhob, um ihm verhalten über die Köpfe der Dorfbewohner hinweg zuzuwinken. Das ließ ihn vermuten, dass sie nicht böse auf ihn war.

»Es tut mir leid, meine Herren. Ich muss jetzt erst einmal«, verwies Eric mit einem Nicken in Richtung Marleens.

»Vielleicht können wir uns morgen über das Thema weiter unterhalten«, vernahm Eric noch wie durch Watte die Stimme von Sandro Wiesenbach, während er sich von dem Tisch fortbewegte.

Mit einer einfachen Handbewegung gab er dem Mann zu verstehen, dass er es sich überlegte, bezweifelte aber, dass sie überhaupt noch bis zum nächsten Abend in Kaltenbruch bleiben würden. Wenn es nach ihm gegangen wäre, würde er recht bald wieder zurück in Berlin sein, sich in den eigenen vier Wänden aufhalten, mit seiner eigenen Badewanne und im eigenen Bett.

Allerdings würde Marleen sich dann nicht mehr im Zimmer neben ihm befinden. Der Gedanke daran machte Eric ein wenig traurig. Er wusste nicht, ob sich ihre leidenschaftliche Begegnung nochmals wiederholen ließ. Vielleicht blieb es nur ein einmaliges Ereignis. Er glaubte fast, dass es in Berlin nie geschehen wäre. Dass es einzig an dem außergewöhnlichen Umstand dieses Außentermins lag. Während er darüber nachdachte, kämpfte sich Eric durch die vollbesetzte Gaststube bis zu Marleen vor und begrüßte sie unsicher.

Verwirrt blickte er in ihre wunderschönen Augen.

»Unsere Sachen sind hier«, entgegnete er so neutral wie möglich, nachdem er sich gesammelt hatte. »Stefan Sepphein war so nett, sie uns vorbeizubringen. Außerdem hat er mir noch mitgeteilt, dass das Auto zum Mittag fertig sein dürfte. Wir können morgen also ganz normal weitermachen.«

Für einen Moment blitzten ihre Augen auf. Eric erkannte in ihr die angriffslustige Person, als welche er sie kennengelernt hatte, wieder.

»Ist das alles?«, fragte Marleen ihn.

»Ja, mehr hat er mir nicht gesagt.«

»Das meinte ich nicht.« Marleens Stimme klang schneidend.

Eric verstand nicht, worauf sie hinauswollte. Er hätte angenommen, dass auch sie froh über den Umstand sein müsste, dass ihr wieder frische Klamotten zum Wechseln zur Verfügung standen. Stattdessen giftete sie ihn jedoch an.

»Offensichtlich checkst du es echt nicht, oder?«

»Ich habe absolut keine Ahnung, was du mir sagen willst«, gestand Eric ehrlich ein.

»Nach dem, was zwischen uns vorgefallen ist, ist alles, was du zu sagen hast, dass die Koffer da sind und dass das Auto morgen fertig wird? Ernsthaft?«

»Ja. Nein! Ich meine, ich dachte, das würde dich interessieren.«

»Das tut es auch, ist aber in diesem Moment eher zweitrangig. Egal. Vielleicht habe ich mich in dir doch getäuscht. Wie es scheint, bist du auch nur einer dieser Kerle.«

»Was? Wieso? Nein! Ich meine ...«

»Hör doch auf, so blöd rumzustammeln!«, forderte Marleen ihn auf. »Erzähl mir lieber, wo meine Sachen sind. Ich will endlich ins Bett. Es ist schon ziemlich spät. Wir haben morgen einen sehr langen Tag vor uns.«

Mit einer Geste verwies Eric zu einer Tür neben der Bar, wo er die Sachen nach Stefans Beschreibung vermutete.

»Vielen Dank. Ich wünsche dann noch eine geruhsame Nachtruhe – falls du denn irgendwann in dein Bett kommst. Und noch viel Spaß mit den neuen Kumpels da drüben. Ihr passt alle sehr gut zusammen.«

Energisch drehte sie sich weg und ging in Richtung der Tür. Schon kurze Zeit später hatte die Wirtin die Koffer vor die Bar gestellt. Während Marleen ihre Sachen nahm, sah Eric ihr nur verständnislos zu. Er begriff nicht, was da gerade geschehen war. Nachdem Marleen auf der Treppe verschwunden war, nickte er der Gastwirtin zum Dank zu.

»Setzen Sie bitte eine der Runden auf meine Rechnung. Ich werde die Getränke morgen bei meiner Abreise begleichen.«

»Alles klar. Wollen Sie etwa schon nach oben?«, fragte die Wirtin ihn.

Nickend bejahte er.

Mit der Reisetasche in der Hand stieg er müden Schrittes die Treppe nach oben. Wahrscheinlich ging es längst auf Mitternacht zu. Wie es der Automonteur schaffen wollte, das Auto bis morgen Mittag repariert zu bekommen, war Eric schleierhaft. Es sah auch nicht so aus, als würde sich die Runde allzu schnell auflösen. Die Männer waren bei seinem Abschied in einer wilden Diskussion gefangen. Bestimmt ging es dabei wieder um eine abstruse Theorie. Nach den Erfahrungen der letzten Stunden war er überzeugt, dass das Phänomen Verschwörungstheorie in der Mitte der Gesellschaft angekommen war. Anders ließ es sich zumindest für ihn nicht erklären, auf welche Ideen vermeintlich normale Menschen so alles kamen.

Der Gang zu seinem Zimmer lag einsam und verlassen vor ihm. Erstaunlicherweise hörte er von dort aus kaum etwas von dem Treiben aus dem Erdgeschoss. Das ließ ihn auf eine erholsame Nachtruhe hoffen.

Vor der Zimmertür angekommen, stellte er die Tasche ab. Allerdings konnte er sich nicht dazu durchringen, den Schlüssel ins Schloss zu stecken. Schließlich wusste er hinter seinem Rücken den Zugang zu Marleens Zimmer. Er atmete einmal tief durch und wendete sich um, um einen Schritt später vor ihrer statt vor seiner eigenen Tür zu stehen.

Seine Hand hatte er schon erhoben, um anzuklopfen. Es drängte ihn förmlich danach, das Gespräch mit ihr zu suchen, um die Sache zwischen ihnen beiden klarzustellen. Nach der Begegnung im Gastraum kam er sich vollkommen missverstanden vor. Außerdem fehlte sie ihm jetzt schon. Seine Hand verharrte jedoch in der Luft. Eric schaffte es einfach nicht, sich zu überwinden. Würde in dem Moment die Tür tatsächlich aufgehen, hätte er nicht gewusst, was er zu Marleen sagen sollte. Wahrscheinlich würden nur neuerlich so unsinnige Sachen seinen Mund verlassen wie schon vor ein paar Minuten.

Erschrocken zuckte er zusammen, als plötzlich das Licht im Gang erlosch. Er hatte nicht damit gerechnet, dass das Licht über eine Zeitautomatik gesteuert wurde. Allein in der Dunkelheit mit seinen Gedanken und Zweifeln wusste Eric nicht, was er noch tun sollte. Zaghaft und ohne ein Geräusch zu erzeugen, legte er seine Stirn an die vor ihm liegende Tür.

Jedes seiner Gedankenspiele brachte ihn in eine ausweglosere Situation. Was er auch tun würde, es wäre falsch. Er begriff, dass es in diesem Spiel kein Richtig geben konnte. Marleen war eine Kollegin und wenn man es ganz genau nahm, war sie ihm sogar unterstellt. Egal, wie er es angefangen hätte: Das Ergebnis wäre eine Katastrophe.

Andererseits würde er es auch bereuen, es nicht wenigstens bei ihr versucht zu haben. Marleen war eine ganz besondere Frau. Entsprechend wäre es ein unverzeihlicher Fehler, diese Chance ungenutzt verstreichen zu lassen. Eric stellte sich in dem Moment vor, wie Marleen auf der anderen Seite der Tür stand und ihren Kopf in gleicher Weise gegen das Holz legte. Getrennt

276

von nur ein paar Millimetern Holz bildete er sich ein, ihre Nähe zu spüren. Erneut hob er seine Hand, um anzuklopfen. Wieder stoppte er mitten in der Bewegung ab. Es war falsch – einfach nur unendlich falsch.

Es kostete ihn einige Überwindung, sich neuerlich umzuwenden und den Verstand gewinnen zu lassen. Eigentlich hätte er viel emotionaler handeln sollen. Allerdings hatte ihn seine Rationalität erst bis hierhin gebracht. Sein Leben, seine Erfolge und seine Karriere verdankte er dem Umstand, dass er immer den Kopf über das Herz entscheiden ließ. Diese Rationalität nun über Bord zu werfen, war letztlich auch der falsche Weg, dessen war er sich sicher.

Mittlerweile hatten sich seine Augen an die Dunkelheit gewöhnt. Trotzdem stocherte er halbblind herum, um das Schlüsselloch der eigenen Zimmertür zu finden. Den Gedanken, bis zum Lichtschalter zu laufen, schob er weit von sich. Die Dunkelheit tat ihm in dem Augenblick gut. Licht war das Letzte, was er in der Sekunde benötigte. Das Schloss klickte und die Tür sprang auf.

Müde und emotional erschlagen betrat er sein Zimmer. Nach dem langen und harten Tag freute er sich nur noch auf das große, weiche Bett. Wie er sich kannte, würde er trotzdem noch eine Weile brauchen, um endlich einzuschlafen. In seinen Gedanken würde Marleen sicherlich noch weiter herumspuken.

Beim Schließen der Tür bekam er gar nicht mit, wie sich auf der gegenüberliegenden Seite des Flurs ein Lichtspalt öffnete. Für einige Sekunden stand Marleens Zimmer offen, schloss sich dann aber nach einigen Momenten auch wieder. Zurück blieb ein dunkler, leerer Flur in einer abgelegenen Gaststätte tief im sächsischen Erzgebirge.

Freitag

Munter und frisch geduscht schritt Eric die Treppe in das Erdgeschoss hinab. Er hatte es auch am Morgen tunlichst vermieden, an Marleens Tür zu klopfen. Noch immer wusste er schlichtweg nicht, wie er nach dieser Nacht mit ihr umgehen sollte. Ihre Reaktion hatte ihn vollkommen aus der Bahn geworfen. Letztendlich hatte er beschlossen, auf den ersten Schritt von Marleen zu warten und stattdessen besser nicht auf sie zuzugehen. Es würde einzig ihre Entscheidung sein, wie es zwischen ihnen weitergehen mochte.

Nach einer erholsamen Nacht im Hotel fühlte Eric sich seit Tagen zum ersten Mal wieder halbwegs auf dem Damm. Die letzte Zeit über hatte er ein gehöriges Schlafdefizit vor sich hergeschoben.

»Guten Morgen«, rief er enthusiastisch, als er den leeren Gastraum betrat.

Wie von ihm erwartet, antwortete ihm keine Menschenseele. Dies bestätigte seine Annahme, dass sie die einzigen Gäste in der Grünen Tanne waren. Alle Menschen, die in der letzten Nacht dort zusammengesessen hatten, waren mit Sicherheit Einwohner von Kaltenbruch. Dass er zudem gerade jetzt Marleen hier unten treffen würde, hielt er für eher unwahrscheinlich. Sie hatten sich gestern Nacht nicht abgesprochen, wann sie jeweils zu frühstücken vorhatten.

Es war gerade fünfzehn Minuten vor zehn, kurz bevor das Frühstücksbuffet laut Information auf dem Zimmer endete. Einer der Tische war für das Essen eingedeckt. Auf den ersten Blick stellte er fest, dass nur noch ein Besteck unbenutzt dalag. Daraus schloss Eric, dass Marleen bereits hier unten gewesen war. Dadurch erhielt er wenigstens die Chance, ein paar ruhige Minuten mit sich und dem Frühstück zu verbringen. Er würde sich ohnehin früh genug mit dem ganzen Thema auseinandersetzen müssen.

»Hallo! Ist jemand da?«

Kein Mensch antwortete ihm. Irritiert sah Eric sich um, ob es hier eventuell eine Selbstbedienung gab. Leider entdeckte er weder ein Buffet noch Kaffee. Gerade diesen hätte er in dem Moment am nötigsten gebraucht. Recht ratlos stand er vor dem langen Tresen herum. Vielleicht sollte er in die Küche gehen, um nach seinem Essen zu fragen, ging es ihm durch den Kopf. Allerdings hielt er dies für reichlich frech und beschloss, dem Personal wenigstens fünf Minuten Zeit zu gewähren, um zu erscheinen.

In der Sekunde entdeckte er eine offene Tür hinter der Bar. Tageslicht war durch den schmalen Schlitz auszumachen. Zugleich bemerkte er Bewegungen dahinter. Eric vermutete, dass sich da wohl so eine Art Büro oder Lager befinden musste. Hin- und hergerissen fragte er sich, ob er anklopfen sollte. Sein Verlangen nach Kaffee, das schon beinahe einer Sucht glich, gewann letztlich die Oberhand. Kurz darauf befand er sich bereits hinter dem Tresenbereich.

»Hallo?«, rief er neuerlich, diesmal jedoch ein wenig zaghafter, weil er sich hinter der Theke wie ein Eindringling vorkam.

Noch immer reagierte niemand auf seine Anwesenheit. Trotzdem war er sich sicher, dass sich jemand hinter der Tür befinden musste. Zumindest anklopfen konnte er, machte Eric sich selbst Mut.

Obwohl er nur leicht dagegen geklopft hatte, schwang die Tür lautlos auf. Dahinter entdeckte er vollgestopfte Regale, Stapel von Zetteln und Unmengen von Aktenordnern. In einer Ecke sah er Andrea. Bis jetzt hatte er noch nicht den Nachnamen der Wirtin erfahren. Jeder im Ort sprach sie immer nur mit ihrem Vornamen an.

»Ähm, hallo! Entschuldigung«, machte er auf sich aufmerksam.

»Ja, bitte?«, antwortete sie und schaute ihn aus müden Augen an.

»Tut mir leid, dass ich Sie störe. Ich wollte Ihnen auch nicht zu nahe treten, weil ich hier plötzlich in Ihrem Büro stehe.«

»Ha'h, ist okay. Was kann ich für Sie denn tun?«

»Wenn es keine Umstände macht, würde ich jetzt ganz gern frühstücken«, teilte ihr Eric mit. Er hatte extra versucht, nicht zu fordernd zu klingen. Für ihn sah die Frau vollkommen überarbeitet aus. »Ist alles in Ordnung mit Ihnen? Sie sehen ein bisschen angeschlagen aus.«

»Es ist alles bestens. Ich habe nur noch nicht geschlafen. Ich versuche seit Stunden, diesen vermaledeiten Brief zu Ende zu schreiben. Das hat jetzt schon die halbe Nacht über gedauert. Ich bekomme es einfach nicht hin.«

»Oh, alles klar. Ähm, ich wollte Sie auch nicht stören. Aber … wie ist das eigentlich mit dem Frühstück?«

»Das bringe ich Ihnen gleich. Kaffee oder Tee, hart oder weich und reicht Ihnen ein Teller mit Aufschnitt?«

»Kaffee, bitte. Groß, stark und schwarz. Dazu würde ich mich über ein Zehn-Minuten-Ei freuen. Wenn es zu dem Aufschnitt noch Käse geben würde, reicht mir das vollkommen aus. Vielen Dank.«

Eine Entgegnung wartete Eric erst gar nicht ab. Stattdessen ging er wieder in den Gastraum an den gedeckten Tisch. Während er dort wartete, vernahm er Andreas Schritte, die sich in die Küche bewegte, um das gewünschte Essen zusammenzustellen.

Zu seiner Freude entdeckte er einen Zeitungsständer mit etlichen Ausgaben bekannter Wochenzeitschriften. Die meisten der Exemplare kannte er zwar bereits, hatte jedoch zumeist nur die Leitartikel gelesen. Deswegen fand er schon nach kurzer Zeit Reportagen, die ihn halbwegs interessierten.

Er hatte gerade einmal eine Handvoll Seiten durchgearbeitet, als Andrea bereits zurückkehrte. Brötchen, Toast sowie ein großer Teller voller Wurst- und Käseaufschnitt ließen ihm das Wasser im Mund zusammenlaufen. Aus der Küche strömte ihm zudem schon der verführerische Geruch von frisch aufgebrühtem Kaffee entgegen. Die Grüne Tanne wurde ihm immer sympathischer.

280

Auch seinen Eindruck von der Wirtsfrau hatte er mittlerweile revidiert. Natürlich hatte sie ihre Ecken und Kanten. Allerdings unternahm sie mehr, als er es aus anderen Unterkünften gewohnt war. Vor allem in Anbetracht der Tatsache, dass Marleen und er die einzigen Gäste in dem Haus zu sein schienen, empfand er den Service beachtenswert. In einer anderen Unterkunft hätten sie wahrscheinlich nur irgendwelche Sachen von den Vortagen vorgesetzt bekommen.

Nach den ersten Bissen und einer weiteren Lektüre erschien Andrea erneut mit einem Tablett. Der herbe Geruch von starkem Kaffee schwebte der Wirtin voraus. Allein schon die Vorstellung von Kaffee ließ Erics Lebensgeister erwecken.

»Ihr Kaffee und Ihr Ei«, sagte die Frau und stellte beides auf dem Tisch ab.

Eric nahm sogleich die Tasse in die Hand, um zaghaft von dem schwarzen Gold zu nippen, als er bemerkte, dass die Wirtsfrau noch immer neben ihm stand. Kurz überlegte er, ob sie vielleicht ein Trinkgeld vom ihm erwartete. Allerdings kam ihm das schon recht seltsam vor.

»Vielen Dank«, sagte Eric und lächelte sie an.

Sie erwiderte seine Geste jedoch nicht. Stattdessen blickte Andrea ihm in die Augen. Eric sah ihr an, dass es ihr tatsächlich nicht sonderlich gut zu gehen schien. Er meinte sogar, den Anflug von Tränen in ihren Augen zu erkennen.

»Ähm, kann ich etwas für Sie tun?«, fragte Eric nach, weil er das Gefühl hatte, dass sie etwas von ihm verlangte.

»Also, eigentlich … im Prinzip – irgendwie schon«, stammelte die Frau mehr, als dass sie ihm antwortete.

Zugleich nahm sie ungefragt an seinem Tisch Platz. Die Hände auf dem Tischtuch gefaltet, knetete sie ihre eigenen Fingerknöchel. Diese stachen mittlerweile schon weiß heraus.

»Kein Problem, ich bin ganz Ohr.«

281

Obwohl er Hunger hatte, legte er die Hälfte des belegten Brötchens aus der Hand.

»Ich habe ja mitbekommen, dass Sie aus Berlin sind.«

»Das stimmt.«

»Und außerdem, dass Sie irgendwie für die Regierung arbeiten.«

»Das ist ebenso richtig«, bestätigte Eric.

»Es geht mir um Folgendes: Mein Sohn ist dieses Jahr eingeschult worden. Eigentlich ist alles in Ordnung. Der Unterricht macht ihm auch Spaß. Jedoch beginnt die Schule damit, mich zu nerven.«

»Okay.« Eric dehnte das Wort in die Länge. Noch wusste er nicht, worauf das alles hinauslaufen sollte.

»Also, um es kurz zu machen: Ich habe die komplette Nacht an einem Brief gesessen, den ich der Bundeskanzlerin schreiben will. Ich brauche ganz dringend Hilfe. Ich bekomme es einfach nicht hin, meine Gedanken zu Papier zu bringen. Vielleicht können Sie mir ja beistehen. Im besten Fall können Sie ja gleich mein Problem bei den richtigen Leuten schildern.«

»Sie meinen bei der Kanzlerin? Ob ich Ihre Anfrage direkt zu unserer Regierungschefin mitnehmen könnte?«, fragte er zweifelnd nach.

»Eigentlich schon, ja, so etwas in der Art habe ich mir vorgestellt. Aber nur, wenn das Ihnen keine sonderlichen Umstände bereitet. Es würde mir jedoch unglaublich helfen.«

»Tut mir leid. Das ist auch für mich nicht so einfach möglich, wie Sie vielleicht denken. In Berlin arbeiten Zehntausende für die Regierung und die Ministerien. Nur eine Handvoll dieser Menschen hat einen direkten Zugang zur Kanzlerin. Ich selbst habe sie auch nur ein paar Mal aus einiger Entfernung gesehen.«

»Und einen Brief?«, fragte Andrea schon leicht enttäuscht nach.

»Den könnte ich schon mitnehmen. Allerdings würde ich ihn auch nur in der Poststelle abgeben. Es würde also kaum einen Unterschied bedeuten. Die letzten Meter würde er auf den gleichen Wegen zurücklegen. Ich hätte außerdem keine Möglichkeit, Ihre Eingabe irgendwie zu beeinflussen oder zu beschleunigen.«

»Oh, schade. Ich hatte gehofft, dass Sie …«, brach Andrea in ihrer Erwiderung ab und stand auf, um sich enttäuscht und frustriert abzuwenden. Offensichtlich hatte sie sich wesentlich mehr von dem Gespräch erhofft.

»Vielleicht kann ich Ihnen ja bei dem Brief helfen«, zeigte Eric sich hilfsbereit. »Zumindest darin bin ich einigermaßen gut.«

Irgendwie hatte er Mitleid mit der Frau, die die ganze Nacht lang wachgehalten wurde. Nach der durchaus zuvorkommenden Art bei der Frühstückszubereitung fühlte er sich verpflichtet, ihr hilfreich zur Seite zu stehen.

Mit einem hoffnungsvollen Aufblitzen in den Augen wendete sich die Wirtin ihm daraufhin zu.

»Würden Sie das wirklich machen? Das wäre richtig nett von Ihnen. Sie müssen verstehen, ich komme einfach nicht weiter mit dem ganzen Thema. Außerdem belastet es mich dermaßen.«

»Dann verraten Sie mir doch bitte zuerst, worum es grundsätzlich geht.« Mit einem breiten Lächeln versuchte Eric, sie aufzumuntern.

»Also, wie schon gesagt, mein Großer ist gerade in die Schule gekommen. Allerdings darf er an den meisten schulischen Aktivitäten nicht teilnehmen. Weder ist es ihm erlaubt, zu den Schulfesten zu gehen, noch darf er mit ins Landheim fahren oder beim Sportfest anwesend sein. Bis auf den Unterricht ist alles für meinen kleinen Engel verboten.«

»Ernsthaft? Wieso das?«, entfuhr es Eric.

»Ja. Und der Kleine leidet richtiggehend darunter. Er versteht nicht, warum all seine Freunde und Kammeraden dabei sein dürfen, aber er nicht. Manchmal liegt er deswegen sogar weinend im Bettchen. Das bricht mir jedes Mal das Herz.«

»Das kann ich absolut verstehen«, zeigte Eric Verständnis.

Auch er hielt so etwas für schrecklich. Gerade bei einem Jungen von sieben oder acht Jahren konnte sich so eine Sache nachteilig auf die Entwicklung auswirken. Er selbst hätte nicht gewusst, wie es ihm dabei in dem Alter gegangen wäre.

»Genau, deswegen will ich auch die Bundeskanzlerin anschreiben, ob sie mir nicht vielleicht helfen könnte. Es ist so furchtbar ungerecht.«

»Aber worum geht es denn nun konkret?«

»Na, um meinen Großen, das sagte ich doch bereits.«

»Ja, schon. Die Schule verweigert Ihrem Sohn die Teilnahme an verschiedenen Veranstaltungen. Das habe ich verstanden. Dagegen muss man auch unbedingt etwas unternehmen. Was ich aber erfahren möchte: Wieso macht die Schule so was? Und wieso denken Sie, dass die Bundeskanzlerin daran etwas ändern könnte?«

»Ja, also, das ist … das hat etwas mit meiner Einstellung zu tun«, druckste die Wirtin herum.

Hier wurde Eric unvermittelt hellhörig. So ungerecht er es fand, dass ein kleiner Junge von Veranstaltungen ausgeschlossen wurde, so sehr ahnte er den Grund. Besonders die Art, wie Andrea versuchte, das tatsächliche Thema zu vermeiden, war merkwürdig.

»Jetzt sagen Sie schon, weshalb die Schule so entschieden hat. Ohne Anlass wird sie Ihren Sohn wohl kaum so behandeln. Das kann ich mir nicht vorstellen. Zumindest habe ich noch nie von so einem Fall gehört.«

»Ja, aber die Schule macht es doch«, stellte die Gastwirtin einmal mehr fest.

»Das ist klar. Ich würde aber gern den Grund erfahren, warum die Schule das beschließt. Anders kann ich Ihnen nicht helfen. Verstehen Sie das nicht? Ich benötige wenigstens die Begründung der Lehrer oder der Schulleitung«, forderte Eric die Frau auf, mit der Sprache herauszurücken.

»Es ist …, weil … Paule ist nicht geimpft.«

»Und das ist alles?« Eric war erstaunt über das eher simple Problem. »Die Schule verweigert also die Teilnahme an den Aktivitäten, weil Ihr Sohn über keinerlei wirksame Impfungen verfügt? Sie meinen so etwas wie Polio, Diphtherie und Tetanus?«

»Ja, ganz genau solche Sachen. Und eben auch andere Dinge, gegen die Kinder sonst so geimpft werden. Zum Beispiel Masern, Mumps und Röteln.«

»Dann impfen Sie doch Ihr Kind. Damit sollte das Problem aus der Welt sein, wenn es denn wahrhaft nur daran liegt«, schlug Eric vor.

»Als ob es so einfach wäre! Und ja, es geht wirklich nur darum, dass er nicht geimpft ist. Allerdings habe ich nicht vor, mein Kind krank zu machen. Es ist ein so guter, großer und gesunder Junge. Das will ich doch jetzt nicht aufs Spiel setzen. Deswegen soll mir die Kanzlerin auch helfen. Es ist so ungerecht.«

Kurz stutzte Eric über die Worte, die er gehört hatte, und überschlug noch einmal die Sätze in seinem Kopf. Er hatte das Gefühl, dass ihm etwas Wichtiges entgangen sei.

»Wie meinen Sie das: Sie wollen ihn nicht impfen lassen?«

»Na, genau darum geht es eben. Ich will nicht, dass mein Junge krank wird. Deswegen habe ich dafür gesorgt, dass ihn die Ärzte nicht vergiften können. Das hält mir die Schulbehörde jedoch vor.«

»Sollte nicht jeder geimpft sein?«, warf Eric ein, weil er von dem Thema keine Ahnung hatte.

»Nein, nicht unbedingt. Es besteht in Deutschland keine Impfpflicht. Das war vielleicht früher in der DDR so. Zum Glück hat sich das geändert. Gerade aber weil wir damals dazu gezwungen wurden, will ich das meinem Jungen ersparen.«

»Ähm, sorry, dass ich noch einmal nachhake. Was wollen Sie ihm denn genau ›ersparen‹?«

»Na, das ganze Risiko. Die unglaublich vielen Nebenwirkungen. Und vor allem will ich ihm die weiteren Erkrankungen ersparen. Ich will nicht, dass mein Kleiner so leiden muss wie andere Kinder.«

»Jetzt bringen Sie mich aber vollends durcheinander. Ich dachte, es geht hier ums Impfen. Ist es nicht die Aufgabe der Impfung, vor Krankheiten zu schützen?«, fragte Eric irritiert nach.

»Das wollen die uns da oben einreden. In Wahrheit geht es nur um unser Geld. Außerdem ist es doch gar nicht erwiesen, dass es die Erkrankungen überhaupt gibt.«

»Nein? Etwa nicht? Jetzt verstehe ich nur noch Bahnhof«, gestand er ein.

Noch wusste er nicht, ob die Frau genauso verrückt war wie die anderen Menschen in dem Dorf. Nach dem, was er bereits gesehen hatte, war diese Vorstellung für ihn jedenfalls nicht abwegig. Andererseits konnte er sich zumindest die Story weiter anhören. Die Verzweiflung der Wirtin war jedenfalls nicht gespielt.

»Nehmen wir doch nur mal als Beispiel die Masern.«

»Ja, die Krankheit ist mir bekannt. Ich bin auch dagegen geimpft.«

»Die gibt es aber gar nicht«, sprach Andrea aus dem Brustton der Überzeugung. »Kein Mensch hat das Virus bisher zu Gesicht bekommen. Es existiert kein mikroskopisches Bild oder sonst irgendeine Aufzeichnung. Selbst das Bundesverfassungsgericht hat schon festgestellt, dass das Masern-Virus gar nicht existent ist. Trotzdem wird noch immer dagegen geimpft. Das ist doch totaler Wahnsinn.«

»Also, ich weiß ja nicht«, warf er ein. »Ich wüsste nicht, warum sich das Bundesverfassungsgericht mit einem Virus beschäftigen sollte. Es ist nicht die Aufgabe von Gerichten, Krankheiten zu diagnostizieren. Das ergibt für mich überhaupt gar keinen Sinn.«

»Eben, das sage ich die ganze Zeit. Stattdessen verdienen die Pharmafirmen Unsummen mit unserer Dummheit. Ständig werden neue Krankheiten erfunden, wogegen sich die Leute impfen lassen sollen. Die Kosten für die Krankenkassen gehen dabei in die Milliarden. Letzten Endes bezahlen wir es aber alle mit unseren Abgaben.«

»Sie müssen aber zugeben, dass das Impfen Erkrankungen besiegt hat. Denken Sie nur an Polio. Früher war das ein unglaublich heimtückisches Leiden. Dank einer weltweiten Impfkampagne wurde die Krankheit irgendwann in den Siebzigern ausgerottet. Für mich ist das etwas sehr Positives.«

»Ach, dann frage ich Sie, warum noch immer dieses Polio-Gift in die Körper unschuldiger Kinder gepumpt wird, wenn die Krankheit angeblich eliminiert sein soll. Nein, mich können die nicht belügen. Es geht denen doch nur ums Geld. Wir Menschen sind dem pharmazeutisch-industriellen Komplex da oben vollkommen egal.«

»Also, jetzt noch mal für mich zum Mitschreiben. Weil Sie sich widersetzen, Ihren Jüngsten impfen zu lassen, verweigert die Schulbehörde dem Kind bei Veranstaltungen die Teilnahme. Ist das soweit richtig?«

»Ha'h! Absolut!«

»Hat das Schulamt eine Begründung dafür geliefert?«

»Natürlich«, bekräftigte Andrea mit fester Stimme. »Nach Aussage des Amtes geht es um den Schutz der Kinder. Dabei ist es ja gerade das, was ich mache. Ich beschütze meinen Engel vor dem Gift der Pharmariesen. Noch kein Kind, das ich kenne, ist an den Viren und Bakterien erkrankt, die es angeblich geben soll. Ich verstehe nicht, wie die darauf kommen, dass mein Junge so eine Krankheit verbreiten könnte.«

»Es liegt vielleicht daran, dass die anderen Kinder ebenso geimpft werden«, führte Eric eine Erklärung an.

»Wie meinen Sie das?«

»Na ja, wenn alle immunisiert sind, hat auch die ungeimpfte Person einen gewissen Schutz. Weil sie sich ja bei niemandem anstecken kann. Sollte jedoch nur die Hälfte der Kinder über eine Immunität verfügen, besteht durchaus die Möglichkeit, dass die Krankheit ausbrechen könnte.«

Daraufhin schwieg die Wirtin für einige Momente.

»Aber es gibt doch auch Ärzte, die vom Impfen abraten«, warf sie plötzlich ein. »Ich denke mir so etwas nicht aus. Ich habe mich deswegen sehr genau informiert. Das Internet ist voll von Seiten, die einem Tipps dazu geben. Da existieren tausende Videos, die sich mit dem Thema auseinandersetzen.«

»Na, das sind ja nun wirklich kaum verlässliche Quellen«, brachte Eric sein Missfallen darüber zum Ausdruck.

»Zumindest bessere als die Propaganda des medizinisch-pharmazeutischen Komplexes. Die stecken doch alle unter einer Decke. Ich habe von Sachen gehört und Beweise gesehen. Glauben Sie mir. Die da oben haben ganz üble Dinge mit uns vor.«

»Darf ich fragen, was die Regierung denn vorhat?«

»Die meisten von den modernen Krankheiten, unter denen so viele arme Menschen leiden müssen, sind erst durch die Impfungen entstanden. AIDS, Krebs, Corona, SARS und BSE sind nur die krassesten Beispiele. Hier geht es doch auch um die Krankenhäuser und Pillenfabriken. Wissen Sie eigentlich, wie viel Geld man mit einer Krebsbehandlung verdienen kann? Millionen! Und das nur mit einem einzigen Kranken.«

Cui bono, dachte sich Eric. Allerdings existierte hier augenscheinlich ein Nutznießer. War deswegen diese absurde Verschwörungstheorie realer als eine andere, ging es ihm durch den Kopf. Bestand tatsächlich die Möglichkeit, dass die Pharmafirmen verschiedene Krankheiten nur erfunden hatten, um den Krankenkassen das Geld aus der Tasche zu ziehen?

»Und Schwule.«

»Homosexuelle? Was ist mit denen?«, fragte er aus seinen Gedanken gerissen nach.

»Das Schwulsein wird den Leuten doch ebenso eingeimpft. Denken Sie vielleicht, normale Männer werden von sich aus so? Ich habe ja nix gegen diese Typen. Allerdings können Sie mir nicht erzählen, dass jetzt plötzlich jeder erkennt, dass er doch lieber schwul sein möchte. Nein, das wird genauso durch Impfungen verbreitet.«

»Wie um alles in der Welt kommen Sie nur darauf?«, zeigte er sich erschüttert.

Für derart homophobe Menschen hegte Eric nicht die geringste Sympathie. Ihr Kind tat ihm nach wie vor leid. Allerdings jetzt eher wegen seiner Mutter. Sicherlich wurde der Junge wegen seiner Außenseiterposition in der Schule gehänselt.

»Es ist die Pflicht einer Mutter, ihr Kind zu schützen. Ich kenne so viele Fälle aus dem Internet. Nach Impfungen sind schon die allerschlimmsten Nebenwirkungen aufgetreten. Kinder wurden plötzlich Autisten. Bei anderen schwoll der Hals an und sie bekamen Atemprobleme. Ich habe eine Bekannte, deren Tochter wurde nach der Impfung asthmakrank. Ich könnte noch ewig so weiter machen.«

»Dass viele Krankheiten zurückgegangen sind, können Sie jetzt aber nicht leugnen«, versuchte Eric dagegenzuhalten.

»Selbst wenn das so ist – was ich im Übrigen wegen der Masern-Lüge bezweifle –, heißt das noch lange nicht, dass ich mein Kind dieser Gefahr aussetzen möchte. Die meisten der Erkrankungen, gegen die heutzutage noch geimpft wird, treten in Deutschland gar nicht mehr auf.«

Eric wollte widersprechen, aber die Wirtin ließ ihn gar nicht zu Wort kommen.

»Außerdem sind Impfungen generell überflüssig«, sagte sie. »Fast alle Krankheiten können mit Antibiotika behandelt werden. Die Nebenwirkungen davon sind wesentlich geringer. Selbst wenn man diesen ganzen Hokuspokus glauben mag, spricht allein diese Tatsache gegen die Verwendung von so einem Giftcocktail.«

Eric musste sich räuspern und griff sich mit einer Hand an den Kopf. Es war eine vollkommen unbewusste Geste. Erst hinterher fiel ihm auf, dass er dabei auch seinen Kopf geschüttelt hatte. Zu seinem Leidwesen war zudem sein Kaffee langsam kalt geworden. Eigentlich hatte er sich auf das Frühstück gefreut. Allerdings war ihm durch die verstörende Plauderei sämtlicher Appetit vergangen. Lustlos blickte er auf sein halb aufgegessenes Brötchen auf dem Teller.

»Außerdem hat der Rückgang der Erkrankungen mit verbesserter Hygiene und Ernährung zu tun und absolut nichts mit dem Impfen. Die Menschen sind gesünder, weil sie eben gesundheitsbewusster leben. So einfach ist das.«

»Okay, alles klar. Ich glaube, ich habe Sie verstanden«, versuchte Eric, das Thema zu beenden.

»Können Sie mir nun helfen?«, kam Andrea auf die ursprüngliche Frage zurück.

Wie sehr wünschte er sich in dieser Situation vergeblich Marleen herbei. »Sie haben mir doch gerade ganz viele Punkte erläutert«, suchte Eric nach den richtigen Worten. »Schreiben Sie sie einfach genauso auf. Sie haben sich ja anscheinend sehr intensiv mit der Materie beschäftigt. Nutzen Sie Ihr Wissen, das Sie angesammelt haben.«

»Meinen Sie wirklich?«, fragte die Wirtin zweifelnd nach.

»Natürlich! Wie lange haben wir uns jetzt unterhalten? Eine halbe Stunde? Ich meine, Sie verfügen über jede Menge Argumente. Also argumentieren Sie!«

Gleichzeitig hob Eric seine Tasse, um zu signalisieren, dass er sehr gern weiter frühstücken wollte. Genau genommen hatte er noch nicht einmal richtig damit angefangen. Auf der einen Seite schämte er sich für die Aussage. Es fühlte sich falsch an, die Frau abzuwimmeln. Andererseits hätte er sonst nur den Missionar und Aufklärer spielen müssen. Mit ein wenig Nachdenken hätte er mit Sicherheit tausend Erklärungen gefunden, die gegen die Thesen der Frau sprachen.

Zum einen war Eric sich sicher, dass sie Bakterien und Viren durcheinanderbrachte. Ein Antibiotikum half bekanntlich gegen Bakterien, aber nicht gegen Viren. Oftmals war eine Impfung der einzig existente Schutz gegen eine virale Erkrankung. Er war zudem davon überzeugt, dass fast alle ihre Argumente aus dem Internet stammten. Kein normaler Arzt würde derartige Sachen behaupten.

»Ähm, ist vielleicht noch etwas warmer Kaffee übrig?«, fragte er vorsichtig an, in der Hoffnung, dass die Frau nicht nur eine Tasse aufgebrüht hatte.

Während Andrea in Richtung Küche verschwand, sah er ihr stirnrunzelnd hinterher. Dass die Pharmaindustrie auf Umsatzsteigerung und Gewinnmaximierung aus war, stellte kein Geheimnis da. Natürlich war das alles ein milliardenschwerer Markt. Allerdings den Medizinern zu unterstellen, sie würden Krankheiten verbreiten, um diese dann wieder zu behandeln, war seiner Meinung nach schon ziemlich starker Tobak.

Am schlimmsten fand er die These, dass Impfungen das Schwulsein unter die Leute bringen würde. Allein dieser Gedanke war dermaßen absurd, dass er es kaum in Worte fassen konnte. Eric bezweifelte, dass sich überhaupt irgendwer hier jemals geoutet hatte. Wenn Menschen am wenigsten mit einer Sache in Berührung kamen, schwelte am meisten das Misstrauen dagegen und die Vorurteile. Dies hieß aber nicht, so einen Missstand widerstandslos zu akzeptieren.

»Hier, ich habe Ihnen eine neue Tasse gebracht. Wenn Sie sonst nichts benötigen, würde ich gern wieder in mein Büro zurückkehren«, riss die Wirtin ihn aus seinen Gedanken.

»Danke. Nein, ist okay. Gehen Sie ruhig.«

»Es tut mir leid, dass ich Sie mit meinen Problemen behelligt habe. Das alles belastet und beschäftigt mich gerade nur so sehr. Wenn es nur um mich gehen würde, wäre es mir egal. Allerdings muss mein kleiner Engel so darunter leiden. Ich hoffe, die Bundeskanzlerin liest meinen Brief und unternimmt etwas dagegen.«

Mit diesen Worten verschwand die Frau wieder hinter der Theke. Eric machte sich Gedanken über das Gehörte. So wie er Kaltenbruch bisher kennengelernt hatte, bezweifelte er, dass hier überhaupt irgendwer Sympathien für die Kanzlerin hegte. Er glaubte, dass generell die meisten Dorfbewohner negativ auf die Regierung zu sprechen waren. Umso erstaunlicher fand er die Hoffnung der Frau auf Hilfe aus Berlin.

Appetitlos zwang Eric sich dazu, das restliche Brötchen aufzuessen. Er wusste nicht, wann und ob er die nächste Mahlzeit zu sich nehmen würde. Noch war der Tag relativ jung.

Zumindest genoss er den Kaffee, den ihm die Wirtin gebracht hatte. Als er gerade die Tasse ansetzte, kam Marleen zur Eingangstür herein. Wie von ihm vermutet, hatte sie die Grüne Tanne zu einem früheren Zeitpunkt bereits verlassen. Unschlüssig blieb Marleen im Eingangsbereich stehen, als würde sie etwas am Tresen suchen. Ihn hatte sie dabei bisher nicht beachtet. So hatte er keine andere Wahl, als auf sich aufmerksam zu machen.

»Guten Morgen, Marleen.«

»Morgen ist gut. Es ist schon beinahe Mittag«, erwiderte sie in ihrer unnachahmlichen Art.

»Danke, das wünsche ich dir auch«, stichelte Eric deswegen hinterher.

Stirnrunzelnd sah Marleen ihn daraufhin eine Weile lang an, als würde sie überlegen, wie sie mit ihm umgehen sollte.

»Ich war schon in der Werkstatt. Das Ersatzteil wurde schneller geliefert als gedacht. Unser Auto ist bereits repariert. Eigentlich können wir gleich aufbrechen. Vom Warten wird unser Auftrag auch nicht fertig. Wie lange brauchen Sie denn noch?«

Eric schluckte schwer. Er fragte sich, was Marleen damit bezweckte, nun wieder zum Siezen überzugehen. Letztlich hatte sie gestern angefangen, auf die höfliche Umgangsform zu verzichten. Sie hatte zudem begonnen, sich an ihn zu schmiegen. Und sie war es gewesen, die ihn in ihr Zimmer gezogen hatte. Nun tat sie so, als wäre nichts davon geschehen.

»Das ist schön zu hören. Hat Herr Sepphein also alle größeren Problemchen beheben können?«, ignorierte er ihre zuvor getätigte Aussage.

»Natürlich. Sonst wäre ich ja wohl kaum hier.«

Erneut diese schnippische Art von ihr. Es erschien, als wäre alles wieder so wie am Anfang. Dabei wusste er noch nicht einmal, was er falsch gemacht hatte. Manchmal, gestand Eric sich ein, verstand er Frauen in keiner Weise. Allerdings war dies in dem Moment vollkommen egal. Sie waren wegen eines Auftrags nach Kaltenbruch gekommen. Alles Zwischenmenschliche konnte er allemal später in Berlin klären.

»Sehr gut, dann können wir ja endlich loslegen«, brachte auch er Subtext in seinem Satz unter. »Sind Sie soweit fertig?«

Dieses Spiel konnten immer noch zwei spielen. Wie von ihm bezweckt sah Marleen ihn mit starrem Blick an. Offensichtlich wusste sie auch nicht, wie sie mit der Situation richtig umzugehen sollte. Es befanden sich jede Menge ungesagter Dinge zwischen ihnen.

293

»Ich muss nur noch meine Sachen holen. Wenn Sie dann soweit sind«, teilte Marleen ihm mit.

»Ich benötige nicht mehr als fünf Minuten. Sie können ja schon das Auschecken vorbereiten. Die Zusatzkosten auf mein Zimmer würde ich allerdings in bar begleichen. Es müssten ein paar Bier und einige Schnäpse sein. Ich glaube, so etwas macht sich schlecht auf dem Geschäftskonto.«

»Alles klar, ich warte hier auf Sie.«

Eric trat daraufhin auf Marleen zu. »Und bitte versuchen Sie, diesmal nett zu der Gastwirtin zu sein. Sie hatte eine lange Nacht und einen harten Morgen. Ich bezweifle, dass die Frau Ihre unnachahmliche Art gerade verkraften kann.«

Eric wartete gar nicht erst Marleens entrüstete Antwort ab. Stattdessen lief er schnurstracks zur Treppe hin. Er meinte, ihren Mund zuklappen zu hören. Davon abgesehen galt es für ihn, ein ganz anderes Problem zu lösen. Tatsächlich hatte er noch gar nichts gepackt. All seine Sachen lagen kreuz und quer im Zimmer verteilt herum.

Entsprechend beeilte er sich, alles zusammenzusuchen. Er wollte nicht länger als unbedingt nötig in Kaltenbruch bleiben. Noch war es früh am Tag und die ersehnte Rückfahrt in greifbarer Nähe. Jetzt durfte nur der Termin nicht lange dauern.

Keine zehn Minuten später stand er unten vor dem Tresen. Mit einem lauten Rufen machte er auf sich aufmerksam. Schon Sekunden danach tauchte Andrea auf.

»Ah, Sie wollen auch auschecken?«

Eric nickte.

»Einen Moment bitte, ich mach schnell alles fertig.«

»Haben Sie Ihren Brief schreiben können?«, fragte Eric, um nicht nur schweigend daneben zu stehen.

»Das ging zum Ende hin sogar relativ leicht. Ich habe einfach alles niedergeschrieben, worüber wir geredet haben. Ich hoffe, das reicht und hilft auch.«

»Ganz bestimmt«, machte Eric der Frau Hoffnungen.

Allerdings war er sich darin nicht sicher. Seiner Meinung nach war das Schulamt vollkommen im Recht. Da half auch ein Brief an die Kanzlerin, den Papst oder sonst irgendwen nichts. Er hatte jedoch nicht vor, ihr das direkt ins Gesicht zu sagen. Letztlich war das nicht seine Baustelle. Das konnten sehr gern andere für ihn übernehmen.

»Ich würde gern noch bezahlen«, wies er die Wirtin darauf hin, dass sie noch Geld von ihm bekam.

In ihr Gesicht schlich sich ein grüblerischer Ausdruck. Kurz sah sie nach unten, um ihre Unterlagen zu kontrollieren.

»Ähm, hier ist nichts offen«, entgegnete sie irritiert.

»Ich hatte aber am Abend ein paar Bier und einige Schnäpse. Ich weiß nicht, ob Sie sich daran noch erinnern können. Ich saß mit Stefan Sepphein an einem Tisch.«

»Selbstverständlich weiß ich das noch«, bestätigte die Wirtin. »Allerdings waren von gestern einzig fünf Bier offen. Und diese hat Ihre Kollegin schon beglichen. Soweit ich das überblicken kann, brauchen Sie nichts mehr zu bezahlen.«

»Ist Frau Beich bereits draußen?«, beendete Eric die seltsame Situation.

»Ha'h, natürlich. Sie hat vor fünf Minuten ausgecheckt.«

»Ah, okay. Alles klar. Dann mache ich jetzt auch los. Ich wünsche Ihnen noch viel Glück mit Ihrem Brief. Wenn es nicht klappt, überlegen Sie sich vielleicht doch, Ihr Kind zu impfen. Gerade bei Klassenfahrten ins Ausland wird es anderen Menschen begegnen, die nicht geimpft sind. In solchen Fällen können eigentlich recht harmlose Krankheiten schnell lebensbedrohlich werden. Sehen Sie mich an. Ich habe so ziemlich jede Impfung mitgenommen, die angeboten wird. Hat es mir geschadet?«

Mit diesen Worten verließ er die Grüne Tanne und ließ eine sichtlich sprachlose Wirtin zurück. Was der Frau in dem Moment durch den Kopf ging, war ihm leidlich egal. Für ihn wartete vor der Tür ein anderes Problem.

In seinem Kopf drehte sich die Frage, wie es jetzt mit Marleen weitergehen sollte. Schließlich musste er noch den ganzen Tag mit ihr verbringen. Wenn sie sich weiterhin so kratzbürstig verhielt, würde das noch ein sehr langer und anstrengender Freitag werden. Außerdem wusste er noch immer nicht den Grund, weswegen sie eigentlich nach Sachsen gefahren waren. Er hoffte, dass sie ihm das nun endlich mitteilen würde.

Beim Hinaustreten entdeckte er direkt den Audi auf dem schmalen Parkplatz vor der Grünen Tanne. Sehr zu seiner Verwunderung sah der Wagen auf den ersten Blick unversehrt aus. Eigentlich hatte er angenommen, dass der Lack durch ihre unsanfte Landung auf dem Acker weitaus schlimmer in Mitleidenschaft gezogen worden wäre.

Mit der Tasche über der Schulter schlenderte er auf das Fahrzeug zu. Intuitiv hielt er dabei auf die Beifahrerseite hin. Knapp drei Meter vor dem Auto stoppte er jedoch abrupt ab. Zu seiner grenzenlosen Überraschung befand sich Marleen bereits auf dem Sitz. Er verstand überhaupt nicht, was das zu bedeuten hatte. Allerdings nahm er die Entscheidung hin und umrundete das Auto, um zuerst seine Sachen auf der Rückbank abzulegen. Anschließend nahm er auf dem Fahrersitz Platz. Eric glaubte, noch nie so weich, anschmiegsam und behaglich in einem Autositz gesessen zu haben.

»Darf ich Sie etwas fragen?«, sprach er Marleen unverwandt an.

»Nein, dürfen Sie nicht. Nehmen Sie es einfach so hin.«

Eric blieb nichts anderes übrig, als die Entscheidung von Marleen zu akzeptieren. Genau genommen kam es ihm ja sogar entgegen. Schon die gesamte Herfahrt über hatte er sich gewünscht, wenigstens einmal ans Lenkrad zu dürfen. Nun saß er hier und genoss die Situation. Zuerst galt es jedoch, den Sitz, das Steuer und die Spiegel auf seine Größe einzustellen. Dabei war er schnell überfordert bezüglich der ganzen Hebel, Knöpfe und Möglichkeiten. Es gab praktisch nichts, das sich nicht verstellen ließ.

»Können wir dann irgendwann?«, raunzte ihn seine Beifahrerin an, der es offensichtlich nicht flott genug ging.

»Schon okay. Ich bin nun einmal ein bisschen größer und kräftiger als Sie.«

»Wenn Sie damit nicht klarkommen, kann ich auch sehr gern wieder fahren. Mir war nicht klar, dass das für Sie eine so komplizierte Sache ist.«

Da war sie wieder, ihre besondere Art. Er sparte sich jegliche Erwiderung darauf. Einzig schickte er einen vielsagenden Blick in Richtung der Beifahrerseite. Umständlich versuchte er weiterhin, die optimale Position zu finden.

Nachdem sich Marleen abermals lautstark geräuspert hatte, gab er den Versuch auf. Es würde bestimmt auch so gehen, zumindest solange er nicht ein paar Stunden auf der Autobahn verbringen müsste. Gemächlich ließ Eric den Wagen vom Parkplatz rollen. Er wusste, dass unter der Haube ordentlich Kraft steckte. Der Audi konnte es locker mit jedem ausgewachsenen Sportwagen aufnehmen. War man so etwas nicht gewohnt, konnte die Fahrt schnell im Straßengraben enden.

»Sie wissen, wo wir hinmüssen?«, warf Marleen ein, als Eric das Auto auf die Dorfstraße fuhr.

»Obere Dorfstraße, wenn ich mich nicht irre. Zumindest dürfte es heute um einiges zügiger gehen.«

»Sehr witzig. Natürlich werden wir ruckzuck da sein.«

»Wollen Sie mir nicht endlich verraten, warum es bei unserem Ausflug in die sächsische Pampa geht?«, fragte er Marleen.

Bewusste vermied er das andere privatere Thema. Ihm war klar, dass es jetzt nichts brachte, davon anzufangen. Allerdings drehten sich seine Gedanken durchaus um diese Situation. Immer wieder ertappte er sich dabei, wie seine Augen zu seiner Beifahrerin hinüberglitten.

»Es geht um einen ehemaligen SS-Hauptsturmführer«, riss Marleen ihn aus seinen Gedankenspielchen.

»Einen was?«, platzte es aus Eric heraus.

»Ein SS-Hauptsturmführer. Das ist in etwa der Rang eines Hauptmanns im Heer. Allerdings war unser Kandidat in der Waffen-SS. Entsprechend trägt er eine andere Bezeichnung. Das war damals so.«

»Das ist mir bekannt. Mich hat bloß diese Aussage überrascht. Ich dachte immer, es gäbe gar keine hochrangigeren SS-Offiziere mehr.«

»Na ja, so hochrangig ist ein Hauptmann nun auch wieder nicht. So etwas kann man kaum mit einem SS-Standartenführer vergleichen.«

»Ein Offizier ist aber ein Offizier«, stellte er kategorisch fest.

»Da haben Sie wohl recht. Das tut hier aber erst einmal nichts zur Sache. Auf jeden Fall ist sein Name Otto Schaarschmidt.«

»Einen Moment mal: Wie alt ist denn der Mann?«

»Wieso?«

»Na, wenn der Mann ein SS-Hauptsturmführer ist, muss er doch mindestens einhundert Jahre auf dem Buckel haben.«

»Hunderteins, um ganz genau zu sein«, präzisierte Marleen.

»Wow, nicht schlecht. Nun macht mich die Sache schon irgendwie neugierig. Wer ist der Mann, warum fahren wir zu ihm und was hat das alles mit der Abteilung 8 zu tun?«

»Warten Sie doch bitte, bis wir vor Ort sind und lassen Sie sich die Geschichte von dem Mann selbst ausführen. Ich hoffe zumindest, dass alles so klappt, wie ich es mir denke.«

»Nun kommen Sie schon! Ein paar Einzelheiten können Sie mir wohl verraten. Ich muss mir doch auch meine Gedanken machen. Wollen Sie mich etwa auflaufen lassen?«

Aus den Augenwinkeln bemerkte er, wie Marleen ihn ansah. Es dauerte eine ganze Weile, bis sie wieder das Wort ergriff.

»Na gut, dann will ich Sie nicht weiter im Ungewissen lassen«, gab Marleen schließlich nach. »Otto Schaarschmidt befand sich sehr lange im Ausland. Deswegen wussten weder wir noch eine andere Behörde, dass er noch lebt.«

»Wie denn das?«, fragte Eric nach.

»Nach dem Krieg sind eine Menge Menschen einfach verschwunden. Selbst hochrangige Nazis tauchten mir nichts, dir nichts unter. Manche wurden schon nach kurzer Zeit gefunden. Andere wiederum schafften es, eine längere Zeit über unerkannt zu bleiben.«

»Was meinen Sie damit genau?«

»Erinnern Sie sich noch an Adolf Eichmann?«

»War da nicht mal was mit Hannah Arendt? Wir hatten dazu, glaube ich, etwas im Studium.«

»Ja, Hannah Arendt hat ein berühmtes Buch über seinen Prozess in Israel geschrieben. Jedenfalls hatte es Adolf Eichmann geschafft, sich bis 1960 in Südamerika zu verstecken. Dabei war er einer der Hauptverantwortlichen für den Holocaust. Über seinen Schreibtisch gingen all die fürchterlichen Anweisungen und Befehle, die zum Tod von Millionen Menschen geführt haben.«

»Worauf wollen Sie denn nun genau hinaus?«

»Eichmann hatte es bewerkstelligt, weit über fünfzehn Jahre von der Bildfläche zu verschwinden. Vielen anderen gelang es, bis in die heutige Zeit unentdeckt zu bleiben. Letztlich wusste niemand, wer in den letzten Kriegstagen und -wochen sein Leben verloren hatte und wer nicht. Die meisten Kriegsverbrecher änderten ohnehin ihre Namen. So war es für einen SS-Offizier problemlos möglich, einfach von der Bildfläche zu verschwinden.«

»Okay, das ist mir jetzt soweit klar. Was hat das mit unserem Fall zu tun?«

»Bei Herrn Otto Schaarschmidt war es ganz ähnlich«, erläuterte Marleen. »Laut bruchstückhaften Akten starb ein SS-Hauptsturmführer mit diesem Namen 1945 bei der Verteidigung der sogenannten Alpen-Festung. Deswegen galt der Mann seit damals als verstorben.«

»Und jetzt soll er plötzlich wieder hier sein? In Kaltenbruch?«, fragte Eric nach.

»Genau. Und das führt uns langsam zu den interessanteren Fragen. Der gute Herr hat die hundert Jahre bereits überschritten. Trotzdem scheint er noch recht rüstig für sein Alter zu sein. Zumindest haben wir ein paar Mal miteinander telefoniert. Dabei konnte ich nichts von einer Demenz oder etwas anderem feststellen.«

»Sie haben mir aber immer noch nicht gesagt, weshalb es nun unvermittelt doch einen Otto Schaarschmidt gibt.«

»Das ist für uns auch etwas mysteriös. Laut Aktenlage tauchte der Mann vor zirka sechs Monaten zum ersten Mal in unserem System auf. Ganz so, als wäre er plötzlich erschienen. Dabei ist es unmöglich, dass sich jemand so lange in Deutschland versteckt hielt.«

»Vielleicht wäre es denkbar, wenn er die ganze Zeit über unter einem falschen Namen gelebt hätte?«, warf Eric ein.

»Das wäre tatsächlich eine Option. Zumindest in der DDR und dazu noch in einem so abgelegenen Tal wäre es vorstellbar. Allerdings ist das nicht die wirkliche Erklärung.«

300

»Sondern, die da wäre?«

»Hören Sie sich die Geschichte doch bitte von dem Mann selbst an. Wie schon gesagt: Obwohl er über hundert ist, scheint Otto Schaarschmidt noch ziemlich gut bei der Sache zu sein.«

Nach einer kurzen Fahrt hatten sie ihr Ziel erreicht. In einer neben der Straße gelegenen Parkbucht ließ Eric den Audi ausrollen. Er hoffte, dass der Mann diesmal wirklich zuhause war. Abermals in die Grüne Tanne zu fahren, um auf ein Treffen zu warten, sagte ihm ganz und gar nicht zu. Am liebsten wäre er noch am selben Nachmittag zurück in Berlin.

»Wie gehen wir jetzt mit der Sache um?«, fragte er, bevor Marleen aussteigen konnte.

»Was meinen Sie?«

»Der Mann ist von der SS. Ich meine, ist das nicht einer von den Bösen – also den richtig Bösen? So wie ich Sie verstanden habe, hat er sich jahrzehntelang versteckt gehalten. Entsprechend wird er sich auch vor der Polizei und der Justiz verborgen haben. Wir reden hier schließlich von einem waschechten Kriegsverbrecher.«

Ihm war bekannt, dass es neben der juristischen Komponente auch noch die moralische Seite zu beachten galt. Kriegsverbrecherverhandlungen waren auf deutschem Boden immer recht schwierig. Es gab so einige ehemalige Übeltäter aus dem Dritten Reich, die nicht verurteilt worden waren. Natürlich hatte es den medienwirksamen Nürnberger Prozess gegen die Hauptkriegsverbrecher gegeben. Der hatte aber noch lange nicht alle Täter ihrer gerechten Strafe zugeführt.

Die damaligen Vertreter der neu aufzubauenden Bundesrepublik und die erste Bundesregierung waren auf ehemalige Nazis angewiesen. Oftmals sind bestimmte Personen auf der mittleren Verwaltungsebene verblieben, um den Übergang so problemlos wie möglich zu gestalten. Andere wiederum fürchteten die Wahlen, wenn allzu intensiv juristisch gegen Soldaten vorgegangen wurde. Letztlich bestand die damalige Bevölkerung zu großen Teilen aus mit der Wehrmacht verbundenen Leuten.

»Wir sind Beamte im Kanzleramt. Das hat uns nicht direkt zu interessieren. Es obliegt nicht uns, über andere Menschen zu urteilen. Wären wir Staatsanwälte, könnte das vielleicht etwas anders aussehen.«

»Können Sie das wirklich so einfach unterscheiden?«, fragte Eric erstaunt nach.

»Natürlich nicht! Mir ist klar, dass man nicht durch Blumenpflücken Hauptsturmführer der Waffen-SS geworden ist. Allerdings kann ich sehr wohl zwischen meiner privaten und meiner dienstlichen Meinung differenzieren.«

»Dienstliche Meinung?«

»Ganz genau«, betonte Marleen und hob dabei demonstrativ ihren Finger. »Das ist genau das Thema, worauf ich Sie schon am Anfang hingewiesen habe. In unserer Behörde müssen Sie ein besonderes Fingerspitzengefühl beweisen. Um es noch einmal in aller Form zu unterstreichen: Wir sind die Verwalter des Dritten Reiches. Entsprechend sind diese Menschen für uns keine Kriegsverbrecher, sondern Angehörige der Wehrmacht. Oder eben der SS.«

»Macht das einen Unterschied?«

»Genau darum geht es. Als Abteilung 8 macht es einen fundamentalen Unterschied. Selbst wenn ich diese Personen zum Kotzen finde wegen der Dinge, die sie anderen angetan haben, muss ich mich dennoch für sie einsetzen. Sie sind halt nicht irgendwer, sondern eben unsere Klientel.«

»Hm«, murmelte Eric nur.

Mit diesen Tatsachen musste er sich erst einmal gedanklich auseinandersetzen. Auf eine gewisse Art und Weise verstand er Marleens Erklärungen. Natürlich hatte sie auch recht. Allerdings sagte ihm sein moralischer Kompass etwas vollkommen anderes. Dies war jedoch das persönliche Problem, was jeder Beamte für sich klären musste.

Viele Mitarbeiter würden auf Ämtern gern dem einen oder anderen Bescheid stattgeben, statt ihn abzulehnen. Und doch waren sie an die Gesetze und Verwaltungsvorschriften gebunden. Ganz ähnlich war es wohl auch hier gelagert. Eric musste seine Gefühle, die Moral und seine Meinung hintenanstellen. Wahrscheinlich war er sogar gezwungen, etwas komplett Gegenteiliges zu entscheiden oder auszuführen als das, was ihm sein eigenes Gewissen sagte.

»Also, dann wollen wir mal«, gab er das Signal zum Aufbruch.

Gemeinsam überquerten sie die Straße und klingelten an der Haustür. Ähnlich wie am Vortag warteten sie eine ganze Weile. Entnervt drückte Eric mehrmals auf die Klingel, was Marleen mit einem Augenrollen quittierte.

»Sind wir tatsächlich schon wieder umsonst hier?«, fluchte Eric.

»Nein, natürlich nicht«, warf Marleen ein. »Ich habe das Treffen heute Morgen telefonisch ausgemacht. Keine Ahnung, warum uns keiner die Tür öffnet.«

Gerade als Eric die Klingel erneut betätigte, öffnete sich die Haustür. Dahinter stand eine Frau mit weiß-grauen Haaren. Durch ihre erstaunlich gerade Körperhaltung wirkte sie gar nicht wie eine Hundertjährige. Überhaupt war es Eric nur schwer möglich, das Alter der Person zu schätzen. Die Haare und Falten bewiesen jedenfalls, dass die Frau locker achtzig sein müsste. Allerdings entsprachen ihre Figur und das ganze Wesen eher einer Frau, die mitten im Leben stand. An ihren Augen blieb er hängen. Selten zuvor hatte er derart strahlende und markante Augen bei einem Menschen gesehen. Er war sich sicher, dass sie in jungen Jahren eine außergewöhnlich schöne Frau gewesen sein musste. Umso bemerkenswerter erschien es ihm, dass sie in ihrem Alter noch immer anziehend wirkte.

»Sie müssen die Frau sein, mit der ich heute Morgen telefoniert habe«, stellte die ältere Dame an Marleen gewandt relativ nüchtern fest.

»Guten Tag! Ja, ich bin Marleen Beich, und das hier ist mein Kollege Eric Tschirnhaus. Und ja, wir haben heute schon miteinander telefoniert. Ich hatte Ihnen mitgeteilt, dass wir gegen Mittag kommen würden.«

»Na, das sind Sie ja auch.«

Für einen Moment standen sie sich zu dritt gegenüber. Die Frau machte keine Anstalten, die Tür freizugeben oder sie hineinzubitten. Eher schien sie abzuwägen, ob sie nicht gleich die Tür schließen sollte.

»Na gut, dann kommen Sie mal rein«, traf die Dame dann doch noch eine Entscheidung.

»Das ist sehr zuvorkommend von Ihnen.« Marleens Worte klangen nett, aber ihr Gesicht verriet keine Emotionen. »Wir sind aber nicht hier, weil wir müssen.« Zugleich unternahm sie keine Anstalten, das Haus betreten zu wollen.

Die Frau hielt daraufhin in ihrer Bewegung inne und drehte sich abrupt zu ihnen um.

»Nein?«

»Wir sind hier, weil Sie diverse Anträge und Anfragen an verschiedene Behörden getätigt haben. Diese wurden gewissermaßen gebündelt und an uns weitergereicht.«

»Worauf wollen Sie hinaus?«, zeigte sich die ältere Frau nun ein wenig gereizt.

»Ganz einfach: Ich möchte nicht, dass der Eindruck entsteht, Sie täten uns einen Gefallen, indem Sie uns einladen. Es ist vielmehr so, dass wir Ihnen einen Gefallen tun, weil wir hierher nach Sachsen gekommen sind.«

In dem Moment verstand Eric, dass Marleen ein kleines Machtspielchen mit der Frau ausfocht. Letztlich ging es auch um die Deutungshoheit des Treffens. Es war immer wichtig, von vornherein festzulegen, wer zu wem und

304

aus welchem Grund kam. Hätten Marleen und er als Bittsteller das Haus betreten, wäre ihnen womöglich schon von Anfang an die schlechtere Ausgangsposition beschieden gewesen.

»Hm, wenn Sie das sagen. Dann würde ich Sie bitten, in unser bescheidenes Heim einzutreten.«

Obwohl es so wirkte, als hätte die ältere Frau eingelenkt, troff ihre Stimme nur so vor Hohn und Spott. Vielleicht würde sich das noch als Papyrussieg entpuppen, ging es Eric durch den Kopf. Auf der anderen Seite schien Marleen genau zu wissen, was sie machte, und agierte in seinen Augen äußerst professionell. Wären die beiden Frauen zwei Schwäne gewesen, hätte es durchaus darum gehen können, wer den längsten Hals besäße.

Plötzlich ging ein Ruck durch Marleen. Trotz der unterschwelligen Botschaft nahm sie die Einladung an. Schwungvoll schritt sie die wenigen Stufen zum Eingang hinauf. Eric folge ihr direkt darauf.

Im Eingangsbereich wartete die Frau bereits auf ihn. Mit einem knappen Lächeln, das jedoch nicht ihre Augen berührte, streckte sie ihre Hand aus.

»Eric Tschirnhaus.«

»Gabriela von Lettow.«

Allein dieser Name wurde mit so viel Hochmut ausgesprochen, dass er ihr den Adelstitel ohne Weiteres abnahm. Dies erklärte vielleicht auch ihr Verhalten und Gebaren, ging es ihm durch den Kopf. Vor allem fand er es durchaus bezeichnend, im Haus eines ehemaligen SS-Offiziers eine richtige Adlige vorzufinden.

Nachdem Eric die Tür geschlossen hatte, machte er einen Bückling, um der älteren Dame den Vortritt zu lassen. Er glaubte, dass so etwas von ihm erwartet wurde. Außerdem war es sowieso besser, sie vorzulassen.

Es ging daraufhin einen längeren Gang tiefer in das Einfamilienhaus hinein. Zu seiner Verwunderung entdeckte er eine Vielzahl neuer Möbel. Weder die Garderobe im Flur noch die kleinen Schränke konnten älter als ein paar

Monate sein. Vor allem irritierte es ihn, dass der Großteil aus einem Einrichtungshaus stammte, in dem er ebenso einkaufen ging.

Links und rechts des Korridors lagen etliche Türen, die auf andere Räume hindeuteten. Das Haus war wesentlich größer, als es von außen den Anschein machte. Für ein älteres Ehepaar empfand Eric es schon ziemlich großzügig.

Am Ende des Flurs befand sich eine Doppeltür, hinter der sich ein weitläufiges Wohnzimmer eröffnete. Erics erste Wohnung als Jurastudent hätte locker in dem einen Zimmer Platz gefunden. Eine breite Glasfront gab den Blick auf einen dicht bewachsenen Garten frei. Die Fenster wirkten, als wären sie erst vor kurzem eingezogen worden. Überhaupt hing noch der leichte Geruch nach neuem Haus in der Luft. Dabei sah das Gebäude von außen aus, als wären seine besten Jahre bereits vorbei.

In einem großen Ohrensessel entdeckte Eric einen klein wirkenden, sehr alten Mann. Er ging davon aus, dass Otto Schaarschmidt vor ihm saß. Ihm sah man zumindest die dreistellige Jahreszahl locker an. Kaum mehr als eine Handvoll Haarbüschel auf dem Schädel und mit Sicherheit die Dritten im Mund wirkte er wie das sprichwörtliche gutmütige Großväterchen. Eric konnte kaum glauben, dass er einen waschechten SS-Offizier vor Augen hatte. Wahrscheinlich gab es nicht einmal mehr als ein Dutzend Schergen dieser Art noch auf der Welt.

»Schönen guten Tag, Herr Schaarschmidt. Beich mein Name, wir haben miteinander telefoniert«, stellte Marleen sich mit lauter Stimme vor.

»Sie brauchen nicht zu schreien. Ich kann Sie sehr gut verstehen«, erwiderte der Mann.

Offensichtlich war er wirklich ziemlich rüstig. Allein diese Tatsache stieß Eric sauer auf. Er wollte gar nicht wissen, wie viele Menschen der SS-Mann auf dem Gewissen hatte. Statt dafür die gerechte Strafe erhalten zu haben, hatte es das Leben allem Anschein nach sehr gut mit ihm gemeint.

»Alles klar. Dann ... darf ich mich setzen?«

»Natürlich, mein Mädchen. Nur zu. Wir haben einiges miteinander zu besprechen. Zumindest wenn es stimmt, was Sie mir erzählt haben.«

»Glauben Sie etwa, dass ich Sie belüge?«

»Nein, das glaube ich nicht. Ich finde es nur sehr merkwürdig, dass nach meinen ganzen Eingaben nur Sie zu mir geschickt wurden.«

Während Marleen und Otto Schaarschmidt weitere Begrüßungsfloskeln austauschten, fand Eric die Zeit, sich in dem Zimmer umzusehen. Gabriela von Lettow stand währenddessen am Fenster und schaute nach draußen.

Die Möbel des sehr großen Wohnzimmers waren zu weiten Teilen ebenso nigelnagelneu. Einzig der Sessel des Mannes, einige Bilder und kleinere Einrichtungsgegenstände wirkten älteren Datums. Normalerweise hätte er diese Einrichtung eher einem jungen Pärchen oder einer Familie zugeordnet. Zudem fehlte für ihn der sonst so typische Geruch nach alten Menschen.

»... nein, das ist kein Problem. Mein junger Kollege hier würde sehr gern Ihre Geschichte hören«, riss ihn Marleens Stimme aus den Gedanken.

»Das würde ich in der Tat sehr gern. Wenn es Ihnen keine zu großen Umstände bereitet«, fügte Eric schnell an.

»Ach, überhaupt nicht. Könntest du uns etwas Tee machen, mein Liebes?«, sprach Otto Schaarschmidt seine Frau an.

Diese nickte nur und verschwand durch eine weitere Tür in ein anderes Zimmer.

»Ich lebte letztlich wesentlich länger auf der Südhalbkugel – erst in Argentinien und dann in Chile – als in den Jahren zuvor in Deutschland. Ich habe mich aber nie wirklich als Südamerikaner gesehen. Egal, in welchem Land ich war, habe ich mich immer einer deutschen Exilgemeinde angeschlossen. Zeit meines Lebens habe ich meine Heimat vermisst. Bedauerlicherweise war es für mich bis 1990 schlichtweg nicht möglich, hierher zurückzukehren. Und danach war ich zu alt für ein neues Abenteuer.«

»Und jetzt sind Sie nicht mehr zu alt?«, fragte Eric nach.

»Oh doch, mein Jungchen. Ich bin schon sehr alt – viel zu alt. Allerdings ist es nun einerlei. Es geht mit mir zu Ende. Wer will sich denn einen sterbenden Mann wie mich aufhalsen? Abgesehen davon habe ich nicht mehr allzu viele Wünsche.«

»Wann sind Sie nach Südamerika ausgewandert?«, erkundigte sich Eric, weil ihn die Geschichte tatsächlich interessierte.

»Ausgewandert? Dass ich nicht lache. Ich bin geflüchtet, und das Hals über Kopf. Ab 1945 musste ich mich permanent bedeckt halten. Beinahe alle drei Monate habe ich meine Identität und meinen Aufenthaltsort gewechselt. Ich wusste ja nicht, ob mir jemand auf den Fersen war. Lieber ging ich damals auf Nummer sicher. Sobald sich mir dann die Möglichkeit bot, bin ich über Italien nach Montevideo ausgereist. Von dort ging es via Buenos Aires ins argentinische Hinterland. Das müsste so Herbst 1951 gewesen sein.«

»Und anschließend? Allein auf einem fremden Kontinent?«

»Allein? Das nun wirklich nicht. In den frühen Fünfzigern sind ebenso wie ich Hunderttausende nach Südamerika emigriert. Ganz Argentinien wimmelte nur so von Exil-Deutschen. In Rosario habe ich dann auch meine Gabriela getroffen. Durch die Gemeinschaft von Landsleuten war es relativ leicht für mich, in Argentinien Fuß zu fassen. Ich wusste im Zweifel immer jemanden, der jemanden kannte. Außerdem haben die alten Kameraden weiterhin zusammengearbeitet. Schon nach kurzer Zeit besaß ich eine kleine Schreinerei. Dadurch kam ich ziemlich gut über die Runden.«

»Sie sagten, sie wären auch in Chile gewesen«, erkundigte sich Eric.

»Das war nach der ganzen Sache mit Eichmann. Plötzlich haben alle Panik bekommen, dass der Mossad auch hinter ihnen her sein könnte. Nach Eichmanns Hinrichtung in Israel hat mich Gabriela angebettelt, in einem anderen Land eine neue Identität aufzubauen. So sind wir schließlich nach Puerto Montt am Pazifik ausgewandert. Zum Glück befanden sich dort bereits ebenso jede Menge Landsmänner. Unter Pinochet lebten wir später im absoluten Frieden und beinahe unbehelligt. Augusto war sogar ein ziemlicher Fan von uns Deutschen. Letztlich sorgten wir dafür, dass sich die Wirtschaft entwickelte. Außerdem hat sich nie einer von uns gegen den großen General gestellt.«

»Also haben sie seit 1951 ein eigentlich recht angenehmes Leben geführt?«, fragte Eric nach.

»Ja, so könnte man es sagen. Uns ging es auf jeden Fall besser als so manch anderem. Ich war in der Lage, meiner Gabriela alles zu bieten, was sie sich je wünschte.«

»Was machen Sie dann wieder in der BRD?«

»Und genau das ist der springende Punkt«, hob der alte Mann seine Finger. »Ich war immer nur ein Exil-Deutscher. In all den siebzig Jahren habe ich mich nie zuhause oder wenigstens heimisch gefühlt. Mehr als einmal war ich drauf und dran, mich einfach ins Flugzeug zu setzen. Oft genug stand die Sehnsucht kurz davor, mich zu übermannen.«

»Was hat Sie dann davon abgehalten?«

»Ich weiß schlichtweg, was ich früher getan habe. Und mir ist auch klar, dass das andere wissen. Ich hatte nüchtern betrachtet nur Angst, dass ich direkt am Flughafen verhaftet werden würde. Die letzten Jahre in einem Gefängnis zu verbringen war dann doch nicht meine Vorstellung von einem angenehmen Lebensabend.«

»Sie haben mir immer noch nicht gesagt, warum Sie ausgerechnet gerade jetzt zurückgekommen sind«, fragte Eric gezielt nach.

»Weil es mit mir zu Ende geht. Eigentlich müsste ich schon längst unter der Erde liegen. Die Ärzte haben mir vor einem halben Jahr noch drei Monate gegeben. Tja, wie Sie sehen, bin ich weiterhin am Leben«, teilte der greise Mann mit einem dünnen Lachen mit.

Gabriela von Lettow betrat wieder das Zimmer mit einem großen Tablett. Eric war erstaunt, dass es bei einer Frau ihres Alters noch so leicht und mühelos aussah. Zugegeben wusste er nach wie vor noch nicht, wie alt sie war. Da sie und Otto Schaarschmidt sich jedoch in den 50ern oder 60er kennengelernt hatten, musste sie auch schon mindestens achtzig sein.

Nachdem die Tassen verteilt waren, versuchte Marleen, den Gesprächsfaden wieder aufzunehmen.

»Laut Ihrer Darstellung sind Sie also todkrank?«

»Das ist absolut richtig. Der Krebs hat mich ziemlich lange verschont. Ich bin dem Leben auch sehr dankbar dafür, dass mich diese heimtückische Krankheit erst so spät getroffen hat.«

»Aber?«, bohrte Eric nach.

»Dafür geht es jetzt umso schneller. Laut den Ärzten handelt es sich um eine unglaublich aggressive und rasch wachsende Wucherung. Die Metastasen haben schon meinen gesamten Körper überschwemmt. Es gibt, glaube ich, kaum ein Organ oder Körperteil, das nicht befallen ist.«

»Sie meinen also, dass es nur noch eine Frage von Monaten ist?«, wollte Marleen erfahren.

»Eher von Wochen, wenn nicht gar nur Tagen. Ich wette, ich wache früher oder später einfach morgens nicht mehr auf.«

Beim Gedanken daran, dass der Mann einfach friedlich einschlief, wurde es Eric ein bisschen anders. In solchen Fällen wünschte er sich heimlich, dass das Karma zuschlug. Es durfte nicht sein, dass ein solcher Mensch nach einem derartigen Leben einen so gnadenvollen Tod erhielt. Er fragte sich, wo da die Gerechtigkeit blieb. Allerdings wirkte es vielmehr auf ihn, als wenn der ehemalige SS-Offizier stets auf der Sonnenseite des Lebens gestanden hätte.

Wahrscheinlich bereute der alte Mann nicht einen einzigen Tag seiner Existenz. Eric wusste zwar nicht, ob Otto Schaarschmidt direkt etwas mit dem Holocaust zu tun hatte, bezweifelte allerdings, dass es überhaupt einen Angehörigen der Waffen-SS gegeben hatte, der unschuldig gewesen ist.

»Zumindest kennen wir jetzt Ihre Geschichte. Ich muss gestehen, dass Sie ein sehr ereignisreiches Leben führen«, gab Eric zu verstehen, ohne seinen Zorn aufblitzen zu lassen.

»Wem sagen Sie das, wem sagen Sie das, mein Junge.«

Eric nahm zur Beruhigung einen Schluck von dem ihm angebotenen Tee und war überrascht, wie aromatisch dieser schmeckte.

»Dann sollten wir nun zu dem Grund kommen, weswegen wir hierhergekommen sind«, ergriff Marleen das Wort.

»Absolut richtig, mein Mädchen. Der Hauptgrund meiner Rückkehr nach Deutschland ist, dass ich hier begraben werden möchte. Es ist mein letzter Wille, in dieser heiligen Erde hier meine Ruhe zu finden. Ich bin vom Grund meiner Seele auf Deutscher. Deswegen will ich auch hier beerdigt werden.«

»Verstehe«, erwiderte Eric. »Und dafür müssen wir extra von Berlin nach Kaltenbruch kommen?«

»Herr Schaarschmidt ist kein Bürger der Bundesrepublik«, gab Marleen zu bedenken.

»Wieso sollte er kein Staatsbürger der BRD sein?«, fragte Eric nach.

»Jetzt wird es kompliziert«, erläuterte Marleen. »Otto Schaarschmidt ist zum einen Bürger der Republik Chile. Deswegen ist er zuerst einmal Ausländer. Zum anderen besitzt er einen Personenausweis aus dem Dritten Reich. Zudem verfügt er noch über den alten Wehrpass und den Parteiausweis der NSDAP.«

»Na und? Es sterben doch ständig Ausländer in Deutschland«, teilte Eric mit.

311

»Das ist absolut richtig. Das sind aber immer nur Asylsuchende, Einwanderer oder Deutsche mit einem Migrationshintergrund. Touristen zum Beispiel werden nach ihrem Tod stets in ihre Heimat überführt.«

»Ach, und Herr Schaarschmidt ist mit einem Touristenvisum eingereist?«, begriff Eric.

»Genau so ist es, mein Junge. Anders hätte ich gar nicht in meine Heimat kommen können. Ist es nicht zum Heulen?« Otto Schaarschmidt suhlte sich in Selbstmitleid, was Eric erzürnte. Das ließ er sich allerdings nicht anmerken.

»Sie sind doch Deutscher. Nehmen Sie einfach die deutsche Staatsbürgerschaft an«, schlug Eric die vermeintlich simpelste Lösung vor.

»Pah, niemals!«, mischte sich Gabriela von Lettow ein.

»Wieso denn nicht?«, stellte Eric die Gegenfrage.

»Ganz einfach, mein Jüngelchen. Ich bin stolzer Offizier des Tausendjährigen Reiches. Für mich gibt es kein anderes Deutschland als jenes, in dem ich aufgewachsen bin. Was habe ich mit dieser Bundesrepublik am Hut? Das ist nicht mein Land.«

»Abgesehen davon, dass sich der gute Herr hier weigert, die deutsche Staatsbürgerschaft anzunehmen, würde die Bearbeitung länger dauern, als er noch am Leben wäre. Sollte er hingegen morgen sterben, würden wir ihn automatisch zurück nach Chile ausfliegen lassen«, erklärte Marleen an Eric gewandt.

»Nur über meine Leiche!«, ereiferte sich der ehemalige Offizier der Waffen-SS.

Eric war gezwungen, über dieses unbeabsichtigte Wortspiel zu schmunzeln. Das Problem erkannte er dennoch nicht. Hier ging es am Ende um die Verbohrtheit eines greisen alten Mannes.

»Das ist im Endeffekt doch vollkommen egal«, warf Eric ein. An dieser Stelle konnte er endlich mit dem Wissen aus dem Jurastudium punkten. Dies war seine Paradedisziplin. »Durch Geburt erwirbt ein Kind ex lege die deutsche Staatsangehörigkeit, wenn mindestens ein Elternteil zu dieser Zeit Deutscher ist. Das ist das sogenannte Abstammungsprinzip«, zitierte er beinahe wortwörtlich aus dem Gesetzestext.

»Die hat er ja aber auch noch«, berichtigte Marleen. »Er ist ja weiterhin Staatsbürger. Nur eben kein deutscher im Sinne der BRD. Hier greift die Ausnahme im Zusammenhang mit der Abteilung 8.«

»Was ist aber mit der Verfassung? Laut dem Grundgesetz Paragraf 116 von 1949 ist Deutscher, wer als Flüchtling oder Vertriebener die deutsche Volkszugehörigkeit in den Grenzen vom 31. Dezember 1937 besitzt«, fiel Eric ein weiteres Argument ein.

»Hier greift jedoch derselbe Grundsatz«, klärte ihn Marleen neuerlich auf. »All diese Paragrafen beziehen sich auf Menschen, die auch die Staatsbürgerschaft der BRD annehmen möchten. Herr Schaarschmidt weigert sich dagegen allerdings beharrlich. Deswegen befinden wir uns in dieser kleinen Zwickmühle. Das ist auch der Grund, weswegen die Abteilung 8 den Fall von den anderen Ministerien und Ämtern übergeholfen bekommen hat. Niemand wusste mit dieser Ausnahmesituation richtig umzugehen.«

»Ich bin Volksdeutscher und ich bleibe Volksdeutscher! Da führt kein Weg dran vorbei«, postulierte der alte Mann mit dickköpfigem Unterton.

Jetzt begriff Eric das ganze Dilemma. Bürger der Bundesrepublik konnte man nur werden, wenn man es auch tatsächlich wollte. Dazu gezwungen konnte man demnach auf gar keinen Fall werden. Dessen ungeachtet war die Person trotzdem Einwohner eines Deutschlands, was noch immer existierte. Deswegen durfte Otto Schaarschmidt auch nicht ausgewiesen oder nach dem Tod ausgeflogen werden. In diesem besonderen Fall schien die deutsche Bürokratie über den gesunden Menschenverstand zu siegen.

»Dürfte ich mich kurz mit meiner Kollegin beratschlagen?«, bat Eric.

Sowohl Gabriela von Lettow als auch Otto Schaarschmidt stimmten mit einem Nicken zu. Darauf ging die Dame des Hauses zu der Schiebetür, die in Richtung Terrasse führte. Mit einem kleinen Zeichen gab sie Eric daraufhin zu verstehen, dass Marleen und er nach draußen gehen sollten.

»Was ist denn?«, zischte Marleen leise, als sie sich außerhalb des Hauses befanden.

»Wie, was soll sein? Ich war der Meinung, wir würden uns beraten, wie wir weiter vorgehen.«

Kurz sah Marleen ihn verdutzt an.

»Wieso denn das?«

»Ich dachte, deswegen wäre ich mit hier«, stellte Eric fest.

»Sie sind nur zum Beobachten hier, mehr nicht. Sie sollen etwas über unsere Arbeit erfahren«, erklärte Marleen in einem süffisanten Tonfall.

»Ernsthaft? Um ehrlich zu sein, lerne ich im Augenblick nicht sonderlich viel. Eher im Gegenteil fühle ich mich von Ihnen stiefmütterlich behandelt. Ich würde sogar so weit gehen und sagen, dass Sie mich auflaufen lassen haben.«

»Ich? Was? Wieso das denn?«

»Hätten Sie mir zumindest vorher in Ansätzen erzählt, worum es geht, wäre ich in der Lage gewesen, mich über den Fall zu informieren«, begründete er seinen Vorwurf.

»Sie müssen sich über rein gar nichts Gedanken machen. Wir sind als Behörde hier, um einen ziemlich klaren Auftrag zu erfüllen. Sie sollen nur sehen, wie wir das handhaben«, erwiderte Marleen.

Wütend drehte sie sich weg und war schon wieder dabei, zurück in das Haus gehen zu wollen. Für sie war das Gespräch an dieser Stelle offenbar beendet.

»Jetzt lassen Sie mir doch bitte diese Minute«, bat Eric.

Marleen sah ihn für einen Augenblick lang mit zusammengekniffenen Augen an und verschränkte wie ein bockiges Kind ihre Arme vor der Brust.

»Lassen Sie mich zusammenfassen, ob ich richtig liege: Der Mann ist also noch ein Bürger des Dritten Reiches. Dies kann er bestimmt mit einem Personenausweis ohne Ablaufdatum, einem Wehrausweis der Waffen-SS oder einer Geburtsurkunde beweisen. Normalerweise würde er dann automatisch deutscher Staatsbürger werden. Gleichwohl weigert sich Otto Schaarschmidt beharrlich, die neue Staatsbürgerschaft anzunehmen. Aus diesem Grund würde die BRD ihn deswegen als Chilenen ansehen und ihn nach seinem Tod zurück nach Chile überführen. Nun greift aber der Sonderfall, dass er als Staatsangehöriger des Deutschlands von vor 1945 das Recht hat, in diesem Land beerdigt zu werden. Ist das auch korrekt?«

»Das haben Sie einwandfrei zusammengefasst«, bestätigte ihm Marleen. »Mehr gibt es dazu auch nicht zu erzählen. Können wir jetzt wieder reingehen, um die Sache endlich zum Abschluss zu bringen?«

»Wie wollen Sie das aber bewerkstelligen?«, fragte er.

»Das werden Sie jeden Augenblick erleben. Nur keine Ungeduld.«

Marleen öffnete die Terrassentür, um zurück ins Haus zu gelangen.

»Entschuldigen Sie bitte, wir mussten nur kurz etwas miteinander besprechen«, erklärte sich Marleen gegenüber den beiden älteren Herrschaften. »Wo waren wir gerade stehengeblieben?«

»Ich hatte Ihnen mein halbes Leben und die Beweggründe für mein Hiersein erzählt, weiter sind wir nicht gekommen«, erklärte Otto Schaarschmidt. »Also, was ist jetzt? Darf ich nun in Deutschland endlich in Frieden sterben und auf dem hiesigen Friedhof die letzte Ruhe finden? Sind Sie dazu überhaupt berechtigt, mir meinen Wunsch zu erfüllen? Oder sind Sie nur wieder eine weitere Institution, Ebene oder Behörde, die mir im Weg steht?«

»Wenn Sie mich so fragen ... dann nicht«, ließ Marleen die Bombe platzen. »Ich habe zwar erwähnt, dass wir zu Ihnen gekommen sind, um die Sachlage zu klären. Allerdings wird es wohl ein wenig anders laufen, als Sie denken – beziehungsweise, als Sie es sich erhoffen.«

»Wie darf ich denn das jetzt wieder verstehen?«, warf Gabriela von Lettow verwundert ein.

»Eigentlich ganz einfach«, setzte Marleen einen typischen Beamtenton auf. »Zum einen gelten Sie, Herr Schaarschmidt, offiziell als tot. Entsprechend sind sämtliche Ihrer eingeforderten Rechte erloschen und nichtig. Außerdem obliegt es unserer Behörde, Ihren Personenausweis als ungültig zu erklären; schon alleine aus dem Grund, weil dieser mit Ihrem beglaubigten Tod seine Gültigkeit verloren hat. Abgesehen davon verbrachten Sie den Großteil Ihres Lebens in Chile. Diesbezüglich gelten Sie, Herr Schaarschmidt«, und dabei blickte sie ihm fest in die Augen, »für uns einzig als chilenischer Staatsbürger.«

»Aber ... aber ... das können Sie doch nicht beschließen!«

»Doch, das kann ich wohl. Vor allem kann das die Behörde, für die ich stehe und für die ich entscheide. Die anderen Ämter, die Sie angeschrieben haben, waren dazu nicht befugt. Wir hingegen schon. Deswegen sind wir auch hier, um dieses Thema ein für alle Mal zu klären. Wir sind die letzte Instanz.«

»Was bedeutet das jetzt im Einzelnen?«, erwartete Otto Schaarschmidt sichtlich erschüttert zu erfahren.

»Das ist relativ einfach. Ich kann Ihnen heute und hier das bereits vor Jahrzehnten stattgefundene Erlöschen Ihrer Staatsbürgerschaft bestätigen. Gleichzeitig besteht für Sie die Möglichkeit, direkt heute und hier Bürger der BRD zu werden. Dadurch erhalten Sie die einmalige Chance, auf jedem beliebigen deutschen Friedhof beerdigt zu werden, den Sie für richtig erachten. Damit sollte dann alles erledigt sein.«

»Niemals! Ich werde auf gar keinen Fall akzeptieren, dass ich kein Staatsangehöriger des Deutschen Reiches mehr sein soll. Und dies bin ich sowohl durch Geburt, durch mein Blut als auch durch Gottes Recht. Das kann mir keine Behörde, Institution oder Person dieser sogenannten Bundesrepublik nehmen. Verstehen Sie mich?«, ereiferte sich der über Hundertjährige.

»Da haben Sie vollkommen recht. Allerdings sind wir nicht im Rahmen meiner Beamtentätigkeit der BRD hier, sondern vertreten die Interessen des Deutschen Reiches. Und nach deren Unterlagen sind Sie bereits seit sehr vielen Jahren verstorben. Aus dem Grund entzieht auch das Deutsche Reich Ihnen Ihre Staatsbürgerschaft, und nicht die BRD. Was im Übrigen wesentlich einfacher ist dank der Gesetze von 1936 und 1938. Können Sie mir folgen?«, fand Marleen harte Worte.

Nach einem kurzen Augenblick des Schweigens fügte sie noch schnell an: »Eigentlich ist die Ausbürgerung in der BRD gemäß Artikel 16 Absatz 1 des Grundgesetzes grundsätzlich verboten. Dies trifft in Ihrem Fall jedoch nicht zu. Sie sind ja kein Bürger dieser Republik.«

»Wie soll es jetzt aber weitergehen?«, fragte der ältere Mann leise nach.

Eric bemerkte, wie Otto Schaarschmidt merklich in sich zusammengesackt war. Offensichtlich hatte er sich etwas vollkommen anderes von dem Gespräch erhofft. Eric fragte sich, wie lange der ehemalige SS-Offizier diesen Kampf bereits gegen die bürokratischen Mühlen ausfocht.

»Zeigen Sie sich doch nicht so verbohrt, Herr Schaarschmidt. Es spielt letztlich überhaupt gar keine Rolle, mit was für einem Ausweis Sie am Ende Ihre letzte Reise antreten«, redete Marleen nun mit einer weichen Stimme weiter.

»Es spielt sehr wohl eine Rolle, junge Frau! Hier geht es um meine Ehre. Und meine Ehre heißt noch immer Treue – Treue zu meiner Heimat«, erhob der ehemalige SS-Offizier seine Stimme.

Eric verstand, dass der längst verbotene Wahlspruch der SS ein fester Bestandteil des Wesens von Otto Schaarschmidt war. Für diesen Mann waren Ehre und Treue wahrscheinlich wesentlich inhaltsvollere Begriffe als für die meisten Menschen der jüngeren Generationen. Der ehemalige Offizier der Waffen-SS lebte offensichtlich schon sein gesamtes Leben lang nach einer heute kaum mehr bekannten Maxime.

»Dann kommen wir an diesem Tag wohl nicht weiter zusammen«, ließ Marleen daraufhin verlauten. »Ich kann nur in dem Umfang entscheiden, den Sie mir zugestehen – wenn Sie verstehen, was ich damit meine. So wie Sie es sich vorstellen, klappt es leider nicht. Es würde auch für einen gefährlichen Präzedenzfall sorgen.«

»Aber dann ... wie soll ... ich meine ... ich kann doch nicht ...«, stammelte der alte Mann hilflos vor sich hin.

»Akzeptieren Sie es einfach. Es führt nun mal kein Weg daran vorbei«, setzte Marleen weiter nach.

Otto Schaarschmidt sank nun gänzlich in dem Sessel zusammen. Es wirkte beinahe so, als wäre der Mann binnen Sekunden um etliche Jahre gealtert. Mittlerweile sah der ehemalige Offizier des Dritten Reiches wie ein gebrechlicher Greis aus. Zudem befürchtete Eric, dass der gute Mann gleich hier und sofort das Zeitliche segnen würde.

»Wir könnten aber auch ...«, ergriff Eric das Wort.

Ein finsterer Seitenblick von Marleen ließ ihn jedoch sogleich wieder verstummen.

»Was könnten wir?«, fragte Gabriela von Lettow hoffnungsvoll.

Eric wusste nicht, ob er das so sagen sollte. Auf der einen Seite fühlte er sich dahingehend verpflichtet, das ältere Paar über alle Optionen aufzuklären. Andererseits hatte ihm Marleen deutlich signalisiert, dass er den Mund zu halten hatte. Allerdings war es ihm leidlich egal, was Marleen dazu meinte. Ihr

318

Verhalten an diesem Morgen ließ ihn gleichgültig werden. Dabei spielte es keine Rolle, was er am gestrigen Abend oder selbst jetzt für sie empfand.

»Eine Lösung für das Dilemma sehe ich dennoch, besser gesagt eine Alternative, über die wir diskutieren könnten. Gleichwohl, lassen Sie sich etwas gesagt sein: Sie sind ein zutiefst verachtenswerter Mensch. Würden Sie praktisch nicht schon mit einem Bein im Grab stehen, könnte man Sie von meiner privaten Warte aus sehr gern irgendwann in der chilenischen Wüste verscharren. Seien Sie aber versichert, dass die Bundesrepublik besser als Ihr verdammtes Reich ist. Trotz Ihres bemitleidenswerten Charakters besteht eine Chance, Ihren letzten Willen in die Tat umzusetzen.«

»Na, nun reden Sie endlich, mein Junge!«, bat ihn Otto Schaarschmidt und richtete sich dabei in seinem Sessel auf.

»Haben Sie schon einmal über eine Seebestattung nachgedacht?«, fragte Eric direkt heraus.

»Seebestattung?«, antworteten die beiden Alten synchron.

»Ganz recht. Früher war dies nur den Menschen vorbehalten, die in ihrem Leben etwas mit der Seefahrt zu tun hatten. Heutzutage ist das jedoch nicht mehr ganz so festgelegt. Zudem unterliegt die Seebestattung sehr alten Regeln. Das kommt uns in diesem Fall zugute.«

»Was soll das heißen?«

»Nun ja, das bedeutet, dass die normalen Bestattungsregeln hier eben nicht greifen. Jedwede Person kann auf hoher See beigesetzt werden. Es spielt keine Rolle, welche Konfession, welche Herkunft oder welches Geschlecht sie besitzt. Gewissermaßen ist das Seerecht ziemlich liberal.«

»Ich habe mir aber immer ein richtiges Grab vorgestellt. Mit einer großen Granitplatte und goldenen Buchstaben. Ein Ort, an dem meine Gabriela um mich trauern kann«, führte Otto aus.

»Wie meine Kollegin Ihnen dargelegt hat, ist dies aber nur unter der Prämisse möglich, dass Sie die bundesdeutsche Staatsbürgerschaft annehmen. Bei einer Seebestattung hingegen können Sie sich auch als Reichsbürger problemlos zur letzten Ruhe betten. Zudem gibt es ebenso zentrale Orte, an denen Trauernde Trost finden. Diese liegen gleichfalls am Meer und sollen ziemlich würdevoll sein. Habe ich zumindest gehört«, teilte Eric den beiden mit.

Eric erinnerte sich daran, dass er vor einigen Jahren einen längeren Artikel zu dem Thema gelesen hatte. Sterben und beerdigen waren schon immer heikle Angelegenheiten in Deutschland gewesen. Die Meinungen der Menschen und der Kirchen gingen darin mitunter weit auseinander. Entsprechend existierten jede Menge Reibungspunkte diesbezüglich.

Marleen blieb erstaunlich ruhig, wovon Eric sich mit einem Seitenblick überzeugte. Mit versteinertem Gesicht saß sie auf ihrem Stuhl. Kein Wort verließ ihren Mund.

»Ich hätte schon ungemein gerne …«, fing Otto Schaarschmidt neuerlich an, unterbrach sich aber selbst. »Es bringt jedoch nichts, darüber zu philosophieren. Jeden Tag könnte es mit mir zu Ende gehen. Davor würde ich sehr gern für geordnete Verhältnisse sorgen. Eigentlich ist bereits alles geregelt. Bis eben auf diese eine kleine Sache.« Damit schien der alte Mann auf seine Beerdigung anzuspielen, den letzten Wunsch eines sterbenden Menschen.

»Das sehen Sie vollkommen richtig. Die Einäscherung wird auf deutschem Grund stattfinden. Außerdem wird Ihre Asche innerhalb der zwölf Meilen Hoheitszone ausgestreut. Dadurch finden Sie Ihren Frieden in Deutschland. Ist es nicht das, was Sie eigentlich wollen?«

Fragend sah Eric seine Partnerin an. Dabei rechnete er jeden Augenblick mit einem Einwurf oder einer Ablehnung. Stattdessen hatte Marleen ihren Mund zu einem schmalen Strich zusammengekniffen.

»Dann müssen wir es wohl so machen. Ich glaube, ich habe keine andere Wahl. Zumindest bin ich jetzt heilfroh, dass das geklärt ist«, teilte der Hundertjährige ihm dankbar mit.

Neuerlich richtete Eric den Blick auf Marleen, um auf eine Absicherung zu warten. Nun wusste er nicht, wie es weitergehen sollte.

»Meiner Meinung nach ist das hier ein Fehler«, kommentierte Marleen schließlich. »Sie hätten auf jeden Fall die deutsche Staatsbürgerschaft annehmen müssen. Allerdings hat mein Kollege schon recht. Eine Seebestattung ist eine weitere Möglichkeit, wenngleich sie auch eine ziemlich unübliche Option ist. Das möchte ich hier nochmals in aller Form betonen.«

»Und?«, fragte das ältere Paar wieder simultan.

»Sie müssen sich nicht noch einmal bei uns melden. Veranlassen Sie die Seebestattung und durchlaufen Sie einfach den dafür vorgesehenen Weg. Anschließend sollten Sie nie wieder etwas von uns zu hören bekommen. Für mich ist die Sache damit jedenfalls beendet.«

Abrupt stand Marleen auf. Keine Sekunde länger wollte sie in dem Haus bleiben. Bereits einen Augenblick später befand sie sich im Eingangsbereich.

Eric musste sich beeilen, um nicht allein zurückzubleiben. »Ich hoffe, wir konnten Ihnen helfen. Zumindest eine halbwegs praktikable Lösung haben wir ja gefunden.«

»Geholfen haben Sie uns durchaus. Vielen Dank«, erklärte Otto Schaarschmidt.

»Das ist schön zu hören. Dann möchte ich mich auch im Namen meiner Kollegin für den Tee und die Gastfreundschaft bedanken.«

Was sollte er sagen oder ihm zum Abschied wünschen? Einen entspannten Tod? Allein dieser Gedanke kam Eric recht makaber vor. Verrotten Sie gut in der Hölle? Der Hundertjährige würde wohl in sehr naher Zukunft sterben. Die Bekanntschaft mit ihm gemacht zu haben, entsprach dabei schon fast einem wortwörtlichen Abgesang. Angenehm war es zudem auch nicht gewesen – eher im Gegenteil.

Eric flüchtete nun auch aus dem Zimmer und dem Haus, während Marleen in der Zwischenzeit bereits das Auto erreicht hatte. Als er sich noch ein letztes Mal zum Haus umdrehte, entdeckte Eric noch Gabriela von Lettow in der Tür stehen. Mit einem nicht zu deutenden Blick sah sie ihnen beiden hinterher. Er war sich sicher, dass die Frau sich ihre eigenen Gedanken um die Geschehnisse machte. Trotzdem war die Angelegenheit damit abgeschlossen.

Zu seiner Verwunderung hatte Marleen abermals die Beifahrerseite gewählt. Wie schon bei der Fahrt zu Schaarschmidts Haus überließ sie ihm die Kontrolle über den teuren Wagen. Beim Einsteigen bemerkte er ein leichtes Lächeln auf Marleens Lippen. Eric fragte sich, woher diese Gefühlsregung stammte, schließlich hatte er ihre Anweisungen übergangen. Von Verärgerung war jedoch rein gar nichts zu spüren.

»Und jetzt wieder direkt zurück?«, stellte er als Frage in den Raum.

»Ja, auf dem schnellsten Weg zurück nach Hause.«

Mehr Worte wechselten sie in der nächsten Stunde nicht.

Während der Fahrt hatte Eric ausreichend Zeit, sich viele Fragen zu stellen. Er wusste immer noch nicht, warum sie überhaupt nach Kaltenbruch gekommen waren. So weit ab vom Schuss würde es keinen Menschen interessieren, ob ein Alt-Nazi und Reichsbürger seine letzte Ruhe auf irgendeinem verlassenen Gottesacker fand oder nicht. Am Ende würden noch nicht einmal die Einwohner in Kaltenbruch Notiz davon nehmen. In seinem Kopf kreiste beständig die Frage, warum die Regierung dafür zwei Beamte ins Erzgebirge schicken musste.

Ab Freiberg wurde das Fahren zunehmend leichter für ihn. Die Bundesstraße würde sie innerhalb weniger als zehn Minuten zur Autobahn befördern. Mit dem schnellen Auto war es letztlich nur noch ein Katzensprung zurück in die Hauptstadt. Eric musste sich eingestehen, dass er schon nach so kurzer Zeit außerhalb Berlins die Millionen Menschen vermisste.

Abgelenkt vom Fahren und den Gedankenspielen hatte er es bisher geschafft, seine Überlegungen über das Verhältnis zwischen Marleen und ihm zurückzudrängen. Auf der schnurgeraden Bundesstraße änderte sich das jedoch. Mehr und mehr kehrten die Bilder der vergangenen Nacht in seinen Kopf zurück. Eric ertappte sich dabei, wie er die nur mit einem Handtuch bekleidete Marleen vor dem inneren Auge sah. Er musste sich förmlich dazu zwingen, die Erinnerungen, Gerüche und Geschmäcke von dem wilden Abend aus dem Kopf zu verbannen und sich auf die Straße zu konzentrieren.

Ein Blick zur Seite überzeugte ihn davon, dass Marleen nichts von seinen Fantasien mitbekommen hatte. Erleichtert atmete er innerlich auf. Trotzdem blieb für ihn das Problem bestehen, wie es zwischen ihnen nun weitergehen sollte. Leider wusste er nicht, wie er es ansprechen sollte. Marleen einfach aus der Kalten heraus mit dem Thema zu konfrontieren, war seiner Meinung nach auch der falsche Weg. Am liebsten wäre es ihm, wenn sie von sich aus die Dinge angesprochen hätte.

Als er verstohlen zu ihr hinüberblickte, fiel ihm auf, dass Marleen noch immer ein leichtes Lächeln im Gesicht trug. Mehr und mehr kam er zu der Überzeugung, dass sie über ihn lachte – oder ihn sogar auslachte. Er konnte sich nur nicht vorstellen, warum sie das tat. Er vermutete, dass es mit der Sache bei dem ehemaligen SS-Offizier in Zusammenhang stehen musste.

Nacheinander ging er die Ereignisse noch einmal im Kopf durch. Tatsächlich irritierte es ihn mittlerweile, dass Marleen ihn nicht gestoppt hat, als er dem Altnazi den Ausweg aus seiner Situation aufgezeigt hatte. Hätte sie nicht wesentlich mehr Widerstand leisten müssen? Die ganze Geschichte war im Nachhinein betrachtet viel zu glatt verlaufen. Er hatte lediglich eine leise Ahnung, dass ihn in dem Haus etwas Bestimmtes gestört hatte. Er konnte vorher nur nicht sagen, was das genau war. Nun jedoch schwante ihm etwas.

»Darf ich Sie etwas fragen?«, durchbrach Eric nach einer gefühlten Ewigkeit das Schweigen.

»Sie haben mich doch die ganze Zeit über schon nicht um Erlaubnis gebeten. Warum also jetzt?«

Erneut klang ihre Antwort wie eine Anklage. Nach wie vor hatte sie noch nicht ihre aggressive Art abgelegt.

»Ihr Verhalten zum Ende des Gesprächs. Irgendetwas war daran seltsam.«

»War das jetzt etwa bereits Ihre Frage?«, machte sich Marleen über ihn lustig.

»Dann formuliere ich präziser: Kann es sein, dass Sie mit meiner Reaktion gerechnet haben?«

Marleens Lächeln wurde noch ein kleines Stückchen breiter, wie Eric wahrnahm. Allein dies zeigte ihm, wie recht er mit seiner Vermutung hatte. Eigentlich brauchte sie nun nicht mehr eine Antwort auf die Annahme zu geben.

»Vielleicht«, tat Marleen geheimnisvoll.

»Sie haben also darauf spekuliert, dass ich die Idee mit der Seebestattung einbringe.«

»Gut möglich. Allerdings halte ich so ein Verhalten für äußerst fragwürdig und zum Teil auch schamlos.«

Eric kombinierte in Windeseile. »Ihnen war von vornherein klar, dass dieser Otto Schaarschmidt die Einbürgerung in die BRD verweigern würde. Trotzdem haben Sie darauf bestanden, dass dies die einzige Möglichkeit auf eine Bestattung in Deutschland für ihn sei. Ich fand auch Ihr Beharren auf eine Zwangsüberführung des Sarges ein bisschen befremdlich. Es ist zwar

324

unüblich, doch werden durchaus auch ausländische Staatsbürger in Deutschland beerdigt.«

»Kann sein.«

»Sie haben mich also nur benutzt, um den eigentlichen Plan gelingen zu lassen. Sie hatten gar nicht vor, den Mann einzubürgern. Stattdessen wollten Sie von Anfang auf eine Seebestattung hinaus«, wurde Eric ein klein wenig laut.

»Nun ja, gegen eine Einbürgerung hätte das Amt oder auch ich nichts einzuwenden gehabt. Natürlich wäre dies die Ideallösung gewesen. Allerdings war uns klar, dass es nicht dazu kommen würde. Das haben die Telefonate im Vorfeld gezeigt«, rückte Marleen mit der Wahrheit heraus.

»Was sollte das dann alles?«, erwartete er zu erfahren.

»Es ist eigentlich relativ einfach. Man muss einen Menschen nur eine besonders krasse und abschreckende Option präsentieren, so dass er die weniger schlimme Möglichkeit freudestrahlend aufgreifen wird. Hätte ich dem Mann von Anfang an die Seebestattung vorgeschlagen, wäre es wohl nie zu einer Einigung gekommen. So jedoch hatte Otto Schaarschmidt diese Chance beim Schopf gepackt. Am Ende war er glücklich darüber, dass Sie ihm die Alternativmöglichkeit aufgezeigt haben.«

»Heißt das, Sie haben mich nur benutzt?«

»Benutzt würde ich das nicht gerade nennen. Allerdings war es durchaus Teil des Planes, dass Sie den Vorschlag anbringen.«

»Natürlich haben Sie mich ausgenutzt«, entgegnete Eric beharrlich. »Sie hätten mich ja auch einweihen können. Stattdessen war ich Ihre Marionette. Wahrscheinlich einfach nur ein Spielzeug, wie schon gestern Nacht in Ihrem Zimmer. Sie benutzen Menschen – ohne Herz und Skrupel!«, feuerte Eric mehrere Anklagen in Richtung des Beifahrersitzes.

»Zum einen war es nicht direkt meine Idee«, verteidigte sich Marleen.

»Etwa nicht? Von wem dann?«

»Das sollten Sie lieber Herrn Meischberger fragen«, ließ Marleen offen. »Zum anderen hat das alles überhaupt rein gar nichts mit gestern Nacht zu tun. Ich verwehre mich dagegen, dass Sie mir so etwas unterstellen.«

»Meischberger? Was soll der damit zu tun haben?«

»Ganz einfach. Er meinte, dass das ein guter Test für Sie wäre. Es ging darum, ob Sie selbst auf diese Lösung kommen würden.«

»Der Ministerialrat soll sich das also ausgedacht haben?«, zeigte sich Eric noch immer zweifelnd. »Ich kann mir das nicht vorstellen.«

»Wieso nicht? Ihm war klar, dass Otto Schaarschmidt die Seebestattung nicht von sich aus annehmen würde. Entsprechend hatte er mir dahingehend diese Order gegeben. Zugleich hat er mich auch gebeten, Sie nicht einzuweihen. Er wollte wissen, wie Sie auf die Situation reagieren. Also machen Sie sich keine Sorgen. Es hat doch alles super geklappt.«

An diesen Worten musste Eric erst einmal knabbern. Auf eine verdrehte Art und Weise ergab das alles sogar einen Sinn für ihn. Natürlich hatte der Hundertjährige die zweite Option bereitwillig angenommen. Der ganze Auftrag war damit innerhalb kürzester Zeit abgewickelt gewesen. Er begriff auch, warum die Abteilung keine Beerdigung eines Bürgers des Dritten Reiches auf bundesdeutschem Gebiet wollte. Es gab da draußen genug Wirrköpfe, die das falsch verstanden hätten. Besonders die ganzen Reichsbürger würden den Tod des Hauptsturmführers nur in den falschen Hals bekommen und neue Verschwörungstheorien darüber entwickeln.

Zugleich realisierte er, dass er von seinem Vorgesetzten getestet worden war. Gerade bei der Arbeit für Abteilung 8 galt es, möglichst viel Fingerspitzengefühl zu beweisen. Man musste auf die jeweiligen Begebenheiten und Sonderfälle eingehen, ohne das große Ganze aus den Augen zu verlieren. Dabei saß man zwischen zwei Stühlen. Zum einen war man der BRD und der Kanzlerin verpflichtet. Zum anderen handelte man auch im Auftrag des nicht mehr vorhandenen Deutschlands von vor 1945. Dies zu gewährleisten war eine gehörige Gratwanderung.

Walter Meischberger wollte sich offensichtlich von seinen Fähigkeiten überzeugen. Für Eric als Beamten im höheren Dienst galten wohl andere Kriterien als für die restlichen Mitarbeiter im Bunker. Obwohl noch immer die Wut in seinem Inneren schwelte, verstand er jetzt besser, warum Marleen so gehandelt hatte. Allerdings hätte er sich gewünscht, dass das alles anders abgelaufen wäre. Sie hätte ihn einfach nicht so ohne Informationen benutzen sollen.

Auf direktem Weg erreichten sie die Autobahn. In ihm hatten sich in den letzten 24 Stunden viele widersprüchliche Gefühle angestaut. Um Luft abzulassen, beschleunigte Eric den Wagen binnen weniger Sekunden auf über zweihundert. Da die Autobahn kaum befahren vor ihnen lag, konnte er mit hoher Geschwindigkeit an allen Autos links vorbeiziehen.

Nach etlichen Minuten des Rasens hatte Eric sich langsam beruhigt. Sein sonst so analytischer Verstand übernahm wieder die Oberhand. Er begriff, dass er an dem bereits Geschehenen nichts mehr ändern konnte. Letztlich war es für ihn gar nicht so schlecht gelaufen. Wahrscheinlich hatte er den Test des Vorgesetzten mit Bravour bestanden. Entsprechend sollte er sich zurücklehnen und die Fahrt genießen. Allerdings bohrte da noch immer ein Gedanke wie wild in seinem Kopf.

»Wieso hat das alles nichts mit der vergangenen Nacht zu tun?«, nahm er wieder den Faden auf.

Marleen musste nicht lange überlegen. »Weil das eine die Arbeit ist und das andere eben nicht.«

»Das ergibt nun von allem, was ich heute gehört habe, den geringsten Sinn.«

»Das war ja wieder klar, dass du jetzt hier auf der langen Leitung stehst. Du bist, aller Voraussicht nach, mein Vorgesetzter. Aber selbst, wenn sich das

327

nicht so entwickeln sollte, bist du noch immer ein Beamter im höheren Dienst. Allein deswegen sollten wir nicht miteinander ins Bett gehen.«

Eric konnte diese Begründung zwar nachvollziehen, aber nicht den Umstand, dass Marleen ihn auf einmal wieder duzte. Den ganzen Tag schon hatte sie die Unnahbare gespielt. Plötzlich jedoch sah er sich der Frau gegenüber, mit der er gestern so leidenschaftlich das Bett geteilt hatte.

Eigentlich bildete er sich immer etwas darauf ein, das andere Geschlecht wenigstens halbwegs verstehen zu können. Marleen war hingegen ein Rätsel für ihn. Je mehr er Zeit mit ihr verbrachte, umso klarer wurde ihm das.

»Soll das bedeuten, dass du mich nicht hasst?«, versuchte er es recht plump.

Natürlich war ihm bewusst, dass ihn diese Frage in keinem sonderlich intelligenten Licht dastehen ließ. Trotzdem bevorzugte er es in diesem Fall, direkt nachzuhaken, als endlos um den heißen Brei herumzureden.

Eine Antwort bekam er von ihr auf ganz unerwartete Weise. Statt mit ihm zu reden, spürte er ihre weiche Hand auf seinem Gesicht. Liebevoll streichelte sie ihm über die Haut. Ungeachtet der hohen Geschwindigkeit beugte sich Marleen zu ihm hinüber und drückte seinen Kopf leicht zu sich herum. Ehe er es sich versah, küsste sie ihn zart.

»Augen nach vorn, sonst bauen wir noch den nächsten Unfall«, hörte er Eric sie wie durch Watte flüstern.

Er musste sich förmlich zwingen, den Blick wieder auf die Straße zu fokussieren.

»Ich glaube, wir müssen darüber noch einmal in aller Ruhe reden. Ich bin mir nicht ganz sicher, worauf das zwischen uns hinauslaufen soll«, stellte er klar.

»Das müssen wir definitiv. Ich hoffe, das hast du aber nicht heute Nacht vor. Obwohl: Das überlasse ich dir.«

Ihre Worte und Taten waren für Eric nicht zu durchdringen. Er würde viel dafür tun, wieder ihre Haut zu spüren. Dabei konnte Eric sich durchaus wesentlich mehr mit ihr vorstellen als eine flüchtige Affäre am Arbeitsplatz.

Er nahm sich vor, der ganzen Sache mehr Zeit zu geben. Bis jetzt hatte er immer versucht, eine Beziehung aktiv zu steuern. Eventuell war das einer der Gründe, weswegen es bis jetzt nie richtig funktioniert hatte.

Mittlerweile hatten sie den Berliner Ring erreicht. Zugleich erhöhte sich die Anzahl der Fahrzeuge auf der Autobahn merklich, was ihn dazu zwang, sich auf den Verkehr zu konzentrieren. Viel lieber hätte er stattdessen das Gespräch mit Marleen gesucht. Dafür hätte er allerdings seine komplette Konzentration benötigt. Entsprechend verschob er diese Aussprache auf später. Vielleicht sogar auf die kommende Nacht.

»Soll ich zum Bunker fahren?«

»Wahrscheinlich ist es besser, wenn wir uns sofort beim Alten melden«, bejahte Marleen den Vorschlag. »Meischberger will lieber immer gleich wissen, wie ein Außenauftrag lief. Er hat stets gern die volle Kontrolle. Darin unterscheidet ihr beiden euch im Übrigen nicht sonderlich.«

Über diese Bemerkung hörte Eric geflissentlich hinweg und fuhr in Richtung Mitte.

Das Navigationssystem lotste ihn problemlos durch das Chaos der Berliner Straßen. Da er fast immer nur mit den öffentlichen Verkehrsmitteln unterwegs war, schien ihm der Irrsinn auf den Fahrbahnen umso verrückter. Allerdings ließ er sich davon kaum stören. Marleen auf dem Beifahrerplatz raubte ihm wesentlich mehr die Konzentration als alle hupenden Idioten zusammen.

Das Auto stellte er wie von Marleen dirigiert auf einem extra für Abteilung 8 ausgewiesenen Parkplatz im Innenhof des Marstalls ab. Gemeinsam fuhren sie mit dem Spezialfahrstuhl in den Bunker hinab. Er ertappte sich dabei, dass er das für vollkommen normal hielt. Noch vor vier Tagen hätte er jeden für verrückt erklärt, der ihm mit einer Geschichte dieser ominösen Abteilung gekommen wäre. Letztlich war es für den Normalbürger auch zu hanebüchen, an eine halb-geheime Institution in einem Tiefbunker unterhalb von Berlin zu glauben.

Obwohl der Tag bereits weit fortgeschritten war, herrschte in Abteilung 8 noch immer ein geschäftiges Treiben. In den Büros saßen die Mitarbeiter, um an ihren Fällen zu arbeiten. Zum ersten Mal betrachtete Eric die Menschen in einem anderen Licht. Sollten sie täglich mit solchen Sonderfällen wie dem des Herrn Schaarschmidt zu tun haben, war in der Abteilung ordentlich was los. Vielleicht kam hier unten niemals Alltag und Langeweile auf, ging es ihm durch den Kopf. Der Ausflug samt Unfall und die Entwicklung mit Marleen stellten ihn vor eine besondere Herausforderung. Eric konnte sich sehr gut vorstellen, dass er in den nächsten Monaten keinen Überdruss verspüren würde. Auf Dauer war diese Tätigkeit mit Sicherheit nichts für ihn. Für eine kurze Zeit hingegen war er bereit, sich der Aufgaben anzunehmen, die hier auf ihn warteten, beschloss er beim Gang durch die Flure.

»Ah, da sind Sie ja wieder«, begrüßte Meischberger sie. »Sie haben bestimmt einiges zu erzählen. Frau Beich hat mir bereits am Telefon einiges geschildert, was auf einen überaus ereignisreichen Ausflug schließen lässt. War es für Sie lehrreich, Herr Tschirnhaus?«

»In der Tat! Es war eine erstaunlich interessante Erfahrung«, teilte Eric mit. »Ich hätte nicht gedacht, welchen Umfang und Inhalt die Abteilung so alles bearbeiten muss.«

»Das ist schön zu hören«, entgegnete Meischberger daraufhin. »Ich sagte Ihnen doch, dass es Ihnen gefallen würde. Vielleicht können wir uns später noch einmal kurz unter vier Augen darüber unterhalten.«

»Aber sicher. Sehr gern«, bestätigte Eric ihm.

»Wenn Sie nichts dagegen haben, würde ich mir zuerst den mündlichen Bericht von Frau Beich anhören wollen«, erwiderte sein Chef nachfolgend.

Nickend stimmte Eric dem zu. Anschließend verschwanden Marleen und der Ministerialrat in Richtung seines Büros. So fand Eric sich wie schon vor vier Tagen allein und ein wenig ratlos im Eingangsbereich wieder.

Diesmal war ihm hingegen klar, worüber die beiden reden würden. Offenkundig wollte Meischberger erfahren, wie er sich geschlagen hatte. Marleen hatte schließlich zugegeben, dass dieser Ausflug ein Test für ihn gewesen sei, angeordnet von ganz oben. Er hoffte nur, dass Marleen auch die Wahrheit über ihn erzählte. Am Ende war er durchaus auf sie und ihren Leumund angewiesen.

Eric beschloss, in sein Büro zu gehen. Schmunzelnd stellte er für sich fest, dass er es tatsächlich schon als ›seins‹ bezeichnete. Nach nur einer Handvoll Tagen fühlte er sich durchaus wohl an seiner neuen Arbeitsstätte. Zu seiner Verwunderung fand er eine Akte auf Marleens Schreibtisch vor. Neugierig öffnete er das Dokument.

Er las den Titel auf dem Deckblatt und stutzte. ›Anfrage bezüglich verbleibender Herero-Schädel in medizinisch-technischen Sammlungen in München‹.

Schnell verschaffte er sich einen Überblick und fand im Anhang die Erklärung für diese etwas längere Anfrage. Die Herero waren, das wusste er auch so, ein afrikanischer Stamm mit Bantuwurzeln im östlichen Afrika. Wie er erfuhr, hatten deutsche Forscher in den ehemaligen deutschen Kolonien in Afrika Schädel der Einheimischen gesammelt. Anschließend wurden diese nach Deutschland überführt und verschiedenen Einrichtungen zur Verfügung gestellt. Die heutigen Nachfahren der vormaligen Kolonialbewohner forderten die Totenköpfe und Knochen ihrer Vorfahren jetzt wieder zurück.

Für ihn war das ein durchaus nachvollziehbarer Vorgang. Angetrieben von seinem Wissensdurst setzte er sich an den PC, um etwas mehr darüber herauszufinden. Nachfolgend erfuhr er, dass deutsche Forscher in den 1890er-Jahren eine Menge solcher Schädel aus Afrika außer Landes geschafft hatten. Oftmals geschah dies noch nicht einmal mit dem Einverständnis der Verstorbenen, der Verwandten oder der Stämme.

Als er noch vertieft in die Recherche war, kehrte Marleen von ihrem Gespräch zurück.

»Wir haben einen neuen Fall«, begrüßte er sie. »Wir sind doch noch ein Team, oder?«

Ein kurzer Blick auf die Akte genügte, und ihr Gesichtsausdruck verzog sich.

»Das ist doch wieder einmal typisch! Ständig bekommen wir die falschen Akten und Fälle«, beschwerte sich Marleen und warf das Papier wütend auf den Schreibtisch zurück. Danach griff sie sich das Telefon.

»Was? Wieso falsche Akte?«, zeigte Eric sich verwundert. »Das passt doch ideal zu unserer Arbeit, finde ich.«

»Oh, Sie müssen noch so viel lernen«, spielte Marleen die Oberlehrerin. »Ich glaube kaum, dass die Zeit um 1890 in unsere Zuständigkeit fällt. Haben Sie denn überhaupt nicht aufgepasst?«

Schon wieder verfiel Marleen in die Sie-Form, was Eric verzweifeln ließ. Offensichtlich schien sie das mit der Trennung von beruflich und privat ernsthaft durchziehen zu wollen. Als wenn das nicht reichte, ihn zu verwirren, begriff er die Aussage über die Verantwortlichkeitsbereiche nicht.

»Ja aber, wer sollte denn sonst dafür zuständig sein, wenn nicht wir?«

»Das gehört doch ganz klar zur Abteilung 8«, sagte Marleen trocken.

Davon hatte Eric noch nie zuvor gehört und fragte nach.

»Ja, denken Sie etwa, dass das Kaiserreich 1918 untergegangen wäre?«

Danksagung

Ich danke Katja für die angenehme und sehr professionelle Zusammenarbeit. Dank ihr ist aus einer Idee einmal mehr ein fantastisches Buch geworden.

Zudem ist es mir ein Bedürfnis, mich tausendmal bei Ines für das mehrfache Überarbeiten meines Textes erkenntlich zu zeigen.

Der größte Dank gehört jedoch wie immer Juli.

Marcus Wächtler

Erzfieber

Ein Bergstadtkrimi

Eine anonyme Millionenspende und das Verschwinden des Stadtkämmerers halten ganz Freiberg in Aufregung. Eine Leiche bringt zudem das Leben der jungen Freiberger Arzthelferin Ariane Itzen vollkommen durcheinander. Eigentlich wollte sie nur etwas Gutes tun. Stattdessen findet sie sich in einem Strudel aus Intrigen, Verschwörung und Mord wieder. Alle sind hinter neu entdeckten Erzvorkommen her. Nur sie hat die Chance, das mörderische Verbrechen aufzuklären.

Anita Wächtler

Tod und Raub in der Silberstadt

Statt mit Kaffee und Kuchen haben es zwei lebenslustige Seniorinnen plötzlich mit einer fiesen Verbrecherbande zu tun. Die Ereignisse führen schließlich ins Freiberger Bergbaumuseum, aus dem wertvolle Ausstellungsstücke verschwunden sind. Da erschüttert ein Mord die Beschaulichkeit der Bergstadt und schon stecken die Frauen im Abenteuer ihres Lebens.

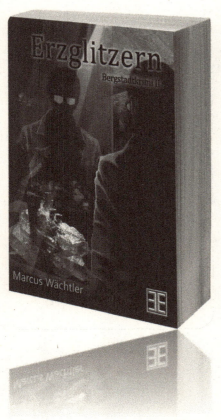

Marcus Wächtler

Erzglitzern
Bergstadtkrimi II

Elke Eßer ist verzweifelt: Ihr Lebenspartner ist seit Tagen spurlos verschwunden. Zuerst widerwillig macht sich Ariane schließlich doch auf die Suche nach ihm. Nach und nach findet sie heraus, dass der Professor der Bergakademie ein dunkles Geheimnis hat. Richtig gefährlich wird es für Ariane aber erst, als sie Parallelen zu den »Erzfieber«-Ereignissen von vor einem Jahr entdeckt.